Andreas Rose

Die Außenpolitik des Wilhelminischen Kaiserreichs

(1890 – 1918)

Geschichte kompakt

Herausgegeben von
Kai Brodersen, Martin Kintzinger,
Uwe Puschner, Volker Reinhardt

Herausgeber für den Bereich *19./20. Jahrhundert*:
Uwe Puschner

Beratung für den Bereich *19./20. Jahrhundert*:
Walter Demel, Merith Niehuss, Hagen Schulze

Andreas Rose

Die Außenpolitik des Wilhelminischen Kaiserreichs (1890–1918)

Die Deutsche Nationalbibliothek verzeichnet diese Publikation
in der Deutschen Nationalbibliografie;
detaillierte bibliografische Daten sind im Internet über
http://dnb.d-nb.de abrufbar.

Die Herausgabe des Werkes wurde durch
die Vereinsmitglieder der WBG ermöglicht.
Redaktion: Kristine Althöhn, Mainz
Einbandgestaltung: schreiberVIS, Bickenbach
Satz: Lichtsatz Michael Glaese GmbH, Hemsbach
Gedruckt auf säurefreiem und alterungsbeständigem Papier
Printed in Germany

Besuchen Sie uns im Internet: www.wbg-wissenverbindet.de

ISBN 978-3-534-25935-9

Elektronisch sind folgende Ausgaben erhältlich:
eBook (PDF): 978-3-534-738 03-8
eBook (epub): 978-3-534-738 04-5

Inhaltsverzeichnis

Geschichte kompakt

In der Geschichte, wie auch sonst, dürfen Ursachen nicht postuliert werden, man muss sie suchen. (Marc Bloch)

Das Interesse an Geschichte wächst in der Gesellschaft unserer Zeit. Historische Themen in Literatur, Ausstellungen und Filmen finden breiten Zuspruch. Immer mehr junge Menschen entschließen sich zu einem Studium der Geschichte, und auch für Erfahrene bietet die Begegnung mit der Geschichte stets vielfältige, neue Anreize. Die Fülle dessen, was wir über die Vergangenheit wissen, wächst allerdings ebenfalls: Neue Entdeckungen kommen hinzu, veränderte Fragestellungen führen zu neuen Interpretationen bereits bekannter Sachverhalte. Geschichte wird heute nicht mehr nur als Ereignisfolge verstanden, Herrschaft und Politik stehen nicht mehr allein im Mittelpunkt, und die Konzentration auf eine Nationalgeschichte ist zugunsten offenerer, vergleichender Perspektiven überwunden.

Interessierte, Lehrende und Lernende fragen deshalb nach verlässlicher Information, die komplexe und komplizierte Inhalte konzentriert, übersichtlich konzipiert und gut lesbar darstellt. Die Bände der Reihe „Geschichte kompakt" bieten solche Information. Sie stellen Ereignisse und Zusammenhänge der historischen Epochen der Antike, des Mittelalters, der Neuzeit und der Globalgeschichte verständlich und auf dem Kenntnisstand der heutigen Forschung vor. Hauptthemen des universitären Studiums wie der schulischen Oberstufen und zentrale Themenfelder der Wissenschaft zur deutschen, europäischen und globalen Geschichte werden in Einzelbänden erschlossen. Beigefügte Erläuterungen, Register sowie Literatur- und Quellenangaben zum Weiterlesen ergänzen den Text. Die Lektüre eines Bandes erlaubt, sich mit dem behandelten Gegenstand umfassend vertraut zu machen. „Geschichte kompakt" ist daher ebenso für eine erste Begegnung mit dem Thema wie für eine Prüfungsvorbereitung geeignet, als Arbeitsgrundlage für Lehrende und Studierende ebenso wie als anregende Lektüre für historisch Interessierte.

Die Autorinnen und Autoren sind in Forschung und Lehre erfahrene Wissenschaftlerinnen und Wissenschaftler. Jeder Band ist, trotz der allen gemeinsamen Absicht, ein abgeschlossenes, eigenständiges Werk. Die Reihe „Geschichte kompakt" soll durch ihre Einzelbände insgesamt den heutigen Wissensstand zur deutschen und europäischen Geschichte repräsentieren. Sie ist in der thematischen Akzentuierung wie in der Anzahl der Bände nicht festgelegt und wird künftig um weitere Themen der aktuellen historischen Arbeit erweitert werden.

Kai Brodersen
Martin Kintzinger
Uwe Puschner
Volker Reinhardt

Militärbündnisse im Jahre 1914
Mittelmächte
Entente
Verbündete Staaten Russlands
0 100 200 300 km
RUSSISCHES REICH
Moskau
Riga
Kaunas
Minsk
Brest-Litowsk
Rowno
Kiew
Warschau
Tannenberg
Königsberg
Danzig
Asowsches Meer
Krim
Schwarzes Meer
OSMANISCHES REICH
Konstantinopel
Gallipoli
Adrianopel
Zypern
RUMÄNIEN
Bukarest
BULGARIEN
Sofia
SERBIEN
Belgrad
Skopje
MONTENEGRO
ALBANIEN
Tirana
GRIECHENLAND
Saloniki
Athen
Mittelmeer
ÖSTERREICH-UNGARN
Tschernowitz
Polen
Ukrainer
Rumänen
Slowaken
Tschechen
Slowenen
Kroaten
Serben
Italiener
Budapest
Wien
Prag
Triest
Sarajevo
DEUTSCHES REICH
Berlin
Hamburg
München
ITALIEN
Rom
Neapel
Sizilien
SCHWEIZ
Basel
LUXEMBURG
BELGIEN
Brüssel
NIEDERLANDE
Amsterdam
DÄNEMARK
Kopenhagen
Kattegat
Skagerrak
NORWEGEN
Kristiania
SCHWEDEN
Stockholm
Ostsee
Nordsee
GROSSBRITANNIEN UND IRLAND
London
Dublin
FRANKREICH
Paris
Verdun
Compiègne
Versailles
Lyon
Marseille
Bordeaux
Atlantischer Ozean
SPANIEN
Madrid
Barcelona
PORTUGAL
Lissabon
Gibraltar (brit.)
Tanger
(1911 internat. Gebiet)
ER-RIF
(1911/12 span. Protektorat)
MAROKKO
(1912 franz. Protektorat)
ALGERIEN
(1879 Teil Frankreichs)
Algier
TUNESIEN
(1881 franz. Protektorat)
Tunis

I. Das Wilhelminische Kaiserreich

1862	Berufung Bismarcks zum preußischen Ministerpräsidenten
1864–1871	Einigungskriege gegen Dänemark, Österreich und Frankreich
18.1.1871	Kaiserproklamation im Schloss von Versailles
1875	„Krieg-in-Sicht"-Krise
13.6.–13.7.1878	Berliner Kongress
7. und 16.10.1879	Zweibundvertrag Deutschlands mit Österreich-Ungarn
18.6.1881	Dreikaiservertrag zwischen Deutschland, Österreich-Ungarn und Russland
20.5.1882	Dreibund zwischen Österreich-Ungarn, Italien und Deutschland
1885–1887	West-östliche Doppelkrise
18.6.1887	Deutsch-russischer Rückversicherungsvertrag
5.3.1888	Friedensrede Bismarcks im Reichstag
9.3.1888	Tod Kaiser Wilhelms I.
15.6.1888	Tod Kaiser Friedrichs III. nach nur 99-tägiger Regentschaft
15.6.1888	Wilhelm II. wird deutscher Kaiser
20.3.1890	Entlassung Bismarcks

Die Außenpolitik der Wilhelminischen Epoche – also derjenigen Jahrzehnte nach der Entlassung Otto von Bismarcks (1815–1898), denen insbesondere Kaiser Wilhelm II. (1859–1941) seinen Stempel aufdrückte – und der Ausbruch des Ersten Weltkrieges gehören zweifellos zu den am besten erforschten Gebieten der neueren Geschichte. Obgleich die Offenheit historischer Entwicklungen betont werden muss, so hat doch die Frage nach den Ursachen für den Ersten Weltkrieg Historiker wie Öffentlichkeit seit den Augusttagen des Jahres 1914 beschäftigt. Lange dominierte dabei vor allem der Blick auf das Kaiserreich. Nach Jahrzehnten des Streits um die Thesen Fritz Fischers und den deutschen Anteil an den internationalen Entwicklungen vor 1914 befindet sich die Forschung schon seit Jahren in einer intensiven und äußerst stimulierenden Bewegung. Vom Inbegriff des permanenten Versagens der Berliner Außenpolitik unter Wilhelm II. ist dabei zuletzt nicht mehr viel übrig geblieben. Zwar ist nach wie vor unstrittig, dass das Deutsche Reich unter Wilhelm II. ganz bewusst das Risiko eines Krieges eingegangen ist und ihm deshalb ein großer Teil der Schuld am Kriegsausbruch zuzurechnen ist. Gleichwohl haben jüngere Studien zum einen verstärkt auf die inneren und äußeren Zwänge hingewiesen, denen sich die Berliner Außenpolitik nach dem erzwungenen Abgang Bismarcks zu stellen hatte. Eine zweite Forschungsrichtung konzentrierte sich zum anderen in den letzten Jahren auf die übrigen Großmächte. Anhand beeindruckender Quellenfunde ist es gelungen, die fatale Wiener Außenpolitik neu zu erfassen und die mittelfristigen Versäumnisse der britischen Außenpolitik ebenso darzulegen, wie die höchst riskante, um nicht zu sagen verantwortungslose Politik Frankreichs und Russlands näher zu beleuchten. Insgesamt entsteht dabei ein in vielen Bereichen neues und äußerst differenziertes Bild von der europäischen Vorkriegspolitik. Zweifellos wird auch hier das letzte Wort noch nicht gesprochen sein. Aber es scheint auch in Anbetracht des bevorstehenden Hundertjährigen Jahrestages des Kriegsausbruchs 2014 an der Zeit, Bilanz zu ziehen. Angesichts der Fülle der Ergebnisse, insbesondere auch, was die übrigen Mächte angeht, erscheint es nur logisch, dass die vorliegende Darstellung zur Außenpolitik zwischen 1890 und 1918 den Berliner Kurs stets in dessen internationalem Bezugsrahmen betrachtet. Darüber hinaus wird auch die bislang vernachlässigte Diplomatie im Krieg mit einbezogen.

1. Die außenpolitischen Akteure

a) Wilhelm II. und seine Reichskanzler

An der Spitze der deutschen Außenpolitik stand verfassungsrechtlich der Kaiser. Ihm oblag es nach Artikel 11 der Reichsverfassung, das Reich „völkerrechtlich zu vertreten, in dessen Namen Krieg zu erklären und Frieden zu schließen, Bündnisse und andere Verträge mit fremden Staaten einzugehen, Gesandte zu beglaubigen und zu empfangen". Zudem führte er das Präsidium des Bundes, ernannte und entließ den Reichskanzler (Art. 18) und hatte den Oberbefehl über alle Streitkräfte (Art. 53, 63). In der politischen Praxis hing der Einfluss des Kaisers allerdings stark von dessen Persönlichkeit ab. In dieser Hinsicht gliedert sich die Geschichte der Außenpolitik des Kaiserreiches in die Herrschaft Wilhelms I. (1797–1888) zwischen 1871 und 1888, ergänzt durch die 99 Tage Herrschaft seines Sohnes Friedrich III. (1831–1888) und die Herrschaft Wilhelms II. zwischen 1888 bis 1918.

„Persönliches Regiment"

Wilhelm I. überließ das Regieren weitgehend seinem Kanzler Otto von Bismarck und vertraute dessen außenpolitischen Entscheidungen nahezu blind. Mit dem Tod des alten Kaisers, dessen Sohnes Friedrich III. und der Übernahme durch den erst 29-jährigen **Wilhelm II.** begann sich die politische Kräftebalance zwischen Kanzler und Monarch zu ändern. Wilhelm II. beanspruchte ein **„persönliches Regiment"**. Sosehr er Bismarck in seiner Jugend bewundert hatte, sosehr wollte er sich als Kaiser von diesem emanzipieren und „seinen eigenen Kanzler" haben.

E

Wilhelm II. von Preußen (1859–1941), von 1888 bis 1918 Deutscher Kaiser und König von Preußen. Als Kaiser wandelte sich die anfängliche Bewunderung für Otto von Bismarcks Politik in ein von persönlichen und inhaltlichen Differenzen um den kaiserlichen Führungsstil, die Grundlinien der Sozialpolitik und die Ziele der deutschen Außenpolitik belastetes Verhältnis, das völlig zerrüttet 1890 in der Entlassung des Reichskanzlers endete. Danach versuchte Wilhelm, die Reichspolitik selbst zu führen. Dies gelang ihm jedoch aufgrund persönlicher Defizite nicht: Sein oftmals unbedachtes, impulsives und rhetorisch ungeschicktes Auftreten provozierte im In- und Ausland ein äußerst aggressives Bild des Kaiserreiches. Das Kaisertum endete am 28. November 1918 mit der Abdankung Wilhelms II. Zuvor hatte Reichskanzler Max von Baden (1867–1929) bereits den Rücktritt „seiner Majestät" eigenmächtig bekannt gegeben.

Als **„persönliches Regiment"** wurde der selbstherrliche Regierungsstil Wilhelms II. nach der Entlassung Bismarcks bezeichnet. Nach Bismarcks Ausscheiden 1890 fehlte dem Kaiserreich die charismatische Führerpersönlichkeit. Die Reichsverfassung war auf Bismarck zugeschnitten. Der junge Kaiser Wilhelm II. wollte zwar „sein eigener Kanzler" sein, konnte aber das Vakuum letztlich nicht ausfüllen. Bürokratie, Militär und Reichstag verfolgten ihre eigenen Interessen und gewannen zunehmend an Einfluss, sodass sich das angestrebte „persönliche Regiment" nie verwirklichen lassen konnte. Als Zäsur wirkte insbesondere die *Daily Telegraph-Affäre* im Herbst 1908. Wieder einmal hatte der Kaiser ein Aufsehen erregendes Interview geliefert, bei dem er sich als „einzigen Freund" Englands in Deutschland bezeichnete und damit einen handfesten Skandal auslöste. Nach zahlreichen Eskapaden und Einmischungen in die deutsche Außenpolitik schien nun eine Grenze erreicht und Wilhelm II. wurde vom Reichstag wie auch in der Öffentlichkeit massiv kritisiert. Sein Einfluss auf den Kurs der deutschen Außenpolitik nahm von da an spürbar ab. Als „oberster Heerführer" spielte er im Ersten Weltkrieg lediglich die Rolle eines Schattenkaisers.

Der unfreiwillige Abgang Bismarcks, denn mit Otto musste auch sein Sohn, Staatssekretär Herbert von Bismarck, seine Diensträume in der Wilhelmstraße räumen, markierte fraglos eine entscheidende Zäsur in der deutschen Außenpolitik. Nachfolger Otto von Bismarcks wurde der außenpolitisch völlig unbedarfte General der Infanterie, **Leo von Caprivi**.

E

Georg Leo Graf von Caprivi (1831–1899), Graf seit 1891. Nach der Entlassung Bismarcks wurde der hochdekorierte Offizier Caprivi als Vertreter des wilhelminischen „Neuen Kurses" zum Reichskanzler ernannt. Fortan kam es zu einer neuen Ausrichtung der deutschen Außenpolitik, die sich vor allem in der Abkehr von Russland und der Hinwendung zu Dreibund und England ausdrückte. In seiner Rolle als preußischer Außenminister und Ministerpräsident strebte er eine Aussöhnung mit der Sozialdemokratie im preußischen Landtag an. Nach Erfolgen bei der Industrialisierung Preußens und in der Heerespolitik stürzte Caprivi 1894 über den Konflikt um die sogenannte „Umsturzvorlage". Mithilfe der Streichung von Grundrechten sollte sie einen angeblich bevorstehenden Staatsstreich der Sozialdemokratie erschweren.

Wilhelm II. ging es nach der übermächtigen Führungsfigur Bismarcks bei der Kanzlerwahl vor allem um unbedingte Loyalität. Das Auswärtige Amt und seine Diplomaten blieben Caprivi fremd. Auch der Umgang mit dem Ausland interessierte ihn kaum. Obwohl ihm einige Erfolge auf dem Gebiet der Handelspolitik gelangen, geriet er immer wieder in Konflikt mit dem Kaiser und bekam das Auswärtige Amt nie in den Griff. Wohl nicht zuletzt deshalb fiel die Wahl Wilhelms II. als seine beiden nächsten Kanzler wieder auf Karrierediplomaten. Das war zudem ein eindeutiges Zeichen, wie wichtig die auswärtige Politik für Deutschland um die Jahrhundertwende war. 1894 entschied sich der Kaiser zunächst für eine Lösung aus dem Hochadel.

Der bereits 75-jährige **Chlodwig zu Hohenlohe-Schillingsfürst** sollte nun die Geschicke des Reiches lenken. Aber er galt von Anfang an als Übergangs- und Verlegenheitslösung. Zwar konnte er dem Kaiser aufgrund seiner hocharistokratischen Herkunft selbstbewusster entgegentreten als der Offizier Caprivi, aber er war bereits zu alt, um sich permanent zu behaupten und der deutschen Außenpolitik einen eigenen Stempel aufzudrücken.

E

Chlodwig zu Hohenlohe-Schillingsfürst und Prinz von Ratibor und Corvey (1819–1901) war Politiker und deutscher Reichskanzler (1894–1900). Zwischen 1866 und 1870 hatte Schillingsfürst das Amt des bayrischen Ministerpräsidenten und Außenministers inne. Im Deutschen Reich war er ab 1874 Deutscher Botschafter in Paris und ab 1885 Statthalter im Elsass. 1894 folgte Schillingsfürst Caprivi im Reichskanzleramt, welches er bis 1900 innehielt. Zur neuen außenpolitischen Ausrichtung unter Wilhelm II. positionierte sich Schillingsfürst zeitlebens nie endgültig.

Bernhard von Bülow

Ganz anders dagegen Staatssekretär **Bernhard von Bülow**, den Wilhelm II. ab 1900 zu „seinem Bismarck" machte. Bülow war ein typischer Karrierediplomat. Schon sein Vater hatte Preußen als Diplomat gedient und durfte sich als einer der wenigen Freunde Bismarcks bezeichnen.

E

Bernhard von Bülow (1849–1929), war preußisch-deutscher Diplomat und Politiker. Zunächst Freiwilliger im deutsch-französischen Krieg, trat er 1874 in den diplomatischen Dienst und diente zunächst in den Botschaften Rom, St. Petersburg, Wien und Athen. 1878 war er Sekretär beim Berliner Kongress, danach folgten weitere Stationen in Paris, Bukarest, erneut Rom und Berlin. 1897 wurde er zum Staatssekretär des Äußeren und 1900 zum Reichskanzler und preußischen Ministerpräsidenten berufen. Bülow verfolgte einen Kurs der deutschen Selbstbehauptung in der Welt und stimmte nicht nur der Kolonialpolitik, sondern auch dem deutschen Flottenbau zu. Er unterschätzte indes die Möglichkeit einer außenpolitischen Annäherung zwischen Frankreich, Russland und England. Durch Konzentration auf die Verbündeten des Dreibundes erreichte er lediglich eine verstärkte außenpolitische Isolation. Er zeigte sich unfähig, die Herausforderungen der Krisen in Marokko oder auf dem Balkan zu lösen. 1909 trat er zurück und kehrte in den diplomatischen Dienst zurück.

Mit jahrelanger diplomatischer Erfahrung besaß Bülow genaue Kenntnis der deutschen Lage im Staatensystem wie auch Erfahrungen im Umgang insbesondere mit Russland, Frankreich und Österreich-Ungarn. England hingegen blieb ihm Zeit seines Lebens ein Rätsel, was sich besonders nachteilig auf die deutsche Englandpolitik auswirken sollte. Darüber hinaus stand Bülow in dem Ruf, nicht nur besonders eitel und ehrgeizig zu sein, sondern sich auch die Gunst des Kaisers durch permanentes Einschmeicheln zu sichern.

Nach Bülows Entlassung 1909 zog mit **Theobald von Bethmann Hollweg** wieder ein Nicht-Diplomat in das Reichskanzlerpalais ein. Aber auch charakterlich bedeutete die Wahl ein wahres Kontrastprogramm zu Bülow. Bethmann begegnete seiner Umgebung schweigsam, zurückhaltend, pflichtbewusst und ernsthaft – ein typischer preußischer Beamter, wenn man so will. Außenpolitisch war er ebenso unbedarft wie vormals Caprivi. Aber nach der langen Kanzlerschaft Bülows, die gerade auf internationalem Gebiet immer wieder zu Spannungen geführt hatte, musste das kein Nachteil sein.

E

Theobald von Bethmann Hollweg (1856–1921), ein preußisch-deutscher Politiker. Nach dem Studium der Rechtswissenschaft zwischen 1884 und 1905 kam Bethmann Hollweg auf verschiedene Beamtenposten im gehobenen Dienst zum Einsatz. Bereits 1907 stieg er zum Staatssekretär im Reichsamt des Innern auf und wurde Stellvertreter des Reichskanzlers und 1909 selbst Reichskanzler und preußischer Ministerpräsident. Innenpolitisch scheiterte er mit Reformen wie bei der Umgestaltung des Finanzwesens und der Einführung des Dreiklassenwahlrechts in Preußen. Außenpolitisch verfolgte er einen Verständigungskurs mit England, der insbesondere während der Balkankriege zu einer gemeinsamen Entspannungspolitik führte. Bis heute ist seine Rolle in der Julikrise umstritten. 1917 bat er auf Druck der Obersten Heeresleitung den Kaiser um seine Entlassung.

b) Staatskunst und/oder Kriegshandwerk?

Politischer oder militärischer Vorrang?

Neben dem in der politischen Praxis entscheidenden Verhältnis zwischen Monarch und Kanzler kennzeichnete das Kaiserreich zudem ein Dualismus zwischen politischer Leitung und militärischer Führung. Dabei hing die jeweilige Gewichtung in besonderem Maße von den verantwortlichen Persönlichkeiten ab. Zu bemerken ist deshalb der militärische Hintergrund politischer und diplomatischer Entscheidungsträger, denn nicht nur Caprivi war von Hause aus General. Auch eine ganze Reihe von Politikern und Diplomaten hatten eine Offizierslaufbahn vorzuweisen und dachten nicht selten in militärischen Kategorien. Der Botschafter in St. Petersburg bekleidete gleichzeitig sogar den Posten eines Militärbevollmächtigten. So existierte vielfach keine klare Trennungslinie zwischen zivilen und militärischen Fragen. Militärs dachten ebenso über politische Entscheidungen und Ziele nach, wie auch Diplomaten und Politiker Erwartungen militärischer Entscheidungen und Risiken in ihre Überlegungen mit einbezogen. Die Folge war eine gleich zweifache Militarisierung der deutschen Außenpolitik. Zum einen entwickelte sich der Zweibund mit Österreich-Ungarn zunehmend zu einer alternativlosen, außenpolitisch wie militärisch wirkmächtigen Blockformation. Zum Zweiten war das außenpolitische Krisenverhalten und Krisenmanagement mehr und mehr von Maßnahmen direkter militärischer Vorbereitung, Mobilisierung und zusätzlichen Rüstungen begleitet gewesen. Gerade im Vorfeld des Ersten Weltkrieges wurde keine Krise lediglich am Verhandlungstisch gelöst, ohne gleichzeitig erfolgende militärische Drohgebärden, Rücksprachen mit der militärischen Kommandoebene oder möglichen Kriegsszenarien.

Für eine weitere Betonung des Militärischen sorgte der Kaiser nicht nur durch seine bekannte, öffentlich zur Schau gestellte und nicht selten kauzig wirkende Uniformverliebtheit, sondern insbesondere durch sein Verständnis als Oberbefehlshaber. Wilhelm II. achtete mit Nachdruck darauf, dass sich Politiker nicht in seine Kommandogewalt einmischten. Sowohl Militär als auch Marine besaßen daher ein Monopol, Kriegsszenarien an jeglicher politischer Einwirkung vorbei zu entwerfen. Politisch-militärische Überlagerungen in den Entscheidungsprozess waren deshalb unvermeidlich.

Staatskunst und Kriegshandwerk waren aber auch auf eine andere, geradezu philosophisch zu nennende Weise ineinander verwoben. Ohne eine verfassungsrechtliche Trennung standen sich insbesondere in außenpolitischen Fragen die militärischen Institutionen und die Wilhelmstraße, dem Sitz des Auswärtigen Amtes, wiederholt gegenüber. Jenseits institutioneller Konflikte und persönlicher Animositäten, die zu allen Zeiten in komplexen politischen Systemen anzutreffen sind, wurde die Frage nach dem rechten Verhältnis von Staatskunst und Kriegshandwerk im Kaiserreich nie beantwortet. Der Kriegstheoretiker Carl von Clausewitz (1780–1831) hatte hierzu zwar eine klare Meinung geliefert, nämlich dass der Krieg letztlich ein politischer Akt sei und der Primat der Politik über der Kriegführung zu stehen habe. Der Krieg sei aber nicht nur ein Akt, sondern „ein wahres politisches Instrument, eine Fortsetzung des politischen Verkehrs“. Die preußischen Militärs, allen voran Generalfeldmarschall Helmuth von Moltke d. Ä. (1800–1891) schlossen daraus jedoch, nicht zuletzt auch um der eigenen Interessenwahrung willen, dass die Politik zwar den Kriegsbeginn und das Kriegsende bestimme. Im Krieg selbst aber habe ausschließlich die Strategie zu herrschen. Moltke bestritt damit ausdrücklich den Primat der politischen Führung. Für ihn bedeutete der Krieg, insbesondere nach den modernen technischen Entwicklungen und nationalistischen Stimmungen des 19. Jahrhunderts, Existenzkampf, der nur mit der Unterwerfung des Verlierers enden könne. Aus militärischer Sicht wünschenswert war die Hegemonie, die militärisch garantierte Überlegenheit oder anders ausgedrückt, die minimale Verletzbarkeit bei maximaler Verletzungsfähigkeit, nicht dagegen das diplomatische Wechselspiel des Gleichgewichts, des Interessenausgleichs und der Kompromisse. Das beschrieb den Hintergrund von Moltkes Auseinandersetzungen mit Bismarck während der Einigungskriege. Solange Bismarck Reichskanzler war, setzte er sich mit Deckung Wilhelms I. bei allen sachlichen Konfrontationen gegenüber Helmuth von Moltke durch.

Nach Bismarcks Entlassung kam es zunächst zu einer Bündelung der vollziehenden Gewalt. Zur Stärkung seiner Position ersetzte Wilhelm II. weitgehend eigenständige Persönlichkeiten durch ihm untertänig ergebene Männer. Dieser „Freundeskreis" versuchte seinerseits, den keinesfalls unbegabten, aber unsteten und sprunghaften jungen Monarchen zu beeinflussen. Das führte insbesondere seit der Jahrhundertwende mit den zunehmend komplexer werdenden politischen Rahmenbedingungen zu immer problematischeren Beziehungsmustern. Diese endeten schließlich in einem „plutokratischen Chaos", bei dem mehrere rivalisierende Machtzentren um den Kaiser, seine Berater, die jeweiligen Reichskanzler, das Auswärtige Amt, den Großen Generalstab und vor allem das Reichsmarineamt entstanden.

Die zunehmend ernster werdende außenpolitische Lage im Jahrzehnt vor dem Kriegsausbruch, die stetig steigende Verschuldung des Reiches, die wachsende Polarisierung der innenpolitischen Kräfte und die unversöhnliche Haltung gegenüber der Sozialdemokratie hätten es erfordert, die Macht auf eine breitere Basis zu stellen. Tatsächlich kam es, von einigen zaghaften Reformversuchen unter Theobald von Bethmann Hollweg abgesehen, zu einer „Militarisierung" der kaiserlichen Umgebung wie auch der Außenpolitik. In der Julikrise schließlich, so wird noch zu sehen sein, dominierten ab einem gewissen Punkt nicht zuletzt vermeintliche militärische Sachzwänge den außenpolitischen Kurs.

Im Zweifel stand für Wilhelm II. fest, dass „im Krieg, die Politik den Mund zu halten" habe. Unter seiner Regentschaft wurde die Außenpolitik zu einem ständigen Balanceakt zwischen den Forderungen der Armee- bzw. Marineführung und der jeweiligen politischen Führung um den Reichskanzler. Nur so konnte etwa der Schlieffen-Plan überhaupt die Bedeutung erlangen, die ihm in der Forschung gemeinhin zugesprochen wird. Für Bismarck wäre es geradezu undenkbar gewesen, sich von einem militärischen Plan politische Fesseln anlegen zu lassen. Für seine Nachfolger galt eben dies nicht mehr. Reichskanzler Bethmann Hollweg brachte es noch im Weltkrieg fertig, seinen Kritikern entgegenzuhalten, dass es sich ein militärischer Laie unmöglich anmaßen könne, militärische Möglichkeiten, geschweige denn militärische Maßnahmen zu beurteilen. Das bedeutete nichts anderes als die Abdankung der Politik, den Verzicht auf die politische Koordinationsaufgabe und die massive Einschränkung politischer Optionen. Im Ersten Weltkrieg wurde die Politik schließlich von der Obersten Heeresleitung (OHL), insbesondere der dritten OHL um Paul von Hindenburg (1847–1934) und Erich Ludendorff (1865–1937) nahezu vollständig marginalisiert.

c) Die Wilhelmstraße

Auswärtiges Amt

Politisches Zentrum des Kaiserreiches blieb auch nach der Ära Bismarck die Wilhelmstraße. Jene Regierungsmeile, die sich von Unter den Linden bis zum Belle Alliance Platz erstreckt und auf der sich unter anderem das Reichskanzlerpalais (Nr. 77), das Auswärtige Amt (Nr. 75/76), der Bundesrat (Nr. 74), das

Reichskolonialamt (Nr. 62) und die englische Botschaft (Nr. 70) befanden, und in deren unmittelbarer Nähe auch weitere Regierungsstellen wie das Kriegsministerium (Leipziger Str. 5) bzw. das Reichsmarineamt (Leipziger Platz 13) ihren Sitz hatten. Hier befand sich der politische Raum, in dem die außenpolitische Entscheidungsfindung stattfand.

Das Auswärtige Amt war keine von einem selbstständigen Außenminister geleitete Behörde, sondern es war dem einzigen Minister im Reich, dem Reichskanzler, unterstellt. Gleiches galt für das Reichskanzleramt, zuständig für alle inneren Angelegenheiten des Reiches. Im Alltag wurde der Kanzler in der Leitung des Auswärtigen Amtes durch einen Staatssekretär vertreten. Mit Zunahme der Geschäfte kam es zu einer Ausdifferenzierung einzelner Reichsbehörden.

In der Ära Bismarck war das Auswärtige Amt noch ein vergleichsweise kleiner Apparat, der lediglich über 19 Etatstellen verfügte. Für die eigentliche politische Lenkung der Außenpolitik war neben dem Reichskanzler der jeweilige Staatssekretär als Chef der Politischen Abteilung (Abt. I A), dem Herzstück des Auswärtigen Amtes, zuständig. Von diesen Amtsleitern ragten im Kaiserreich insbesondere Herbert von Bismarck (1885–1890), Bernhard von Bülow (1897–1900), Alfred von Kiderlen-Wächter (1910–1912) sowie Gottlieb von Jagow (1912–1916) heraus. Unterhalb des Staatssekretärs arbeiteten die sogenannten Vortragenden Räte, denen wiederum Hilfsarbeiter und Anwärter zugeordnet waren. Solange Bismarck, unterstützt durch seinen Sohn Herbert als Staatssekretär, die Fäden der deutschen Außenpolitik in Händen hielt, war das Eigengewicht des Amtes relativ gering.

Unter dem außenpolitisch unerfahrenen Caprivi gewann das Amt an Bedeutung, zumal der zum Staatssekretär ernannte Marschall von Bieberstein (1842–1912) als ehemaliger badischer Staatsanwalt ebenfalls keine diplomatische Karriere vorweisen konnte. In der Folge wurde der Vortragende Rat Friedrich von Holstein (1837–1909) als erfahrenster und machtbewusstester Mitarbeiter der Politischen Abteilung zum starken Mann im Amt. Indem er es verstand, sich durch seine diplomatische Expertise und zahlreiche Intrigen auch unter wechselnden Kanzlern unentbehrlich zu machen, wurde er bis 1906 als „graue Eminenz" zu einer bestimmenden Figur der deutschen Außenpolitik. Holstein steht beispielhaft auch dafür, dass sich nach dem Abschied Bismarcks die Konkurrenz innerhalb des Amtes Bahn brach und verstärkt von unteren Ebenen aus versucht wurde, Einfluss auf den Kurs des Reiches zu nehmen.

Im Ausland wurde Deutschland nach der Reichsgründung von einer ständig wachsenden Zahl von Diplomaten vertreten. 1870 bestand das diplomatische Personal noch aus 60 Etatstellen sowie einer größeren Anzahl von Botschafts- und Legationssekretären. 1874 verfügte das Reich lediglich über vier Botschaften in London, Paris, St. Petersburg und Wien und über 14 Gesandtschaften (Athen, Bern, Brüssel, Den Haag, Konstantinopel, Kopenhagen, Lissabon, Madrid, Rom, Stockholm, Peking, Rio de Janeiro, Washington, Vatikan). Hinzu kamen acht preußische Gesandtschaften innerhalb des Reiches (Darmstadt, Hamburg, Karlsruhe, München, Oldenburg, Stuttgart und Weimar), acht Ministerresidenturen (Bogota, Buenos Aires, Caracas, Lima, Mexiko, Santiago, Tanger, Tokio) sowie sieben Generalkonsulate mit diplomatischem Status (Alexandria, Belgrad, Bukarest, London, New York, Budapest und Warschau). 1914 verteilten sich die inzwischen 103 etatmäßigen Beamten des Diplomatischen Dienstes auf neun Botschaften (London, Paris, St. Petersburg, Wien, Rom, Konstantinopel, Tokio, Washington und Madrid), 23 Gesandtschaften, sieben Ministerresidenturen, 33 Generalkonsulate und mehr als 100 Berufskonsulate. Vor allem das Anwachsen des konsularischen Dienstes weist auf zunehmende Handelsverbindungen in diesem Zeitraum hin.

Zum sozialen Hintergrund der Diplomaten ist zu sagen, dass es sich hier gerade bei den Posten im Ausland ausnahmslos um begüterte Persönlichkeiten handelte, und wie in anderen Ländern auch, war der Adel überproportional vertreten. Die elitären Aufnahmeprüfungen konnten in Einzelfällen umgangen werden, zumal gerade Bismarck die Diplomatie eher als Kunst denn als erlernbares Handwerk begriff. Wie in Frankreich und England, so kamen auch in Deutschland um die Jahrhundertwende vermehrt Stimmen auf, die eine Reform mit dem Ziel einer Professionalisierung des Diplomatischen Dienstes forderten. Zu grundlegenden Reformen kommt es allerdings erst nach dem Weltkrieg.

d) Pressepolitik, Öffentlichkeit und Diplomatie

Öffentlichkeit als politischer Akteur

Hätte man in den Jahren vor 1914 Diplomaten und Politiker gefragt, welche Faktoren die internationalen Beziehungen am meisten belasteten, so hätten sie vermutlich – neben dem Wettrüsten – kaum etwas so häufig genannt wie „die Presse". Hintergrund dafür bildete das Gefühl, von den Pressevertretern längst zurückgedrängt worden zu sein. Ehemalige Arkanbereiche staatlicher Herrschaft gerieten spätestens seit den frühen 1880er-Jahren unter immer stärkeren Druck, sich Kräften zu öffnen, die im Namen der Allgemeinheit Zugang zu bis dahin exklusiven Handlungsfeldern traditioneller Eliten verlangten. Regierungen sahen sich herausgefordert, selbst Kerngebiete ihrer Zuständigkeit wie die Außenpolitik gegenüber der Presse zu behaupten. Lord Robert Salisbury (1830–1903) beneidete seine Nachfolger nicht, wenn er 1901 zu dem Schluss kam, dass die Diplomatie der Nationen inzwischen immer weniger von den Außenministerien als vielmehr den Zeitungsredaktionen und Auslandskorrespondenten mitbestimmt werde.

Hatte schon Bismarck die öffentliche Meinung als eines seiner wichtigsten politischen Instrumente entdeckt und nicht zuletzt über vertraute Journalisten wie Moritz Busch (1821–1899) oder Constantin Rößler (1820–1896) Nachrichten lanciert sowie durch öffentlichkeitswirksame Reden im Reichstag und gezielte Indiskretionen außenpolitisch operiert, so hatte auch Joseph Maria von Radowitz (1839–1912) bereits während des Berliner Kongresses die Presse zur „siebenten Großmacht" erklärt. Bismarcks Nachfolger mussten verstärkt mit einer eigenständigen Öffentlichkeit rechnen, die sich nicht selten sogar als Mitspieler im internationalen Spiel der Kräfte verstand.

Mit Blick auf Deutschland haben Historiker wiederholt die zynische Manipulation der Öffentlichkeit durch die Reichsleitung z.B. im Dienste einer ‚von oben' oktroyierten Flottenrüstung oder aggressiven Außenpolitik am Werke gesehen. Oder sie haben im Anschluss an die Studien von Geoff Eley auf die gefährliche Selbstmobilisierung einer radikalisierten nationalistischen Rechten verwiesen. In jedem Fall wurde das Einbeziehen einer dynamisierten Öffentlichkeit als negativ und schädlich interpretiert. Demgegenüber wurde in Großbritannien lange Zeit die öffentliche Erregung als notwendiges und richtiges Mittel zur Umorientierung der politischen und militärischen Eliten interpretiert. Der Einfluss der „öffentlichen Meinung" ist insofern meist als etwas Positives und Nützliches gedeutet worden.

Diese Einschätzung hat in den vergangenen Jahren an Überzeugungskraft eingebüßt. Für das späte 19. und frühe 20. Jahrhundert fallen in der Gesamtbilanz nicht mehr so sehr die Gegensätze zwischen Deutschland und Großbritannien auf, sondern die „Gemeinsamkeiten zwischen beiden Ländern – sei es bei der Veränderung der politischen und medialen Strukturen, den verhandelten Wertkonflikten oder den staatlichen Reaktionsweisen".

Gleichzeitig wird der Öffentlichkeit im Deutschen Reich inzwischen eine größere Eigenständigkeit zugebilligt. Der Reichstag übernahm beispielsweise zunehmend die Funktion der Repräsentation und Kanalisierung öffentlicher Meinung in diplomatischen Krisensituationen, und die deutsche Presse erscheint in jüngeren Studien eigenständiger, als früher oft angenommen. Sie wird bei der Beurteilung der deutschen Außenpolitik immer stärker als selbstständige Triebkraft interpretiert, die ihrer medialen Eigenlogik folgte und nicht mehr einfach als Instrument staatlicher Manipulation funktionierte. Die neuere Forschung hat die zunehmend engen Grenzen, die allen Versuchen der Presselenkung durch die deutsche Reichsleitung gesetzt waren, scharf herausgearbeitet, während sie umgekehrt auch in Großbritannien als traditionellem Land der Pressefreiheit bemerkenswerte, wenn auch subtilere, Methoden der Presselenkung ausmacht.

Kommunikationsrevolution

Hintergrund für diese Entwicklung war eine Revolution der Kommunikationswege, die das Verhältnis von Presse und Außenpolitik im letzten Drittel des 19. Jahrhunderts einschneidend veränderte. Telegrafie, später das Telefon und der Funkverkehr verkürzten den Zeitraum zwischen einem Ereignis und seiner Berichterstattung, zunächst von Wochen auf wenige Tage, später auf Stunden oder gar Minuten. Gleichzeitig erlaubte die Verbesserung der Drucktechnik die raschere und zugleich massenhafte Publikation von Zeitungen und Flugschriften, die über stetig weiter perfektionierte Vertriebswege immer schneller in die Hände des Lesers gelangten. Einher ging diese Beschleunigung, Ausdehnung und Verdichtung mit einer Veränderung der Zeitungsformate und dem sogenannten new journalism. Statt bloßer Berichterstattung und des Kommentars sahen die „neuen Journalisten" es als ihre Aufgabe an, Leser und Politik zu konkreten Aktionen, politischen Weichenstellungen und Reformen zu bewegen. In Deutschland verlief diese Entwicklung zwar im Vergleich zu England oder den USA etwas langsamer. Die Eigengesetzlichkeiten des Medienmarktes, Prozesse der Kommerzialisierung, Skandalisierung und Lösung von parteipolitischen Bindungen dauerten länger, verliefen letztlich aber nicht unähnlich.

Das Pressebüro

Anders als in England dominierte in Deutschland seit den Tagen Bismarcks die bürokratische Form der Pressepolitik durch das Pressebüro des Auswärtigen Amtes, später auch des Reichskolonial- und Reichsmarineamtes. Der föderale Charakter ohne ein wirkliches Pressezentrum sowie das politische System des Reiches machte in den Augen Otto Hammanns (1852–1928), von 1894 bis 1916 leitender Pressereferent in der Wilhelmstraße, eine aktive staatliche Pressepolitik zwingend notwendig. Denn die Reichsregierung war verfassungsrechtlich an das Vertrauen des Monarchen und nicht an Reichstagsmehrheiten gebunden, operierte also „über den Parteien" und verfügte somit auch nicht automatisch über eine eigene Parteipresse wie die Regierungen in England und Frankreich. Dem Pressebüro dienten direkte Maßnahmen wie eigene offizielle oder halboffizielle Presseorgane oder indirekte Maßnahmen wie Bestechungen oder verschiedene Formen der Belohnungen. Das wichtigste Instrument der Pressebeeinflussung war indes die Selektion von Informationen. Zuckerbrot und Peitsche waren dabei beliebte Mittel, Journalisten zu disziplinieren, die insgesamt keinesfalls einen vergleichbaren sozialen Status wie etwa ihre britischen Kollegen erreichten. Die deutsche Praxis im Umgang mit der Presse schlug sich auch auf ausländische Organe bzw. die Bewertung der ausländischen Presse nieder. So war es ausgesprochen schwierig, wenn nicht unmöglich für deutsche Diplomaten oder Politiker, zu britischen Journalisten einen vertrauensvollen Kontakt herzustellen. Gleichsam zeigte sich die Wilhelmstraße lange uneinsichtig, nach welchen Prinzipien die englische Medienlandschaft funktionierte. Das Resultat daraus war mitunter verheerend. Nicht genug, dass es weder gelang, die eigene Presse dauerhaft im Zaum zu halten, noch einen positiven Draht zur englischen Presse aufzubauen; jeder Versuch dazu verschlimmerte noch das generelle englische Misstrauen. Das erwies sich vor allem dann als besonders schädlich, wenn es zu einer Eigendynamik der deutschen Presse kam, wie während des Burenkrieges oder bei den zahlreichen nachfolgenden Pressekriegen zwischen den beiden Ländern.

Die Unzulänglichkeiten des deutschen Pressemanagements wären nicht weiter aufgefallen, hätte es nicht zunehmend transnationale Verflechtungen zwischen den Staaten gegeben, sondern weiterhin voneinander separierte politische Räume und eine traditionelle Geheimdiplomatie. Die beschriebene Ausdehnung und Verdichtung der Kommunikationsräume hatte die Arbeitsbedingungen der Diplomatie aber grundlegend verändert und resultierte in einer völlig neuen öffentlichen Außenpolitik, bei der sich Entscheidungsprozesse und Einflüsse multiplizierten.

Beispiele, wo das Auswärtige Amt glaubte, die Presse instrumentalisieren zu können, kurze Zeit später aber feststellen musste, diese nicht mehr unter Kontrolle zu haben, gab es nach der Jahrhundertwende zuhauf – etwa bei beiden Marokkokrisen, bei der Frage des Flottenwettrüstens oder auch bei verschiedenen Presseinitiativen zur gegenseitigen Verständigung, wie etwa die Journalistenbesuche in London und Berlin zwischen 1906 und 1907.

Interessengruppen

Öffentlichkeit im Kaiserreich bedeutete aber nicht nur Medienöffentlichkeit. Dazu zählten natürlich auch der Reichstag, die Parteien und die immer stärker auftretenden Interessenverbände, von denen insbesondere die **Deutsche Kolonialgesellschaft**, der **Alldeutsche Verband** oder der Flottenverein außenpolitisch aktiv waren. Sie setzten Agenden und wirkten nicht zuletzt über ihre Mitglieder propagandistisch in den politischen Raum, das Reich und über dessen Grenzen hinaus.

E

Der **Deutsche Kolonialverein** wurde 1882 gegründet und 1892 in „Deutsche Kolonialgesellschaft" umbenannt. Obgleich die Mitgliederzahl von 15000 im Gründungsjahr und lediglich 42000 1914 relativ gering war, gehörte er über die zahlreichen bedeutenden Persönlichkeiten unter seinen Mitgliedern zu den einflussreichsten, außenpolitisch orientierten Lobbygruppen im Kaiserreich. Der Kolonialverein arbeitete dabei eng mit dem Allgemeinen Deutschen Verein zusammen, der ab 1894 in **Alldeutscher Verband** (1891–1939) umgetauft wurde. Dieser Verband wurde aus Protest gegen den Helgoland-Sansibar-Vertrag gegründet und zählte bereits ein Jahr später 21000 Mitglieder, um danach jedoch wieder abzunehmen. Der Verband propagierte über die wöchentlich erscheinenden „Alldeutschen Blätter" die „Pflege und Unterstützung deutschnationaler Bestrebungen in allen Ländern, wo Angehörige unseres Volks um die Behauptung ihrer Eigenart zu kämpfen haben, und [die] Zusammenfassung aller deutschen Elemente auf der Erde". Er propagierte chauvinistische, rassistische, sozialdarwinistische und antisemitische Vorstellungen und forderte eine aggressive Außen-, Flotten- und Kolonialpolitik. Im Ersten Weltkrieg forderten die Alldeutschen weit gespannte Annexionsziele. Zu den bekanntesten Mitgliedern zählten Carl Peters (1856–1918) und Heinrich Claß (1868–1953).

Die Öffentlichkeit gab dabei wie in anderen Ländern immer wieder gewisse Zielkorridore für die deutsche Außenpolitik vor, die die politischen Entscheider immer weniger ignorieren konnten. Allerdings wurde das daraus resultierende Spannungsverhältnis zumeist dadurch gemildert, dass in der öffentlichen bzw. veröffentlichten Meinung vielfach ähnliche Motive und Triebkräfte wirkten wie in der Wilhelmstraße.

2. Weltmacht oder Untergang? – Nationaler und internationaler Bewegungsrahmen

Weltreichslehre

Im letzten Drittel des 19. Jahrhunderts kulminierten vier wesentliche Bewegungskräfte, die die Geschicke der Großmächtediplomatie entscheidend beeinflussten und das Zeitalter des Hochimperialismus kennzeichneten:

Ganz allgemein gesprochen trugen zuerst technologische Entwicklungsschübe im Verkehr wie Eisenbahnen und der dampfgetriebene Schiffsverkehr, aber auch in der Kommunikation wie die Telegrafie und der Aufbau des Kabelnetzes bereits seit Mitte des Jahrhunderts zu besseren Austausch-, Versorgungs- und Reisemöglichkeiten zwischen den europäischen Metropolen und der kolonialen Peripherie bei. Wissenschaftliche Errungenschaften wie verbesserte medizinische Behandlungsmöglichkeiten verringerten die Gefahr von exotischen Tropen- bzw. Höhenkrankheiten in entfernten Regionen, und topografische Messsysteme erleichterten Expeditionen und die Landnahme. Militärische Entwicklungen wie das Maschinengewehr, das raucharme Pulver oder hochexplosive Geschosse stellten die Überlegenheit zwischen europäischen und indigenen Truppen sicher, wie etwa die Feldzüge der Briten gegen die zahlenmäßig weit überlegenen Truppen des Mahdi zwischen 1881 und 1899 belegen. Andererseits erhöhte die militärisch-technische Revolution aber auch die Ausgeglichenheit der militärischen Gegenüber und führte zu enormen Opferzahlen, wie der Burenkrieg (1899–1902), der russisch-japanische Krieg (1904/5) oder die Balkankriege (1912/13) zeigen.

Politisch begünstigte zudem der Zusammenbruch bzw. der langsame Niedergang alter Regime oder die Destabilisierung von Gesellschaften wie in China oder dem Osmanischen Reich die Expansion und wachsende Rivalität der europäischen Großmächte. Auch die „relative Ruhe" der europäischen Staatenwelt nach der italienischen und der deutschen Einigung sorgte für einen größeren Wettbewerb um Besitzungen in Übersee. Vergessen werden sollten auch nicht die einzelnen Sub-Imperialismen der sogenannten men-on-the-spot, der Abenteurer, Missionare, Militär- und kolonialen Verwalter vor Ort. Sie sorgten zunehmend für eine expansive Eigendynamik an der Peripherie, die wiederum das jeweilige Mutterland zur Intervention aktivierte.

Der expandierende Schiffs- und Eisenbahnverkehr sowie eine Kommunikationsrevolution durch den Ausbau von Telegrafenverbindungen förderten eine bis dahin unbekannte globale Vernetzung, sodass nicht wenige Historiker für das letzte Drittel des 19. Jahrhunderts von einem ersten Globalisierungsschub ausgehen. Für die internationalen Beziehungen hatte das zur Folge, dass gute ökonomische Beziehungen durchaus in der Lage waren, politisch divergierende Interessen zu überbrücken oder umgekehrt gemeinsame Interessen im öffentlichen Diskurs in den Hintergrund rücken zu lassen.

Hinzu kamen jedoch noch drei weitere wesentliche Faktoren: die bereits angesprochene rasante Entwicklung der Weltwirtschaft, die nach den konjunkturellen Schwankungen der 1870er-Jahre Anfang der 1880er-Jahre an Fahrt aufnahm, ein allgemein sozialdarwinistischer Zeitgeist sowie die jeweils komplexen, wenn auch unterschiedlich gelagerten innenpolitischen Gemengelagen. Daraus entwickelte sich für jede Macht ein spezifisches Kräftefeld, in dem sich außenpolitisch relevante Akteure austauschten und aus dem heraus außenpolitische Entscheidungen getroffen wurden.

„Harte Faktoren"

Nimmt man das Machtpotenzial des Deutschen Reiches im weltpolitischen Wettstreit der Großmächte in den Blick, so fallen zunächst zwei Konstanten ins Auge: 1. die geopolitische Mittellage. Im Vergleich zu den Flügelmächten England und Russland, aber auch zu Frankreich schien es massiv benachteiligt und musste stets die Koalitionen der anderen im Auge behalten. Ludwig Dehio hat dafür den treffenden Begriff der „halbhegemonialen Stellung" geprägt. Danach bildete das Reich fraglos ein neues politisches Gravitationszentrum in der Mitte Europas. Vielen, nicht zuletzt in Deutschland selbst, erschien es geradezu prädestiniert, die Rolle eines neuen Hegemons anzunehmen. Gleichzeitig aber war es aufgrund seiner geografischen Lage inmitten der anderen Großmächte nicht stark genug, das Staatensystem insgesamt dominieren zu können. 2. Die atemberaubende Geschwindigkeit und das Ausmaß des demografischen, industriellen, kommerziellen und militärischen Wachstums. Sie rückten den geografischen Nachteil zunächst in den Hintergrund. Die Wirtschaftsdaten kannten nur eine Richtung: steil nach oben. Bis 1914 sollte das „zu spät gekommene" Reich zur mächtigsten Macht auf dem Kontinent werden und zu den führenden Wirtschaftsnationen England und den USA aufschließen.

Nur einige Details sollen diese Entwicklung veranschaulichen:

Tabelle 1: Bevölkerungsentwicklung in Millionen Einwohner

Land	Landfläche (in qkm)	1881	1899	1909	1913	Wachstum in %
Russland	5377444	72,5	106,2	125,3	175,1	+141,5
USA	9420670	50,1	74,4	85,8	97,3	+94,2
Deutsches Reich	540777	45,2	54,3	60,6	66,9	+48,0
Österreich-Ungarn	677667	42,6 (1890)	46,7	50,8	52,1	+22,3
Japan	421300	39,9 (1890)	43,8	49,1	51,3	+28,6
Frankreich	536464	36,9	38,5	39,3	39,7	+7,5
England	314869	34,5	38,1	45,0	45,6	+32,1
Italien	312352	30,0 (1890)	32,3	34,4	35,1	+17,0

Zahlen gerundet aus: M. Neher, Der Imperialismus, S. 25; P.M. Kennedy, Aufstieg und Fall, S. 308.

Zwischen 1880 und 1913 stieg die Bevölkerung um 48% auf 66,9 Millionen und rangierte damit an dritter Stelle hinter den beiden Riesenstaaten Russland und den USA. Im Vergleich zum Bildungsniveau stellte das Kaiserreich aber das Zarenreich weit in den Schatten. Das deutsche Bildungssystem galt als einzigartig in der Welt, wovon die gesamte Wirtschaft des Landes profitierte. Was Deutschland im Zeitalter des Imperialismus auszeichnete, war dessen Industriepotenzial. Das spiegelte sich insbesondere in der deutschen Kohleförderung, der Eisen- und Stahlproduktion wider. Überall schloss das Reich zur „einstigen Werkbank der Welt", Großbritannien, auf oder überholte dieses.

Tabelle 2: Industriepotenzial (Referenzwert Großbritannien in 1900 = 100)

Land/Region	**1880**	**1900**	**1913**
Europa	196,2	335,4	527,8
Österreich-Ungarn	14,0	25,6	40,7
Frankreich	25,1	36,8	57,3
Deutsches Reich	27,4	71,2	137,7
Italien	8,1	13,6	22,5
Russland	24,5	47,5	76,6
Großbritannien	73,3	100,0	127,2
USA	46,9	127,8	298,1
Japan	7,6	13,0	25,1
Welt	320,1	540,8	932,5

Auszug aus: P.M. Kennedy, Aufstieg und Fall, S. 311.

Tabelle 3: Eisen- und Stahlproduktion (in Millionen Tonnen)

Land	**1880**		**1890**		**1900**		**1910**	
	Eisen	Stahl	Eisen	Stahl	Eisen	Stahl	Eisen	Stahl
Deutsches Reich	2,7	1,5	4,7	3,1	8,5	7,3	14,8	13,1
Frankreich	1,7	1,4	2,0	1,4	2,7	1,9	4,0	2,9
England	7,9	3,7	8,0	5,3	9,1	6,0	10,2	7,6
USA	3,8	1,3	9,2	4,3	13,8	10,2	27,3	26,1

Zahlen gerundet aus: L. Zimmermann, Der Imperialismus, S. 4.

Noch beeindruckender wirkte die deutsche Leistungsfähigkeit auf dem Gebiet der neueren Industriezweige: der elektrotechnischen, optischen und chemischen Industrie. Chemische Konzerne wie Bayer oder Hoechst oder Elektrokonzerne wie Siemens oder AEG beherrschten den Weltmarkt nach Belieben. Bis zum Kriegsausbruch stieg der deutsche Anteil an den Industrieerzeugnissen der Welt auf 14,8% und überholte damit Großbritannien (13,6%). So war es kein Wunder, dass Publizisten wie Friedrich Naumann (1860–1919), Historiker wie Heinrich von Treitschke (1834–1896) und Friedrich Meinecke (1862–1954) oder Soziologen wie Max Weber

(1864–1920) unisono eine selbstbewusstere Rolle Deutschlands in der Welt sowie eine „nationale Wirtschaftspolitik" anmahnten. Kaum zu vermeiden war auch, dass Interessengruppen wie der Alldeutsche Verband, die Deutsche Kolonialgesellschaft oder der deutsche Flottenverein einen Willen zur Weltgeltung propagierten, damit das Ausland irritierten und die eigene Regierung in Zugzwang brachten.

Q

Heinrich von Treitschke in einer Vorlesung an der Berliner Universität 1890
Aus: Heinrich von Treitschke, Politik, Vorlesungen, gehalten an der Universität zu Berlin, hrsg. von Max Cornelius, Bd. 1, 5. Aufl., Leipzig 1922, S. 42f.

Die Entwicklung unserer Staatengesellschaft geht [...] unverkennbar darauf aus, die Staaten zweiten Ranges zurückzudrängen. [...] Bei der Verteilung dieser nichteuropäischen Welt unter die europäischen Mächte ist Deutschland bisher immer zu kurz gekommen, und es handelt sich doch um unser Dasein als Großstaat bei der Frage, ob wir auch jenseits der Meere eine Macht werden können. Sonst eröffnet sich die gräßliche Aussicht, daß England und Rußland sich die Welt teilen, und da weiß man wirklich nicht, was unsittlicher und entsetzlicher ist, die russische Knute oder der englische Geldbeutel.

Das konnte, ja musste bedrohlich auf andere wirken, wenngleich solche Stimmen im internationalen Vergleich keineswegs unüblich waren. Auch französische, japanische, italienische, amerikanische und allen voran britische und russische Staatsmänner, Wissenschaftler und Publizisten sprachen selbstverständlich von ihrer nationalen Bestimmung, sich auszudehnen und die Welt an ihrem jeweiligen „Wesen genesen zu lassen". Frankreich etwa betonte die Errungenschaften der Revolution, Russland den Panslawismus oder Großbritannien die puritanische Gesinnung.

„Germaniam esse delendam"

Im allgemeinen, international verbreiteten, sozialdarwinistischen Zeitverständnis schien die globale Mächtekonkurrenz unvermeidlich. Zur Jahrhundertwende sprach Max Weber von einem „unumgänglichen handelspolitischen Ausdehnungsbestreben aller bürgerlich organisierten Kulturvölker". Der Imperialismus gehorche gar einem „Naturgesetz der Staatenwelt" (1898). Auch das Ausland teilte diese Einschätzung. Die USA gingen zur Hochschutzzollpolitik über, während sie die europäischen Märkte mit ihren Produkten überschwemmten. Zwischen Deutschland und Russland kam es zum andauernden Zollkrieg. Ungeachtet dass die USA zur führenden Wirtschaftsmacht aufstiegen, nahm Großbritannien als alte „Werkbank der Welt" aber vor allem den neuen Konkurrenzdruck aus Deutschland verstärkt wahr, der zu einem regelrechten Pressekrieg zwischen beiden Ländern führte. 1896 wurde von der *Saturday Review* sogar ein „Germaniam esse delendam" gefordert und schließlich wurde das Label „Made in Germany" eingeführt, um heimische Produkte zu schützen. In Deutschland glaubte die Publizistik deshalb, in England den wahren Feind ausgemacht zu haben, der den eigenen Aufstieg, wo es ging, behindere. Es waren nicht zuletzt ökonomische Gründe, die die europäischen Mächte an die Peripherie des Kontinents und in den Wettbewerb um Kolonien und Einflusssphären brachten. Rohstoffmangel sowie neue Absatzmärkte und gerade für Großbritannien neue Investitionsmöglichkeiten spielten eine ebenso große Rolle wie potentielle Siedlungsräume für die schnell wachsende Bevölkerung. Weitere wichtige Motive wie der Wunsch nach Missionierung und der Aufgabe der

„Kulturarbeit" gesellten sich hinzu und lieferten eine zusätzliche moralische Legitimation. Dass etwa im Zuge der Kolonialpolitik Bismarcks bereits sehr früh klar war, dass sich die deutschen Erwerbungen weder wirtschaftlich noch als Siedlungskolonien eigneten, aber dennoch daran festgehalten wurde, unterstreicht den ideologischen Charakter des Expansionsstrebens.

Als besonders bezeichnend für den deutschen Expansionismus wird für gewöhnlich das militärische Potenzial des Reiches angeführt. Gleichwohl führen die zumeist rein quantitativen Angaben zu Truppenstärken und Kriegsschifftonnage leicht in die Irre und verzerren mehr, als dass sie erhellen. Ein internationaler Vergleich der Truppenzahlen etwa belegt, dass sich die deutschen Rüstungen insgesamt voll im internationalen Rahmen bewegten.

Tabelle 4: Militärische Entwicklung
Truppenzahlen (Heer und Flotte in Tsd.) im Verhältnis zur Bevölkerung

	England	Frankreich	Russland	Deutsches Reich	Österreich-Ungarn	USA
1880	367	543	791	426	246	34
% d. Bev.	1,06	1,5	1,1	1,0	0,8	0,1
1900	624	715	1162	524	385	96
% d. Bev.	1,6	1,9	1,1	0,96	0,9	0,13
1910	571	769	1285	694	425	127
% d. Bev.	1,3	2,0	1,0	1,1	0,9	0,14
1914	532	910	1352	891	444	164
% d. Bev.	1,2	2,3	1,1	1,3	0,9	0,17

Eigene Berechnung aus: P.M. Kennedy, Aufstieg und Fall, S. 308, S. 313.

Tabelle 5: Militärausgaben im Verhältnis zum Nettoinlandsprodukt

Jahre	England	Frankreich	Russland	Österreich-Ungarn	Deutsches Reich	Italien
1901	7,1	4,6	3,9	2,7	4,1	3,2
1903	4,2	4,1	3,9	2,7	3,9	3,3
1906	3,1	3,9	8,7	2,3	3,8	2,7
1909	3,3	3,8	4,3	3,0	4,0	2,9
1913	3,4	4,3	5,1	3,5	4,9	5,1

Auszug aus: D. Stevenson, Armaments and the Coming of War, S. 6.

Ausgerechnet zu Lande schien das vermeintlich so aggressive, gleichsam aber auch geopolitisch besonders verletzliche Kaiserreich sein Potenzial vor 1914 offenbar nicht auszuschöpfen.

Maßstab für die militärische Stärke eines Landes sind nicht allein die ökonomischen oder demographischen Wachstumsraten, sondern vielmehr das fiskalische Potential und die im politischen Prozess ausgehandelten relativen militärischen Ausgaben in Friedenszeiten. Ein genauerer Blick belegt, dass das Reich bei den relativen Ausgaben zumeist von Frankreich und Russland übertroffen wurde. Haupthindernis für größere Ausgaben und ein damit erhöhtes Sicherheitsempfinden war neben dem Budgetrecht des Reichstages (Art. 62) die föderale Struktur des Kaiserreiches. Das Reich blieb ein „Kostgänger" seiner Einzelstaaten und von deren Matrikularbeiträgen abhängig. Hinzu kam, dass es anders als Großbritannien über keine feste Einnahmequelle aus Einkommenssteuern verfügte und auch nicht in dem Maße in der Lage war, wie Russland oder Frankreich große Anleihen auf dem internationalen Kapitalmarkt zu platzieren. Die wachsenden öffentlichen Ausgaben und der durchweg hohe Schuldendienst von durchschnittlich 60% des Nettoinlandsproduktes musste anders als bei den zentralistisch organisierten Rivalen hauptsächlich über Konsumsteuern und Zölle bedient werden. Während das Machtpotenzial des Reiches auf diese Weise objektiv gebremst wurde, erhöhte sich das subjektiv empfundene Unsicherheitsgefühl. Den kostenintensiven internationalen Rüstungswettlauf konnte Deutschland deshalb nicht gewinnen. Aufgrund dieser strukturellen Gegebenheiten blieb es im Durchschnitt bei der in Artikel 60 der Verfassung erwähnten Friedenspräsenzstärke von ca. 1% der Bevölkerung. Quantitativ blieb die kaiserliche Armee damit deutlich hinter Frankreich oder Russland zurück. Ob bei den Pro-Kopf-Ausgaben oder den Ausgaben im Vergleich zum Nationalprodukt, Deutschland stellte keine Ausnahme dar. Erst nachdem 1910 das Wettrüsten zu Wasser zugunsten Englands entschieden war, konzentrierte sich Berlin wieder auf die Heeresrüstung und versuchte Versäumnisse nachzuholen. Die reinen Zahlen verdecken jedoch, dass sich das deutsche Heer über den gesamten Zeitraum qualitativ von seinen Rivalen abhob. Neben der Friedenspräsenzstärke konnte das Reich Millionen von gut ausgebildeten Reservisten mobilisieren und ausrüsten. Die grundsätzlich bessere Ausbildung erlaubte es zudem, die Kräfte sofort an der Front einzusetzen. Frankreich und Russland, die beide über eine größere Friedensstärke verfügten, konnten das nicht. Der französische Generalstab traute seinen eigenen Rekruten nur wenig zu, und das Zarenreich besaß weder Waffen, Munition und Ausrüstung, um seine theoretisch millionenstarke Reservearmee auszustatten, geschweige denn, dass es über die Offiziere verfügte, diese zu führen. Da aber auch die Zeitgenossen nicht selten mit Zahlenwerken operierten, waren die realen Kräfteverhältnisse bis zum Krieg kaum abzuschätzen.

Ähnlich in die Irre führen die oft genutzten Tabellen zur Kriegstonnage als Indiz für die dynamisierende Wirkung des Flottenwettrüstens. Die quantitative Addition soll dabei die deutsche Gefährdung des englischen Zweimächtestandards belegen, der in vielen Darstellungen den Charakter eines geradezu natürlichen Normzustandes in den internationalen Kräfterelationen erhält. Tatsächlich haben jüngere Darstellungen jedoch belegen können, dass es sich bei dem „Two-Power-Standard", nach dem die Royal Navy mindestens über die Stärke der beiden ihr nachfolgenden Seemächte verfügen sollte, viel mehr um ein propagandistisches Hilfsargument der Admiralität gegenüber der Öffentlichkeit und dem Parlament handelte, als um einen militärischen Richtwert. Ausgerechnet der englische Marineminister Lord Selborne (1859–1942) wie auch der erste Seelord John Arbuthnot Fisher (1841–1920) hielten Tonnageangaben gar für „völlig wertlose Parameter" für die tatsächliche Stärke einer Flotte. Für viel wichtiger wurden hier Angaben zur gesamten Breite des Flottenbestandes, geostrategische sowie strukturelle Angaben zu Stützpunkten, Flottendistribution, Dockanlagen und Kapazitäten von Werftanlagen, Ausbildungsgrad von Mannschaften bzw. die Effizienz von einzelnen Schiffskategorien usw. erachtet. Überdies wurde beim Blick auf die deutsche Kriegsmarine zu lange von Bauprogrammen statt von tatsächlichen Bauten ausgegangen. So findet sich in zahlreichen Studien bis heute die Zahl von 26 Großkampfschiffen, obwohl die Kriegsmarine im Juli 1914 tatsächlich nur über die Hälfte, also 13 Schiffe dieser Art verfügte. Ein besonderes Augenmerk galt überdies nicht nur den Schlachtschiffen, sondern insbesondere den technischen Neuerungen wie Torpedo- und Unterseebooten. Gerade auch in diesen Bereichen war die deutsche Marine der Royal Navy weit unterlegen.

„Weiche Faktoren"

Neben den skizzierten ökonomischen und militärischen Leistungsparametern wirkte vor allem der schon angesprochene Zeitgeist auf die internationalen Beziehungen im Allgemeinen und die deutsche Außenpolitik im Besonderen. Dieser wurde gegen Ende des 19. Jahrhunderts von einem Bündel von Triebkräften getragen: erstens dem Sozialdarwinismus, Rassismus und Militarismus, zweitens dem mit dem Nationalismus untrennbar verbundenen Prestigedenken der Großmächte sowie drittens dem allgemein zu beobachtenden Raumdenken und Expansionsstreben. Dem Sozialdarwinismus begegnet man in dieser Epoche als ein „allgemeines Deutungsschema", bei dem Charles Darwins (1809–1882) Evolutionstheorie von der Selektion und dem Kampf ums Dasein auf Individuen wie ganze Völker übertragen wurde. Um auch noch im 20. Jahrhundert zu den Weltmächten zu gehören, so die weitverbreitete Auffassung der Zeitgenossen und Entscheidungsträger aller Großmächte, müsse sich jede Nation mit einer „Politik der Stärke" gegenüber den anderen behaupten. Konsens, Koexistenz, Stillstand würde danach einem machtpolitischen Untergang gleichkommen. „Weltmacht oder Untergang" war das bipolare Interpretationsschema, mit dem sich die Ideologie des Sozialdarwinismus zusammenfassen ließe. Eng damit verbunden war der Glaube an die vermeintliche „Ungleichheit der Rassen". Angelsachsen und germanische „Teutonen" standen dabei den Slawen gegenüber. Die Romanen wurden dagegen aufgrund der sinkenden Geburtenzahlen als eine der „sterbenden Nationen" wahrgenommen, während der hohe Geburtenüberschuss im Deutschen Reich als Vorbote zukünftiger Stärke zählte. Das zweite Grundelement des imperialistischen Zeitgeistes war das übersteigerte Prestigedenken, gepaart mit einem überschäumenden Nationalismus. Mit Argusaugen wachten die Großmächte und namentlich das Deutsche Reich darüber, von den anderen Großmächten auf Augenhöhe behandelt zu werden. Immer wieder kam es so zu übertriebenem und unnötigem Säbelgerassel und zu internationalen Verstimmungen wie beispielsweise in der Marokkofrage, in Südosteuropa oder bei Kompensations- oder Abrüstungsgesprächen. Als dritte Triebkraft sind um die Jahrhundertwende der Raumgedanke und das Expansionsstreben der Mächte anzuführen. Die Macht über große, zusammenhängende und abgeschlossene Räume wurde dabei von Geopolitikern wie Alfred Thayer Mahan (1840–1914), Halford J. Mackinder (1861–1947) oder Friedrich Ratzel (1844–1904) mit Ressourcenreichtum, Verteidigungsfähigkeit und militärischer Macht gleichgesetzt.

Innere Gemengelagen

Außer diesen staatenübergreifenden Triebkräften gab es zudem spezifische innenpolitische Gemengelagen, die das jeweilige Konkurrenzdenken und Expansionsstreben der einzelnen Großmächte förderten. Immer wieder kam es in den neuen Industriegesellschaften zu inneren Problemen, die diese nur allzu gern mithilfe ihrer äußeren Politik auszutarieren und abzulenken versuchten. Bernhard von Bülow beispielsweise erkannte in dem deutschen Verlangen nach einem „Platz an der Sonne" z.B. ein geeignetes Mittel, um über innere gesellschaftliche Fragen etwa der Verfassung, des Wahlrechts, sozialpolitischer Reformen oder des demographischen Drucks hinwegzutäuschen und den Aufstieg der Sozialdemokratie zu stoppen. In England etwa wurde die militärische Abrüstung und die Wehrpflichtdebatte nach dem Burenkrieg nicht selten mit der Selbstbehauptung des Empire auch im 20. Jahrhundert verbunden, während Russland und Österreich-Ungarn ebenfalls ihre inneren Verfassungs- und Minderheitenprobleme mit äußerer Stärke zu kompensieren suchten. Insgesamt verbanden sich diese verschiedenen Bewegungsgesetze und Triebkräfte der Staatenwelt um 1900 zu einer allgemein verbreiteten „Weltreichslehre". Diese Lehre wurde in Deutschland von einer breiten Publizistik sowie von Agitationsverbänden wie der Deutschen Kolonialgesellschaft, dem Alldeutschen Verband oder dem Flottenverein getragen. Darüber hinaus plädierten auch das Bildungsbürgertum und die Wissenschaft, darunter bekannte Persönlichkeiten wie Max Weber, Heinrich von Treitschke, Hans Delbrück (1848–1929), Max Lenz (1850–1932), Erich Marcks (1861–1938) und viele andere für eine ambitionierte deutsche Weltpolitik. Sie alle erkannten in der Weltmachtpolitik nur die logische Fortsetzung der preußisch-deutschen Einigung. Weltmachtstreben, das gilt es zu betonen, war keine deutsche Spezialität, kein Teil eines „Sonderweges". Dieses Streben unterschied sich nicht wesentlich von den Ambitionen anderer Mächte. Vielmehr hätte das Kaiserreich einen Sonderweg beschritten, wenn es sich aus dem imperialen Wettstreit der Jahrhundertwende herausgehalten hätte. Der neue Imperialismus war zweifellos ein globales Phänomen. Während die britische Weltpolitik in allen Teilen des Erdballs gewaltige Zuwächse erzielte, strebte Russland auf den Balkan, nach Zentralasien und Fernost. Frankreich stemmte sich gegen den eigenen Niedergang und versuchte, verlorenes Prestige in Europa in der Welt zurückzugewinnen. Japan stieß in die Pazifikregion und die USA reklamierten auf Basis der Monroe Doktrin (1823) die gesamte westliche Hemisphäre für sich. Selbst Italien versuchte, sich in Nordafrika schadlos zu halten. Die deutsche Weltpolitik, so scheint es, wird demgegenüber nicht deshalb besonders beachtet, weil sie exzeptionell aggressiv oder rücksichtslos war, sondern weil sie besonders spektakulär gescheitert ist. Die Beschäftigung mit ihr ist daher immer auch vorrangig eine Beschäftigung mit den Gründen des Scheiterns.

Will man das hegemoniale Potenzial des Reiches untersuchen, so gilt es die vorhandenen Fähigkeiten stets mit den inneren wie äußeren Möglichkeiten, Risiken und Wahlchancen in Relation zu setzen. Konkret: Welche Möglichkeiten besaß das Reich, anderen Mächten zu schaden, sie zu dominieren oder physisch wie politisch zu verletzen und wie verletzbar und widerstandsfähig empfand es und erwies es sich selbst gegenüber dem Druck von innen und außen?

II. Der „neue Kurs" (1890–1896)

März 1890	General Graf Leo von Caprivi wird neuer Reichskanzler
27.3.1890	Nichtverlängerung des Rückversicherungsvertrages
1.7.1890	Helgoland-Sansibar-Vertrag
November 1890	Der Vorschlag Crispis, den Dreibundvertrag vorzeitig zu verlängern, scheitert am Widerstand Österreichs
Seit 1891	Erarbeitung einer neuen deutschen Militärstrategie, die letztlich in den „Schlieffen-Plan" (1905) mündet
April 1891	Gründung des „Allgemeinen Deutschen Verbandes" (ab Juli 1894 „Alldeutscher Verband")
6.5.1891	Erneuerung des Dreibundvertrags
17.8.1891	Französisch-russischer Handelsvertrag
21.8.1891	Französisch-russischer Zweibundvertrag
Ende 1891	Handelsverträge zwischen dem Deutschen Reich, Österreich, Italien, Belgien und der Schweiz auf 10 Jahre
17.8.1892	Russisch-französisches Militärabkommen
17. bis 25.10.1893	Besuch eines russischen Flottenverbandes in Toulon
1894/1895	Japanisch-chinesischer Krieg
Frühjahr 1894	Deutsch-russischer Handelsvertrag
Oktober 1894	Rücktritt Caprivis
1894–1897	Chlodwig Fürst zu Hohenlohe-Schillingsfürst neuer Reichskanzler
17.4.1895	Friede von Schimonoseki; Kriegssieger: Japan
3.1.1896	Krügerdepesche Wilhelms II.

„Mit Volldampf voraus"

Die Entlassung Bismarcks war ohne Zweifel der größte Einschnitt in der kurzen Geschichte des Kaiserreiches. Für die deutsche Diplomatie wie für die internationalen Beziehungen insgesamt galt es, sich neu zu sortieren. Bismarck hatte es verstanden, mit der „ungeschickten Größe" (S. Haffner) des Reiches umzugehen und dessen Machtpotenzial zu zügeln. Der Preis dafür war der „Sonderweg" der Selbstbeschränkung unter den Großmächten, der zunehmend unbefriedigend auf die erfolgsverwöhnten Deutschen wirkte. „Mit Volldampf voraus" „herrlichen Zeiten" entgegenzupreschen, wie es der neue „wachhabende Offizier" Kaiser Wilhelm II. verkündete, ähnelte dagegen viel mehr dem optimistisch-dynamischen Zeitgeist. Gewiss, nicht auf einen Schlag, aber doch spürbar wollte die Berliner Führung das deutsche Potenzial in die internationale Waagschale legen und die Bewegungslosigkeit der letzten Jahre überwinden. Aber in welche Richtung sollte es gehen? Keine Frage, Bismarcks Politik wirkte überstrapaziert und wechselhaft in der Orientierung. Er setzte auf neue Möglichkeitsräume, mochten die Indizien dafür auch noch so blass sein. Seinen Nachfolgern mangelte es nicht nur an Erfahrung und Geduld dazu, sondern auch an dem dafür nötigen Selbstvertrauen, der Fantasie und dem Blick für sich ergebende Chancen. Nicht selten sollte gerade das pompöse Auftreten und Säbelgerassel die selbst empfundene Schwäche verschleiern. Anstelle von ad-hoc gebildeten und letztlich risikobehafteten Aushilfen sollten dauerhaftere, natürlichere und sicherere Lösungen in den Außenbeziehungen gefunden werden. Als Erstes stand dabei der umstrittene Rückversicherungsvertrag von 1887 zur Disposition. Sodann ging es darum, mit London über Ansprüche in Ostafrika bzw. die Rückgabe Helgolands zu verhandeln, welches sich seit 1807 bzw. 1814 im britischen Kolonialbesitz befand. Erschien dies vielen bereits als neue außenpolitische Richtung, so kam es unter der neuen Führung auch zu einem veränderten Mitteleinsatz, bei dem nun verstärkt auf wirtschaftliche und militärische Aspekte statt auf die bloße Staatskunst Wert gelegt wurde.

1. Politik ohne Kompass

a) Die Nichterneuerung des Rückversicherungsvertrages

Nachfolger Bismarcks wurde General Leo Graf von Caprivi. Von Hause aus Infanterieoffizier und von 1883 bis 1888 Chef der Kaiserlichen Marine, wurde er nun ins kalte Wasser der internationalen Diplomatie geworfen und musste sich sogleich mit der kompliziertesten Konstellation bismarckscher Diplomatie befassen: dem Rückversicherungsvertrag und dessen anstehender Verlängerung.

Deutsch-russische Entfremdung

Schon Ende 1889 hatte die russische Seite zu verstehen gegeben, dass sie an einer Erneuerung des im Juni 1890 auslaufenden Vertragsverhältnisses interessiert sei – trotz anhaltender Spannungen auf öffentlicher und wirtschaftlicher Seite. Von einer zwangsläufigen Annäherung an Frankreich, nachdem Russland aufgrund des Lombardverbots seine Anleihen in Paris platzieren musste, konnte keine Rede sein. Im Gegenteil, die Beziehung zwischen St. Petersburg und Paris hatte sich 1889 sogar merklich abgekühlt und das französische Außenministerium am Quai d'Orsai rechnete wieder mit seiner zunehmenden Isolation. Aber auch das Zarenreich, allen voran Außenminister Nikolai von Giers (1820–1895), fürchtete sich vor der Ausgrenzung seines Landes und wollte die Verbindung nach Berlin unbedingt erneuern – wenn möglich sogar für sechs Jahre und ohne das umstrittene „ganz geheime Zusatzprotokoll". Ein Glücksfall, so könnte man annehmen. In der Wilhelmstraße dachte man inzwischen jedoch anders. Noch unter Bismarck hatte sich unter der Führung des Vortragenden Rats in der Politischen Abteilung, Friedrich von Holstein, eine Opposition gegen die Russlandpolitik des Kanzlers etabliert. Anfang 1890 umfasste sie die wichtigsten Diplomaten, darunter **Paul Graf von Hatzfeldt**, Alfred Kiderlen-Wächter (1852–1912), Hugo Fürst Radolin (1841–1917), Bernhard von Bülow, Chlodwig Fürst zu Hohenlohe-Schillingsfürst oder Georg Graf Münster (1820–1902). Zudem unterhielt Holstein enge Verbindungen zum Generalstab und über diesen und andere Mittelsmänner wie Philipp Graf zu Eulenburg (1847–1921) oder den badischen Gesandten in Berlin, Adolf Marschall von Bieberstein, auch zum Kaiser.

E

Paul Graf von Hatzfeldt (1831–1901) gehörte zu den einflussreichsten Diplomaten des Kaiserreiches. Schon früh verband ihn eine enge Freundschaft zu Friedrich von Holstein. Im deutsch-französischen Krieg avancierte er zum wichtigsten Mitarbeiter Bismarcks, der ihn zu seinem „besten Pferd im diplomatischen Stall" erklärte. In der Folge bekleidete er verschiedene diplomatische Posten in Madrid, Konstantinopel, wurde Staatssekretär des Auswärtigen Amtes (1882), führte die

Verhandlungen bei der Kongo-Konferenz und war von 1885 an bis 1901 Botschafter in London. An der Themse fand er rasch Kontakt zum Hof und knüpfte enge persönliche und dienstliche Beziehungen zu Robert Salisbury. Er hatte maßgeblichen Anteil an der Mittelmeerentente und dem Helgoland-Sansibar-Geschäft.

Holstein selbst gehörte bereits seit der Doppelkrise gemeinsam mit Alfred von Waldersee (1832–1904) zu jenen, die einen Zweifrontenkrieg gegen Frankreich und Russland früher oder später für unvermeidlich hielten und deshalb einen defensiven Block mit Wien und Rom favorisierten. Statt einer Annäherung redeten sie in Anbetracht einer langfristigen strukturellen Unterlegenheit eher einem baldigen Präventivkrieg das Wort. Die Rückversicherung jedenfalls lehnte Holstein von Grund auf ab und setzte alles daran, Wilhelm II. vom Einfluss der außenpolitischen Vorstellungen Bismarcks zu lösen. Er war es auch, der gemeinsam mit Marschall Ende Januar 1890 Caprivi als Nachfolger Bismarcks ins Spiel brachte. Ohne dass er ausreichend Zeit gehabt hätte, sich in die Materie einzuarbeiten, war Caprivi von vornherein auf das Urteil Holsteins angewiesen. Überrascht wurde Holstein indes vom Kaiser. Als dieser nämlich Caprivi am 20. März 1890 zum Reichskanzler berief, gab er gleichzeitig zu verstehen, dass er an eine Fortsetzung der bismarckschen Außenpolitik inklusive des Rückversicherungsvertrages dachte. Auch an Herbert von Bismarck (1849–1904) als Staatssekretär wollte er zuerst festhalten. Wilhelm II. ließ sogar den bereits von Giers mit den Verhandlungen betrauten russischen Botschafter Paul Schuwalow (1830–1908) in der Nacht zum 21. März aus dem Bett holen, um ihm persönlich die Kontinuität der deutschen Außenpolitik zu bestätigen. Alarmiert trommelte Holstein nun am 23. März eilig den Unterstaatssekretär Maximilian Graf von Berchem (1841–1910) und den Vortragenden Rat, Ludwig Raschdau (1849–1938), für eine geheime Sitzung zusammen. Caprivi sollte in ihrem Sinne gegen den Russlandvertrag eingenordet werden. Allzu viel Überredungskunst war dabei aber gar nicht vonnöten. Caprivi selbst traute sich das artistische „Spiel mit den fünf Glaskugeln" nicht zu, da er anders als Bismarck lediglich „zwei Glaskugeln gleichzeitig halten" könne. Ebenfalls von einem langfristig „unausweichlichen Zusammenstoß" der Mächte überzeugt, votierte der Militär Caprivi für klare Vertragsverhältnisse und Bündnisfälle. Damit kam es zu einem Paradigmenwechsel in der deutschen Außenpolitik: Von nun an stand nicht mehr die Friedenssicherung, sondern die Kriegstauglichkeit bei internationalen Verbindungen sowie eine starre Blockpolitik im Vordergrund. Das Vertragssystem Bismarcks, so das Argument, würde „uns im entscheidenden Moment isolieren, weil es uns nicht gestattete, der Freund unserer Freunde und der Feind unserer Feinde zu sein". Hinzu kam, dass Caprivi mit Blick auf die zunehmende Bedeutung der Öffentlichkeit ohnehin nicht mehr an den Sinn von Geheimabkommen glaubte: „Der Wert einer Allianz" reduziere sich „erheblich, wenn das Bündnis nicht die Stütze in der öffentlichen Meinung findet".

Auch Bismarck hatte längst den Einflussgewinn der Öffentlichkeit bemerkt, aber sich dieser Erkenntnis noch immer beharrlich versperrt und viel mehr für doppelte Geheimnisstufen im Rückversicherungsvertrag gesorgt. Die Gründe, die im Einzelnen gegen eine Vertragsverlängerung sprachen, wurden schließlich von Unterstaatssekretär Maximilian von Berchem in Tinte gegossen.

Q

Die Nichterneuerung des Rückversicherungsvertrags (Auszug)
(*Aufzeichnung des Unterstaatssekretärs im Auswärtigen Amt Graf von Berchem*)
Reinschrift, am 25. März dem Reichskanzler von Caprivi eingehändigt, von diesem am 28. zu den Akten gegeben.
Aus: Die Große Politik der Europäischen Kabinette 1871–1914. Sammlung der diplomatischen Akten des Auswärtigen Amtes, im Auftrag des Auswärtigen Amtes hrsg. v. J. Lepsius, A. Mendelssohn-Bartholdy, Fr. Timme, Bd. 7, Berlin 1923, Nr. 1368, S. 4–10.

Berlin, den 25. März 1890

Der Vertrag, um dessen Erneuerung es sich handelt, hat den Zweck, kriegerische Ereignisse hervorzurufen, deren Lokalisierung äußerst unwahrscheinlich ist; wir können demnach leicht auf diesem Wege den allgemeinen Krieg herbeiführen, den wir sonst vielleicht heute vermeiden können und vermeiden sollen, auch nach der Meinung des Fürsten Bismarck; selbst im Falle unserer Neutralität würden wir am Ende immer in die undankbare Situation des Jahres 1878 geraten.
Durch den zu erneuernden Vertrag würde jedenfalls *eine* Macht von uns getäuscht, wahrscheinlich aber würden beide in Frage stehenden östlichen Nachbarn dadurch mystifiziert werden; denn zunächst verweigern wir den Österreichern die Bundeshilfe in der ersten entscheidenden Zeit der Entwicklung der bulgarischen Sache; sobald dieselbe einen weiteren Umfang genommen, müssen wir jedoch nach der oft ausgesprochenen Meinung des früheren Reichskanzlers dennoch für Österreich-Ungarn fechten, wenn dasselbe in Bedrängnis geratet, wodurch wir den Russen die Treue verletzen. Ein guter Friede kann daraus nicht erwachsen, wohl aber eine dauernde Verstimmung zweier großer Nationen, wie sie sich aus der Haltung Österreichs gegen Russland im Krimkriege ergeben hat.
Der Vertrag liefert uns schon in Friedenszeiten in die Hand der Russen; sie erhalten eine Urkunde, womit sie jeden Augenblick unsere Beziehungen zu Österreich, Italien, England und die Pforte trüben können. […]
Der Vertrag gewährt keine Gegenseitigkeit. Aller Vorteil daraus kommt Russland zugute. Frankreich wird uns nicht angreifen, ohne Russlands Mitwirkung sicher zu sein. Eröffnet aber Russland den orientalischen Krieg, was die Absicht des Vertrags ist, und schlägt, wie voraussichtlich, Frankreich gleichzeitig gegen uns los, so ist die Neutralität Russlands gegen uns ohnedies in den Verhältnissen gegeben, sie liegt auch ohne Vertrag in diesem Falle im russischen Interesse. Der Vertrag sichert uns demnach nicht gegen einen französischen Angriff, gewährt hingegen Russland das Recht der Offensive gegen Österreich an der unteren Donau und verhindert uns an der Offensive gegen Frankreich, abgesehen davon, daß er in seiner Tendenz mit dem deutsch-österreichischen Bündnis schwer vereinbar ist.
Die Bestimmung des Zeitpunktes des europäischen Krieges der Zukunft wird durch den Vertrag demnach in Russlands Hände gelegt, und es erscheint nach den vorliegenden Anzeichen nicht ganz unwahrscheinlich, daß Russland, gedeckt durch Deutschland, ein Interesse hat, bald loszuschlagen. Es darf dahingestellt bleiben, ob unser und unserer Verbündeten militärisches Interesse sich hiermit deckt.
Die Vereinbarung steht, wenn nicht dem Buchstaben, so jedenfalls dem Geiste der Tripelallianz direkt entgegen und wird uns, wenn die Russen im Süden losbrechen, voraussichtlich in Gegensatz zu befreundeten Mächten bringen. Der Vertrag ist aber auch praktisch undurchführbar.

In der Ablehnung des Rückversicherungsvertrages spiegelte sich der frühe Vorwurf Holsteins wider, der schon 1887 von der „politischen Bigamie“ gesprochen hatte. So widerspreche er angeblich dem Geist des Dreibundes, halte England von einer Annäherung an denselben ab und sei unvereinbar mit dem Zweibund, dessen Markenkern ja schließlich die Verteidigung gegen das Zarenreich sei. Zudem würde er keineswegs eine Annäherung Russlands und Frankreichs verhindern, zwinge Deutschland zur Schaukelpolitik zwischen St. Petersburg und Wien und gebe dem Zarenreich sogar freie Hand, den Zeitpunkt eines Krieges zu wählen und die Möglichkeit, Berlin durch eine Veröffentlichung gegenüber England, Österreich-Ungarn und Italien zu desavouieren.

Auch Bismarck hätte den meisten dieser Einwände wohl zugestimmt. Schließlich hatte auch er nie behauptet, der Rückversicherungsvertrag sei der Weisheit letzter Schluss. Ohne Frage, Holsteins Kritik hatte größtenteils ihre Berechtigung. Gleichzeitig verkannte sie aber, worauf es überhaupt ankam. Bismarck erkannte in dem Vertrag keine absolute Sicherheit, sondern lediglich einen wesentlichen „Stolperdraht" für einen Großkonflikt und für Russlands Weg in eine Allianz mit Frankreich. Es ging um Zeitgewinn und Verzögerung, bis sich neue Wahlchancen für das Deutsche Reich ergeben würden. Obwohl sich seine Kritiker bei ihren Beratungen scheinbar mit den Wirkungen des Vertrages auf die anderen Vertragsverhältnisse beschäftigten, so betrachteten sie den Rückversicherungsvertrag insgesamt doch seltsam isoliert und lediglich aus der Perspektive des Ernstfalles. Zentral war für sie das deutsch-österreichische Verhältnis. Bismarck aber hatte das Gesamtsystem im Auge. Außerdem war es seiner besonderen Bündnisdialektik eigen, in guten deutsch-russischen Beziehungen sogar einen Vorteil für eine Annäherung an England zu sehen. Zumindest trieben sie den Bündniswert der Kontinentalmacht Deutschland auch ohne eine schlagkräftige Marine für die insulare Welt- und Seemacht Großbritannien nach oben. Bismarcks Nachfolger hingegen dachten ausschließlich in Freund-Feind-Kategorien und festen Bündnisblöcken. Vor allem lehnten sie Bismarcks ultima ratio kategorisch ab, Österreich-Ungarn notfalls für einen Frieden mit Russland zu opfern. 1888 hatte er Wilhelm II. noch auseinandergesetzt, dass „die Sicherheit unserer Beziehungen zum österreichisch-ungarischen Staate zum großen Teil auf der Möglichkeit beruht, dass wir, wenn Österreich uns unbillige Zumutungen macht, uns auch mit Russland verständigen können".

Zweibund als Dreh- und Angelpunkt

Vor allem Holstein dachte da völlig anders. Für ihn war der Zweibund der Dreh- und Angelpunkt jeder Außenpolitik des Reiches. Nachdem er auch noch den in außenpolitischen Fragen völlig unbedarften **Adolf Marschall von Bieberstein** als neuen Staatssekretär des Äußeren durchgesetzt und der Reichskanzler bei der entscheidenden Unterredung mit Rücktritt gedroht hatte, sollte der Kaiser an seiner Verlängerungsabsicht festhalten, hatte sich sogar der Botschafter in St. Petersburg, Hans Lothar von Schweinitz (1822–1901), gegen eine Erneuerung ausgesprochen. Das Votum des verdienten Diplomaten gab letztlich den Ausschlag beim Kaiser. Wilhelm lenkte ein: „Nun, dann geht es nicht, so leid es mir tut", ließ er verlauten. Auch weitere Versuche St. Petersburgs, welches nun sogar auf Artikel II zur Wahrung russischer Interessen in Bulgarien verzichten wollte, halfen nichts. Obwohl Schweinitz noch einmal seine Meinung änderte und doch noch für eine Übereinkunft plädierte, war es zu spät. Caprivi aber wollte reinen Tisch. Er ließ von Giers unverblümt mitteilen, dass sich die Sache definitiv erledigt habe.

E

Adolf Freiherr Marschall von Bieberstein (1842–1912) war badischer Beamter und Politiker und kam als badischer Gesandter 1883 nach Berlin, wo er am Sturz

Bismarcks mitwirkte. Auf Betreiben Friedrich von Holsteins wurde der außenpolitisch völlig unerfahrene Marschall 1890 Nachfolger Herbert von Bismarcks auf dem Posten des Staatssekretärs des Auswärtigen Amtes. Als Unterstützer des „neuen Kurses" suchte er eine Anlehnung an England, bewirkte aber mit der Krügerdepesche, die unter seine Verantwortung fiel, genau das Gegenteil. Nach wiederholten Auseinandersetzungen mit dem Kaiser wurde er 1897 abberufen und als Botschafter nach Konstantinopel versetzt, wo er sich im besonderen Maße für das Bagdadbahnprojekt engagierte. 1912 sollte er als Botschafter in London noch einmal für eine Wende in den deutsch-englischen Beziehungen sorgen, verstarb aber kurz nach seiner Berufung.

Auch wenn die Entscheidung, den „Draht" nach St. Petersburg zu kappen, sicherlich nicht den „Weg in den Abgrund" (J.C.G. Röhl) von 1914 vorzeichnete, so bedeutete die Nichtverlängerung doch ohne Zweifel eine grundlegende Zäsur, die die Staatenwelt in Bewegung brachte. Fest stand, dass sich Russland nun anderweitig umzusehen hatte und dass auch Deutschland den Verlust der russischen Bindung kompensieren musste. Es geriet nun zwangsläufig in eine größere Abhängigkeit zu Österreich-Ungarn und auch dessen Hauptflanke, der Balkan mit all seinen Problemen, erfuhr eine unweigerliche Wertsteigerung für die Wilhelmstraße. Während London nun noch selbstbewusster gegenüber Berlin auftreten konnte, war für Paris der Weg aus der Isolation nun frei.

b) Helgoland für Sansibar

Annäherung an England

Die zweite Grundentscheidung des „neuen Kurses" zielte in Richtung London und verstärkte den russischen Eindruck einer grundsätzlichen Kehrtwende Berlins. Aber wie realistisch war eine stabile Verbindung zu der Inselmacht, die bereits im Vorjahr ein Allianzangebot ausgeschlagen und sich trotz der Mittelmeerentente stets jedem aktiven Engagement entzogen hatte? Schon Bismarck setzte auf den kolonialpolitischen Umweg und hatte 1889 einen Ausgleich in peripheren Streitfragen ins Spiel gebracht. Aber er ließ dabei keinerlei Eile erkennen. Seine Nachfolger indes drängten auf eine Einigung. Sie sahen Helgoland als unentbehrliches Bollwerk vor der Elbmündung und wünschten eine baldige Übereinkunft, hielten sie doch den Zweifrontenkrieg für unvermeidlich. Der englische Außenminister Salisbury griff die Berliner Offerte eines kolonialen Ausgleichs bereitwillig auf, nicht aber, weil er, wie man in Berlin dachte, auf eine Annäherung an Deutschland und dessen Rückendeckung gegen Russland und Frankreich angewiesen war, sondern weil er, genauso wie die Londoner *Times*, Ende April erkannt hatte, dass die Abkehr Deutschlands von Russland Englands Verhandlungsposition wesentlich gestärkt hatte. Der einfältige Marschall hatte es sich nicht nehmen lassen, die Briten vom Ende deutsch-russischer Vertragsbeziehungen zu informieren, weil er glaubte, so eher die Gunst Londons gewinnen zu können. Nach einigen Verhandlungsrunden wurde Mitte Juni das Ergebnis veröffentlicht: Deutschland verzichtete endgültig auf Uganda, trat das Sultanat Witu und den deutschen Teil der Somaliküste an England ab, gestand London das Protektorat über Sansibar zu und begrub alle Ansprüche um den Ngamisee. England brachte sich damit in den Besitz der so wichtigen Nilquellen. Im Gegenzug erhielt Berlin dafür die Insel Helgoland sowie einen Zugang zum Sambesi, den sogenannten Caprivi-Zipfel. Die zuvor kritische englische

Presse jubilierte. In Frankreich und Russland machten sich Gerüchte breit, dass England für derart weitgehende Konzessionen Deutschland wohl einen militärischen Beistand im Falle eines Zweifrontenkrieges zugesagt haben müsse. Tatsächlich bekam London die Zugeständnisse weitgehend umsonst.

Nichtsdestoweniger waren selbst im Reich die ersten Reaktionen überwiegend positiv. Nur Vertreter der Exportwirtschaft machten ein Verlustgeschäft aus. Für einen radikalen Stimmungsumschwung sorgte erst die massive Agitation der Kolonialenthusiasten, namentlich der Deutschen Kolonialgesellschaft. Heftige Vorwürfe wurden plötzlich an die Adresse des Kaisers und der Reichsregierung laut. Es machte sich der Eindruck breit, man habe sich von London für den „Hosenknopf" Helgoland über den Tisch ziehen lassen. Aus dieser Proteststimmung heraus gründete sich 1891 der Alldeutsche Verband (bis 1894 Allgemeiner Deutscher Verein), der es sich von nun an zur Aufgabe machte, die Regierung mit maßlosen Forderungen überall auf der Welt unter Druck zu setzen. Die Kritik zeigte, wie sehr sich die Horizonte inzwischen verschoben hatten. So ging es nicht länger um die kontinentale Absicherung des Reiches, sondern um weltpolitisches Prestige. Die europäischen Maßstäbe im Blick hatte dagegen nach wie vor Bismarck. Seine öffentliche Kritik aus dem Sachsenwald, wo er seinen Ruhestand verbrachte, sorgte zumindest zeitweise für Aufsehen. Die neue Regierung, so stand für ihn fest, verspiele allzu leichtfertig sein politisches Erbe. London wisse nun sehr genau, „daß die gegenseitige Freundschaft für Deutschland notwendiger sei als für England". Nur solange das Reich gute Beziehungen zu Russland unterhalte, sei es „unangreifbar".

Tatsächlich hatte das Helgoland-Sansibar-Geschäft Deutschland weder näher an England herangebracht noch seine internationale Stellung wesentlich verbessert. Mit Russland hatte es ein entscheidendes Gegengewicht gegen Österreich-Ungarn grundlos aufgegeben, ja vor den Kopf gestoßen und sich gleichzeitig, wie Konrad Canis feststellte, „England vor die Füße" geworfen. Vieles, wenn nicht gar alles hing nun für das Staatensystem davon ab, ob es dem russischen Außenminister von Giers gelang, eine Brücke zu Frankreich zu schlagen, und ob Großbritannien dann seine neu gewonnene Bedeutung als ausgleichender und stabilisierender Schiedsrichter annahm. Salisbury hatte die deutsche Situation durchschaut, wenn er bemerkte, dass der „Rückhalt" der bismarckschen Außenpolitik die russische Verbindung gewesen sei und genau dieser Rückhalt nun dem neuen Kabinett fehle, weshalb es bei jeder auftauchenden wenngleich Deutschland nicht betreffenden Frage überaus nervös werde. In Berlin hatte man diese Großmächtedialektik entweder verdrängt oder vergessen, glaubten Caprivi, Holstein und Marschall sich doch auf dem besten Weg in den äußeren Beziehungen und dem Ausbau der mitteleuropäischen Stellung. Solange England sich noch ziere, sollten hierbei vor allem drei Instrumente helfen: eine Festigung der verbliebenen Bündnisse mit Wien und Rom sowie die eigene wirtschaftliche und militärische Stärke.

c) Rüstungs- und Handelspolitik als Außenpolitik

Primat der militärischen Sicherheit

Der neuen politischen Führung um Leo von Caprivi, dem Staatssekretär des Äußeren, Adolf Marschall von Bieberstein, sowie ihrem maßgeblichen Ratgeber Friedrich von Holstein, ging es verstärkt darum, Deutschland militärisch abzusichern. „Jede politische Frage“, so verdeutlichte Caprivi seine politische Sicht im November 1892 vor dem Reichstag, „reduziert sich zuletzt auf einen militärischen Faktor.“ Hintergrund dafür war nicht nur die militärische Herkunft des Ex-Generals Caprivi, sondern die grundsätzliche Annahme eines früher oder später unvermeidlichen Zweifrontenkrieges gegen Russland und Frankreich. Während Bismarck beständig versucht hatte, über seine Bündnispolitik den Ernstfall zu vermeiden, so ging es seinen Nachfolgern vornehmlich darum, sich für eben diesen Ernstfall zu wappnen. Diese Politik der sicheren Kriegserwartung markierte nicht nur eine fundamentale Abkehr von der Grundlinie der bismarckschen Außenpolitik, die immer von einem flüssigen Aggregatzustand der internationalen Beziehungen ausgegangen war, sondern machte zusätzliche militärische Maßnahmen und Rüstungen zwingend notwendig und erhöhte deren Stellenwert.

Jeweils für das „nächste Frühjahr“ rechnete Caprivi während seiner Regierungszeit mit dem Schlimmsten. Bestätigt wurde dieser Kriegsfatalismus in der franko-russischen Annäherung, die sich bereits im Sommer 1891 durch den pompösen Besuch eines französischen Flottengeschwaders vom 23. Juli bis 8. August 1891 in Kronstadt manifestierte. Nur bei einer Wehrkrafterhöhung „auf das äußerste zulässige Maß“, so meinte der Reichskanzler, könne das Reich einem Krieg gegen Russland und Frankreich gewachsen sein. Die Militärausgaben wurden bis 1893 verdoppelt, die Heeresstärke 1892 auf 552000 angehoben, das waren ca. 150000 mehr als in den 1880er-Jahren. Verbunden mit einer Verkürzung der Dienstzeiten von drei auf zwei Jahre wurde die allgemeine Wehrpflicht fast vollständig verwirklicht. Es ging dabei jedoch nicht um Hegemonie und neue Eroberungen. Statt auf die komplizierte Staatskunst und das Wechselspiel der Kräfte zu vertrauen, suchte Berlin nun mit Abschreckung sein Sicherheitsbedürfnis zu stillen und setzte damit aber eine allgemeine Rüstungsspirale in Gang, die sich bis zum Ersten Weltkrieg verfolgen lässt. Parallel dazu begann der Nachfolger Waldersees als Generalstabschef, **Alfred von Schlieffen** (1833–1913), sich erste Gedanken über eine neue Militärstrategie für den Fall des Zweifrontenkrieges zu machen. Über diese wird noch an anderer Stelle zu reden sein. Vorerst zeigt ein Blick auf eine Rede Caprivis zur Friedenspräsenzstärke, worauf es der neuen Führung ankam:

Q

Reichstagsrede des Reichskanzlers Leo von Caprivi vom 23. November 1892 zur „Friedenspräsenzstärke“

Aus: Stenographische Berichte über die Verhandlungen des Reichstages, VIII. Legislaturperiode, 2. Session, 2. Sitzung, Bd. 1, Berlin 1892, S. 19f.

Ein Blatt, was der äußersten Linken angehört, gefällt sich darin, fast täglich von dem Moloch des Militarismus zu sprechen, der uns nachgerade aufzehrt. Ja, wer ist denn der Moloch? Weshalb werden denn diese Ausgaben gemacht, weshalb werden Millionen verschlungen? Doch nur, um jeden einzelnen Deutschen in seiner Existenz zu sichern. Jeder, auch der ärmste, kann noch geschröpft werden, und auch der ärmste würde von einem siegreichen Feinde zu Diensten herangezogen werden können, die ihm nicht angenehm sind; ich glaube, daß jeder Deutsche ein Interesse daran hat, eine Niederlage von Deutschland fern zu halten. […] Es würden sich die Folgen einer Niederlage auf alle Gebiete unseres Lebens ausdehnen. Unser Handel und Wandel ist national geworden und hat nationalen Aufschwung genommen. Wöchentlich, fast täglich kommen Gesuche und Wünsche von Deut-

> schen aus dem Auslande, die hier und da geschützt werden wollen, die Ansprüche machen. Ja, wir müssen uns darüber klar sein, daß, wenn wir eine Niederlage im nächsten Krieg erleiden, von dem Schutze unseres überseeischen Handels und unseres Exports, wenn wir dann überhaupt noch in der Lage sein sollten, zu exportieren, gar keine Rede sein würde. Wir müssen auch darüber klar sein, daß wir zu national geworden sind, um heutzutage noch, wenn wir eine Niederlage erlitten, von deutscher Kultur, von deutscher Wissenschaft viel erwarten zu können; [...] deutsche Wissenschaft und deutsche Kunst geht ihrem Verfall entgegen, wenn wir geschlagen werden. Das muß fern von uns gehalten werden. Wir müssen uns klar darüber werden, daß wir einen Kampf ums Dasein zu führen haben, einen Kampf ums Dasein, politisch, materiell und kulturell.

Es ging also um nichts weniger als die nationale Existenz. Wie so viele seiner Zeitgenossen war auch Caprivi überzeugt vom sozialdarwinistischen Kampf ums Dasein. Neben der militärischen Bereitschaft erwähnte er in seiner Reichstagsrede mit der wirtschaftlichen Kraft und der Bedeutung des Handels für das Reich die zweite Säule, auf die er seine Politik stützte. So änderten sich auch in der deutschen Handelspolitik die Tonart, der Mitteleinsatz und die Interessen Berlins. Als Reichskanzler beendete er die bis dahin verfolgte autonome Außenhandelspolitik des Reiches. Statt auf verschärften Protektionismus und Zwangsmaßnahmen setzte er auf Kooperationen und schloss eine Reihe von Handelsverträgen mit Agrarstaaten wie Österreich-Ungarn, Italien, der Schweiz, Belgien, Serbien, Rumänien und auch Russland ab. Deutschland ermäßigte danach seine Importzölle auf Agrarprodukte und erhielt im Gegenzug einen günstigeren Zugang für seine Industrieerzeugnisse. Parallel dazu erinnerte sich Maximilian von Berchem, bis 1886 Direktor der Handelspolitischen Abteilung im Auswärtigen Amt, an die alte Idee einer mitteleuropäischen Zollunion und schlug deshalb einen Zollverein vor, dem neben den Dreibundpartnern auch Frankreich angehören sollte, um die offene Flanke im Westen zu schließen und das russische Reich zu isolieren.

Wirtschaftsaußenpolitik

Ein wesentlicher Grund für die veränderte Strategie mit besonderem Augenmerk auf die Handelspolitik war die Erkenntnis einer zunehmenden Globalisierung und Vernetzung des Welthandels, von dem die moderne und weltmarktorientierte Volkswirtschaft Deutschlands längst im hohen Maße profitierte. Eine schlichte Trennung von Außen- und Wirtschaftspolitik, wie sie noch Bismarck behauptete, schien weder möglich noch zielführend. Mit einem Anteil von über 10% am Weltmarkt hatte sich das Reich längst unter den großen Handelsnationen und Weltreichen etabliert. Gleichzeitig erhöhte sich aber auch die Abhängigkeit, insbesondere was die Leistungsbilanz anbetraf. Lag die Importquote 1893 bereits bei 17,1% des Bruttosozialproduktes, so konnte diese Einfuhr nur über einen zunehmenden Absatz im Ausland finanziert werden. Auf der anderen Seite geriet der deutsche Handel gerade zu Beginn der 1890er-Jahre massiv unter Zugzwang. So erhielt der seit Ende der 1870er-Jahre verbreitete weltweite Protektionismus inzwischen ein bedrohliches Ausmaß. Der Zollkrieg mit Russland hatte inzwischen die deutschen Ausfuhren beinahe halbiert. Durch die russischen Differenzialzölle zum Nachteil vornehmlich schlesischer Kohle und Roheisen und zugunsten englischer Einfuhren drohte hier sogar ein Totalverlust. Gleichzeitig zeichnete sich mit dem McKinley-Tarif 1890 eine ähnliche Entwicklung hin zu einem Hochprotektionismus gegen Industrieprodukte in dem so wichtigen Absatzmarkt in den USA ab. Tatsächlich verringerten sich auch hier die deutschen Ausfuhren von 417 Millionen Mark 1890 auf 271 Millionen vier Jahre später. Damit aber noch nicht genug, schien auch der essenzielle europäische Absatz gefährdet mit allen negativen Konsequenzen für das deutsche Wachstum, den Arbeitsmarkt und das Lohnniveau. Seit 1871 hatte Deutschland über Artikel XI des Pariser Friedensvertrages vom Meistbegünstigungsnetzwerk Frankreichs profitiert, ohne selber Zollkonzessionen machen zu müssen. 1892 liefen aber alle diese Handelsbeziehungen aus und wurden nicht erneuert.

Tabelle 6: Deutsche Anteile am Weltexport, 1874–1913 (in %)

	1874/ 78	**1879/ 83**	**1884/ 88**	**1889/ 93**	**1894/ 98**	**1899/ 1903**	**1903/ 08**	**1909/ 13**
Deutsches Reich	9,5	10,0	10,6	10,4	11,0	11,5	11,8	12,2
Frankreich	11,7	10,2	9,8	9,4	8,7	8,4	7,8	7,5
England	17,3	16,7	17,0	15,9	14,7	14,2	13,9	13,5
USA	10,0	12,1	10,9	12,0	12,8	14,3	13,4	12,7

Aus: Cornelius Torp, Die Herausforderung der Globalisierung, S. 62.

Caprivi, der die Entwicklung schonungslos diagnostiziert hatte und sich „wehrlos" gegen die brutale amerikanische und russische Handelspolitik fühlte, da Deutschland schlichtweg „nicht mehr im Stande" sei, sich selbst zu genügen, fürchtete Ende 1891 gar einen handelspolitischen „Krieg aller gegen Alle". Inmitten der dritten Auswanderungswelle, die knapp 1,5 Millionen Deutsche nach Übersee gespült hatte, beschwor er die Abgeordneten des Reichstages: „Wir müssen exportiren: entweder wir exportiren Waren, oder wir exportiren Menschen. Mit dieser steigenden Bevölkerung, ohne eine gleichmäßig zunehmende Industrie, sind wir nicht in der Lage weiter zu leben." Der Appell an die inneren und äußeren Kräfte stand ganz im Zeichen des sozialdarwinistischen Zeitgeistes eines Entweder-Oder der Selbstbehauptung oder des Untergangs im kommenden 20. Jahrhundert. Daraus ergaben sich aber zwangsweise neue Spannungsfelder sowohl in der Innen- wie in der Außenpolitik. Innenpolitisch hieß der Aufbruch in eine neue Handelsvertragspolitik den Widerstand des agrarischen Protektionismus des Bunds der Landwirte auf sich zu ziehen, wie Proteste gegen die Abkommen mit Spanien, Serbien und Rumänien zeigten. Wirtschaftlich musste versucht werden, sich trotz der politischen Abkehr vom Zarenreich diesem ökonomisch wieder anzunähern, denn sowohl die Banken als auch die Industrie sahen beinahe unendliche Chancen bei der Modernisierung des Landes. Im Auswärtigen Amt dämmerte es den meisten Diplomaten inzwischen, dass es wohl klug sei, sich nach der vorerst fehlgeschlagenen Annäherung an England wieder an Russland anzunähern. Beschleunigt wurde dieser Sinneswandel auch durch das französisch-russische Rapprochement. Dem französischen Flottenbesuch von Kronstadt folgte zwei Jahre später ein ebenso aufreizend inszenierter Gegenbesuch der russischen Marine im Hafen von Toulon. Vielleicht mochten ja verbesserte Wirtschaftsbeziehungen die Scharte der Nichtverlängerung des Rückversicherungsvertrages auswetzen.

Doch der Plan, mithilfe der Handelspolitik außenpolitische Unzulänglichkeiten auszugleichen, ging nur zum Teil auf.

Ein mitteleuropäischer Handelszusammenschluss, der über 130 Millionen Menschen umfasste und vor allem mit der neuen überseeischen Konkurrenz der USA mithalten sollte, wurde bereits im Juli 1890 wieder einkassiert, da vor allem innenpolitische, insbesondere agrarische Partikularinteressen eine solche Idee illusorisch erscheinen ließen. Nur gegenüber Staaten, die ungeachtet ihrer teilweise stark agrarischen Verfasstheit keine besondere Gefahr für die deutschen Landwirte darstellten, gelang die Neuorientierung. Statt auf eine große Handelszone konzentrierte man sich auf bereits bestehende bilaterale Beziehungsmuster mit Wien und Rom. Während Frankreich versuchte, die Nationalitätenprobleme zwischen Italien und Österreich-Ungarn zu benutzen, um Italien aus dem Dreibund zu lösen, versuchte die deutsche Führung eben diesen Dreibund über die gemeinsamen Handelsinteressen zu festigen. Die Wirtschaft diente hier als Schwungrad der politischen Beziehungen, denn für Caprivi stand anders als für Bismarck fest, dass gute politische Beziehungen nicht von Dauer sein könnten, wenn man sich handelspolitisch bekriege.

Tatsächlich gelang es auf diese Weise, den Dreibund vorzeitig schon im Mai 1891 zu verlängern. Der Preis dafür war beträchtlich. Hatte Bismarck stets versucht, Italien und Österreich-Ungarn auf Distanz zu halten, zu kontrollieren und keine zu großen Versicherungen zu übernehmen, ging Berlin nun deutlich darüber hinaus. Es sicherte beiden Partnern nicht nur äußerst zuvorkommende Zollbedingungen, sondern darüber hinaus auch noch Rom Unterstützung in Tripolis und Wien in Bulgarien zu. Die Kluft zum Zarenreich wurde damit ebenso vergrößert wie die Abhängigkeit vom Ballhausplatz. Was die deutsch-russischen Beziehungen anbetraf, so vermochte die Handelspolitik verloren gegangenes Vertrauen nicht wiederherzustellen. Ganz im Gegenteil: zwar wurde nach zähen Verhandlungsrunden 1894 ein Handelsvertrag geschlossen, dessen wirtschaftliche Vorteile auf beiden Seiten ohne Frage beachtlich waren. Aber nicht bloß Generalstabschef von Waldersee gewann den Eindruck, als habe Berlin letztlich aus „Furcht vor Russland kapituliert“ und helfe nun sogar noch dabei, „die wirtschaftliche Lage des bis an die Zähne gegen uns gerüstet stehenden Feindes zu verbessern“.

2. „Springende Unruhe“ und internationale Polarisierung

Orientierungslosigkeit

Die Rückwendung in Richtung St. Petersburg führte aller Welt den orientierungslosen Zickzackkurs der Berliner Außenpolitik ohne Bismarck vor Augen. Nach nur wenigen Jahren stand die Politik des neuen Kurses vor einem Scherbenhaufen.

Deutschlands Schwenk zurück und der Versuch, Russland über wirtschaftliche Vereinbarungen als Partner zurückzugewinnen, deutete auf ein erstes Eingeständnis des Scheiterns hin. Nach der Nichtverlängerung des Rückversicherungsvertrages versuchten Caprivi, Marschall und Holstein zunächst England an den Dreibund heranzuziehen. Allerdings führten die Versuche nicht über vereinzelte Kooperationen in peripheren Fragen wie dem

Helgoland-Sansibar-Tausch oder einer rudimentären Zusammenarbeit in Ägypten, Marokko oder den portugiesischen Kolonien hinaus.

Die Gründe hierfür sind sowohl auf deutscher wie auf britischer Seite zu suchen. Deutschland strebte zum Schutz vor der Zweifrontenbedrohung ein Bündnis mit der Inselmacht an. Bei jeder lockeren Verbindung fürchtete Berlin, von England als „Festlandsdegen“ gegen Russland missbraucht und im Ernstfall im Stich gelassen zu werden. So begründet diese Sorge war, so falsch war die Annahme, selbst am längeren Hebel zu sitzen, weil man an einen unüberbrückbaren anglo-russischen Antagonismus glaubte, der London früher oder später an die deutsche Seite zwingen werde. Tatsächlich arbeitete die Zeit aber nicht für, sondern gegen Berlin.

Großbritannien wiederum wollte zwar gute Beziehungen zu Deutschland und unterstützte auch die Verlängerung des Dreibundes als Gegengewicht zu Paris und St. Petersburg, lehnte aber schon aus traditionellen Gründen eine Allianzbildung ab. Aber auch aus praktischen Erwägungen war doch mehr als ungewiss, inwieweit sich beide Mächte tatsächlich im Falle eines Konfliktes gegenseitig unterstützen konnten. Zudem konnte es sich London nach den deutlich zutage tretenden deutsch-russischen Spannungen erst recht leisten, in aller Ruhe abseits zu warten. Nicht nur war die russische Bedrohung in Zentralasien schon aus geo- und topografischen Gründen leicht auszuhalten, auch war aufgrund der Interessenlagen gesichert, dass bei einem Konflikt mit Frankreich und/oder Russland die Dreibundmächte ohnehin auf englischer Seite stehen würden. Das Kaiserreich hatte nach seiner Abkehr von Russland und ohne nennenswerte globalstrategische Besitzungen schlichtweg keine attraktive Verhandlungsmasse im Angebot, die für England von unmittelbarem Interesse war. Und so schloss auch Graf Hatzfeldt bereits Ende März 1891 eine Schwenkung Englands vom Dreibund zu Frankreich nicht mehr aus. Gegenüber Holstein äußerte er sogar erste grundsätzliche Bedenken über den neuen Kurs:

Q

Hatzfeldt an Holstein, privat, 15.4.1891
Auszug aus: Holstein, Papiere, Bd. 3, S. 338.

Kommt einmal über Nacht die große europäische Krisis, und wir stehen allein mit Österreich, ohne Italien und mit dem Ministerium Gladstone in England [...] so werden wir vielleicht genötigt sein, zu dem bismarckschen Rezept zu greifen und unseren Frieden mit Rußland à tout prix, d.h. mit Aufopferung von Österreich, zu machen. Damit wären alle Früchte bisheriger Politik verloren, und wir müßten außerdem demütig anerkennen, daß seine Durchlaucht [Bismarck, A.R.] doch der große Lehrmeister war, der allein zur Leitung unserer Geschicke befähigt ist.

Zwischen „Walfisch und Bär“

Hatzfeldt und Holstein versuchten im Herbst 1891 ohne Unterlass, England an den Dreibund heranzuziehen und an den Meerengen gegen Russland zu verpflichten. Aber ihre Mühen waren allzu durchschaubar und liefen dementsprechend ins Leere. Als im Sommer 1892 noch einmal die Liberalen unter William Gladstone die englische Regierung stellten, kühlten die deutsch-britischen Beziehungen spürbar ab. Auf der einen Seite wollten Wilhelm II., Marschall und Holstein London bei verschiedenen Gelegenheiten immer wieder vor Augen halten, dass England mit seinen Problemen am Mekong, in Hinterindien oder anderswo auf den guten Willen des Kaiserreiches angewiesen sei. Caprivi, der sich vornehmlich auf Europa konzentrieren und daher diplomatische Scharmützel mit England möglichst vermeiden wollte, konnte sich in dieser Frage zumeist kein Gehör verschaffen und so kam es immer wieder zu deutsch-englischen Dissonanzen an der Peripherie – über Samoa oder das englische Projekt einer Kap-Kairo-Bahn- und Telegrafenverbindung.

Auf englischer Seite konzentrierte sich Salisburys Nachfolger Lord Rosebery (1847–1929) vor allem auf das Empire. Zudem verschärften sich die Gegensätze aufgrund der schon traditionellen Türkenfeindschaft der Liberalen. Deutsche Eisenbahn- und Rüstungsprojekte im Osmanischen Reich wurden daher nicht nur kritisch gesehen, auch die Verpflichtungen im Orient wurden wieder zur Disposition gestellt. Als Rosebery Ende 1894 in der Wilhelmstraße anfragte, ob der Dreibund Paris in Schach halten werde, falls sich London in der orientalischen Frage gegen Russland wende, lehnte Caprivi ohne feste Bündniszusagen Englands ab. Er fürchtete nicht zu Unrecht, mit seinen Zusagen in Vorleistung gehen zu müssen, während England lediglich einen Partner gegen Russland suchte, um sich im Ernstfall an nichts erinnern zu können. Tatsächlich hatte die Londoner Regierung bereits eine strategische Neuorientierung vorbereitet, die nicht nur mit dem liberalen Kabinett, sondern auch mit der weltreichspolitischen Prioritätensetzung und der deutschen Außenpolitik seit Bismarck zu tun hatte. Nach Salisbury erkannte nun auch dessen Nachfolger das deutsche Dilemma, plötzlich ohne „russischen Rückhalt" agieren zu müssen, und zog daraus nun die Konsequenzen: Es folgte der strategische Rückzug von Konstantinopel nach Kairo als erster Verteidigungslinie zur Sicherung des Seeweges nach Indien. Damit hatte er die Basis der von Bismarck geförderten Mittelmeerentente einseitig aufgegeben, in der Gewissheit, dass Deutschland dafür aufgrund seiner Abhängigkeiten und prekären geopolitischen Lage in die Bresche würde springen müssen. Von nun an, davon konnte London mit Sicherheit ausgehen, werde Berlin alles daransetzen, den Status quo an den Meerengen zu bewahren – mögliche Spannungen mit dem Zarenreich damit eingeschlossen.

Großbritannien war der große Gewinner der veränderten Konstellationen und erwog wenn überhaupt nur eine deutsche Juniorpartnerschaft. Für das Kaiserreich eine inakzeptable Aussicht. Holstein wandte sich daher erneut Russland zu.

Russisch-französischer Zweibund

Inzwischen hatte sich aber auch das Zarenreich neu orientiert. Es hatte aus den deutschen Grundentscheidungen seit 1890 auf eine grundsätzliche Kehrtwende geschlossen und sich deshalb aus Sorge vor der eigenen Isolierung auf die Suche nach einem neuen Partner gemacht. Die Wahl war aus politischen wie finanziellen Gründen naheliegend: Frankreich. Unter gewaltiger öffentlicher Begeisterung wurde die neue Freundschaft bereits im Juli aller Welt vor Augen geführt, als ein französisches Geschwader in Kronstadt vor Anker ging. Ein Jahr später, im August 1892 erfolgte eine von den Generalstabschefs beider Länder, Nikolai Obrutschew (1829–1904) und Raoul le Mouton de Boideffre (1839–1919), unterzeichnete Militärkonvention. Danach verpflichteten sich beide Partner nicht nur zu regelmäßigen Beratungen und Planungen, sondern auch zur sofortigen Mobilmachung, falls eine der Dreibundmächte mobil machen sollte. Für den Fall eines deutsch-französischen Krieges versicherte Russland mit 800000 Mann gegen Deutschland vorzurücken, während auf französischer Seite 1,3 Millionen Mann zur Verfügung standen. Nachdem ein russisches Geschwader im Oktober 1893 in Toulon einen Gegenbesuch absolviert hatte, wurde die Konvention schließlich im Dezember 1893/Anfang Januar 1894 ratifiziert. Russland sollte, so nannte es der Politiker Georges Clemenceau (1841–1929) in einem Zeitungsartikel, damit zum „Werkzeug" der französischen Revanche werden. Was die Beziehungen zu Deutschland anbetraf, so erwartete Zar Alexander III. (1845–1894) jetzt ebenfalls Unterordnung. Daran änderte auch der Handelsvertrag nichts.

Bismarcks „cauchemar des coalitions", der Zweifrontendruck auf die europäische Mitte, war damit nur wenige Jahre nach seiner Entlassung Wirklichkeit geworden.

Deutschland befiel nun die schon von Hermann Oncken (1869–1945) so treffend beschriebene „springende Unruhe", die das Kaiserreich in der gesamten Vorkriegszeit zwischen den Flügelmächten umherirren und die Staatenwelt insgesamt instabiler werden ließ. In Berlin gelangte nicht nur Caprivi zu der Erkenntnis, dass mit dem Rückversicherungsvertrag wohl die Feste von Kronstadt und Toulon nicht gefeiert worden wären. Neben dem zweifelnden Hatzfeldt sprach auch Schweinitz von einem „perfekten Fiasko" der deutschen Außenpolitik. Diese Stimmen reflektierten den Verlust an außenpolitischen Spielräumen und der mühsam unter Bismarck erreichten Position im Staatengefüge.

Die Abnahme der außenpolitischen Geltung ging nun zunehmend einher mit der Sorge, ob die militärische Kraft ausreichen würde, dem äußeren Druck standzuhalten. Die militärische Komponente gewann in dem Maße an Bedeutung, in dem sich die diplomatischen Alternativen verringerten. Indem die Führung insgesamt aber die Lage gegenüber der eigenen Öffentlichkeit und sich selbst immer wieder beschwichtigte, unterlag sie einer nachhaltigen Selbsttäuschung. Immer wieder führte man den vermeintlich unüberbrückbaren Gegensatz zwischen den Flügelmächten ins Feld und selbst den Besuch von Toulon werteten Holstein und Marschall nicht als deutschfeindliche Demonstration, sondern als antienglische Aktion. Doch die russischen Reaktionen wiesen in die genau entgegengesetzte Richtung. Die Fehleinschätzungen häuften sich und immer wieder war es Holstein, der sich in fataler Weise irrte. So bewertete er die französisch-russische Annäherung als kaum belastbar, hielt geradezu stur und uneinsichtig an der Theorie des anglo-russischen Gegensatzes fest und glaubte allen Ernstes, dass die Zeit für Deutschland spiele und die Mächte, namentlich Großbritannien, bald um die Gunst des Reiches buhlen würden. London dachte aber gar nicht daran, schließlich hielten sich aus britischer Sicht nun die beiden Bündnisformationen aus russisch-französischem Zweierverband und Dreibund die Waage. Eine geradezu ideale Ausgangslage, denn zwischen den Blöcken ergaben sich ungeahnte Handlungsspielräume für die Übersee-Expansion, ohne sich für die eine oder andere Seite entscheiden zu müssen. Deutschland hatte sich mit der Abkehr von St. Petersburg schlichtweg zu früh entschieden, denn gerade der nun aufkommende imperialistische Wettlauf hätte neue Möglichkeitsräume für die geostrategische Mittellage öffnen können. Kaum jemand, nicht einmal der Kaiser mit seinen unberechenbaren Auftritten, von denen noch die Rede sein wird, hat daher der deutschen Außenpolitik so sehr und dauerhaft mit seinen Fehleinschätzungen geschadet hat, wie Friedrich von Holstein. Bis zuletzt sollte er an seinem Irrglauben festhalten, dass die Zeit für Deutschland spielte.

Die Politik der freien Hand wurde auch nach dem Rücktritt Caprivis fortgesetzt. Mit seinem neuen Reichskanzler, seinem „lieben Onkel" Chlodwig Fürst zu Hohenlohe-Schillingsfürst und dem Tod Zar Alexanders II. Ende 1894, glaubte Wilhelm II. in der für ihn typischen eitlen Selbstüberschätzung, die Sache selbst in die Hand nehmen zu können und mit dem jungen Nachfolger Zar Nikolaus II. (1868–1918) leichtes Spiel zu haben.

Außenpolitischer Zickzack-Kurs

Als entscheidend erwiesen sich für die nächsten Jahre drei Krisenregionen: Im **japanisch-chinesischen Krieg von 1894/95** bezogen die Kontinentalmächte gegen Japan Stellung, um sich selbst in China Vorteile zu verschaffen. Das Deutsche Reich stellte sich dabei in besonderes scharfer Form an die Seite Russlands, um es zum einen nach Ostasien abzulenken und zum anderen Frankreich als Partner auszustechen. Mit dem Ergebnis einer weiteren Entfremdung zu England, ohne aber Russland als Partner zurückzugewinnen.

E

Der **chinesisch-japanische Krieg (1894/95)** entzündete sich an den Unruhen, die im Juni 1894 in Korea ausgebrochen waren. In schneller Abfolge intervenierten japanische und chinesische Truppen und dabei war es zum Konflikt zwischen beiden Ländern gekommen, bei dem schnell die Japaner die Oberhand gewannen. Im November 1894 und Februar 1895 bat China die europäischen Mächte um Vermittlung. Zunächst befürwortete London eine gemeinsame diplomatische Intervention. Diese scheiterte aber an der deutschen Zurückhaltung. Im März 1895 gaben Russland und Deutschland ihre Zurückhaltung auf, weil beide die Erfolge Japans eindämmen wollten und Deutschland zudem befürchtete, bei einer möglichen europäischen Okkupation von Stützpunkten in China wieder einmal zu kurz zu kommen. Daneben verfolgte Berlin das Ziel, Russland vom Interesse am Balkan abzulenken. Nachdem Japan am 17. April 1895 im Frieden von Schimonoseki u.a. Formosa und die Halbinsel Liaotung gewonnen hatte, forderten Russland und Deutschland und auch Frankreich eine Kompensation. Seither suchte Japan eine engere Anlehnung an England.

Im Sommer 1895 kam es zu einer erneuten außenpolitischen Volte. Nachdem im Juni die Konservativen unter Salisbury an die Regierung zurückkehrten, glaubte die Wilhelmstraße wieder an eine größere Konzessionsbereitschaft der Engländer. Die Ernüchterung folgte auf dem Fuße. Salisbury konfrontierte Wien und Berlin mit der Idee einer Aufteilung des Osmanischen Reiches. Das aber widersprach den inzwischen erheblich gewachsenen wirtschaftlichen und militärischen Interessen Deutschlands diametral. Zudem musste es in einem viel stärkeren Maße als zu Bismarcks Zeiten auf die Wiener Interessen am Fortbestand der Pforte Rücksicht nehmen. Während Bismarck Russland und England in die Sackgasse der Meerengen gelockt hatte, befand sich das Reich inzwischen selbst in der Sackgasse. London war es aufgrund seiner günstigen internationalen Stellung gelungen, Deutschland ohne eigene Zusagen in die Position des Status-quo-Garanten an den Meerengen zu manövrieren.

Noch bevor das Jahr endete suchte Holstein erneut einen Kurswechsel. Eine Anlehnung an das Zarenreich sollte Deutschland aus der Lage befreien. Gleichzeitig sollte England eine Lektion erteilt werden. Zu diesem Zweck zitierte Marschall den britischen Botschafter Frank Lascelles (1841–1920) ins Auswärtige Amt, um gegen die britische Südafrikapolitik zu protestieren, wo sich die Lage zwischen den Buren und den mehrheitlich britischen Ausländern zuletzt gefährlich zugespitzt hatte. Gleichzeitig wurde auch Valentine Chirol (1852–1929) von der Londoner *Times* von Marschall über den Ernst der Lage informiert. Als noch am Nachmittag desselben Tages die Nachricht eintraf, dass Truppen der britischen South Africa Company in den Transvaal eingefallen seien (sog. **Jameson-Raid**), wollte man der englischen Regierung die Bedeutung Deutschlands demonstrieren. Sie sollte endlich begreifen, wie sehr es von Vorteil sei, sich mit dem Kaiserreich gutzustellen.

E

Mit dem „**Jameson-Raid**" am 29. Dezember 1895 versuchte eine Truppe von 660 Mann um Leander Starr Jameson (1853–1917), eines Vertrauten des Premiers der Kapkolonie, Cecil Rhodes (1853–1902), aus Betschuanaland in den Transvaal einzudringen und dort eine Revolte der mehrheitlich britischen Uitlanders (Ausländer) zu unterstützen. Auf diese Weise sollte der britischen Regierung ein Vorwand zur Intervention geliefert werden. Der Kolonialminister Joseph Chamberlain (1836–1914) sympathisierte zwar mit dem Plan, jedoch hielt er den Zeitpunkt für denkbar ungünstig und warnte Rhodes vor dem Schritt, der diese Warnung aber nicht mehr rechtzeitig an Jameson weiterleiten konnte. Der Überfall scheiterte kläglich, da die Buren zuvor davon erfahren hatten und die Invasoren kurzerhand festnahmen. Die britische Öffentlichkeit feierte Jameson gleichwohl als Helden und sein Überfall war eine wichtige Etappe auf dem Weg zum zweiten Burenkrieg (1899–1902).

Krüger-Telegramm

Indem sich Kaiser Wilhelm II. durch den Erfolg der Buren über den englischen Einfallsversuch veranlasst sah, dem Transvaal-Präsidenten Paul „Ohm" Krüger (1825–1904) ein „offenes" Glückwunschtelegramm zuzusenden, brachte er das Fass deutsch-britischer Spannungen zum Überlaufen. Statt einer Lektion und Stärkung der eigenen Verhandlungsposition gegenüber England, erreichte Berlin damit das genaue Gegenteil. Die Regierung von Westminster ließ an ihrer Empörung über die ungebetene Einmischung des Kaisers keinen Zweifel.

Q

Glückwunschtelegramm Wilhelms II. an Ohm Krüger, 3.1.1896
Aus: Die Große Politik der Europäischen Kabinette 1871–1914, Bd. XI, Nr. 2610, S. 31f.

Ich spreche Ihnen meinen aufrichtigen Glückwunsch aus, dass es Ihnen, ohne an die Hilfe befreundeter Mächte zu appellieren, mit ihrem Volke gelungen ist, in eigener Tatkraft gegenüber den bewaffneten Scharen, welche als Friedensstörer in Ihr Land eingebrochen sind, den Frieden wiederherzustellen und die Unabhängigkeit des Landes gegen Angriffe von außen zu wahren.

Vor allem die Londoner Presse, allen voran die *Times,* reagierte mit aller Schärfe – sogar ein offener Konflikt zwischen beiden Ländern stand im Raum. Konservative und nationalliberale Blätter aus Deutschland antworteten im gleichen Ton. Es kam zu einem regelrechten Pressekrieg, der bis heute als eine wesentliche Zäsur in den deutsch-britischen Beziehungen vor 1914 gilt. Die *Saturday Review* rief ein Jahr später zu einer Zerstörung des Kaiserreiches auf und stilisierte Deutschland zum größten Herausforderer des Empire. Die allgemeine Empörung über das Kaiserreich blieb nicht auf Zeitungsredaktionen beschränkt. Im ganzen Land brach sich eine Welle der Deutschfeindlichkeit Bahn. Antideutsche Protestschreiben, Leserbriefe an die verschiedensten Zeitungen des Landes, Demonstrationen in Music Halls und Theatern mit Begeisterungsstürmen bei patriotischen Gedichten und nationalistischen Gesängen auf Leander Starr Jameson und gegen den Kaiser machten die Runde. Anlass wie Inhalt des kaiserlichen Telegramms rechtfertigte diese Aufregung natürlich nicht. Aber der Agitationssturm reflektierte zum einen die Asymmetrie zwischen der Weltmacht England und ihrem Selbstverständnis und dem Emporkömmling Deutschland und dessen Ambitionen. Zum anderen zeigte sie die Ausdehnung von Diplomatie bzw. wie und auf welche Weise inzwischen auch Außenpolitik betrieben wurde. Unter ständiger Mitwirkung der veröffentlichten und öffentlichen Meinung als einem eigenständigen politischen Akteur, den es zu beachten galt. In der Wilhelmstraße verflog rasch die anfängliche Euphorie über das kaiserliche Telegramm als weltpolitischer Fingerzeig. Holstein gab sich bestürzt über das Ausmaß der britischen Reaktionen. Einmal mehr zeigte er sich ratlos. Für ihn begegneten sich London und Berlin auf Augenhöhe. Großbritannien aber empfand die deutsche Einmischung als Beleidigung, weil man die Burenrepubliken längst im eigenen Herrschaftsbereich wähnte. Hinzu kam ein lang aufgestauter Unmut über die neue, wirtschaftlich rasch wachsende, militärisch starke und aufstrebende Großmacht, in deren Öffentlichkeit nun auch noch der Wille nach Weltgeltung Kontur gewann. Das blieb für viele Briten inakzeptabel. Für die Zukunft rechneten sie neben dem Empire lediglich mit zwei weiteren weltpolitischen Rivalen: den USA und Russland. Sie alleine galten als satisfaktionsfähig, nicht aber Deutschland.

Am Ende fällt die Bilanz der unmittelbaren Nachfolger Bismarcks niederschmetternd aus: Die deutsche Diplomatie verlor nach 1890 sukzessive an Handlungsspielraum. Statt das neue Interesse an der Peripherie für seine gefährdete Stellung in der Mitte des Kontinents auszunutzen, hatte die neue Führung sich zu früh entschieden und den Draht nach Russland gekappt, ohne einen neuen in Richtung London knüpfen zu können. Nur vier Jahre nach Bismarcks Rücktritt hatte sich dessen Albtraum des auf die Mitte drückenden Bündnisses zwischen dem Zarenreich und Frankreich erfüllt. Was zu diesem Zeitpunkt noch niemand ahnte: Aus den Übereinkünften von 1892 und 1894 war sogar eine Allianz mit einem deutlich offensiven Charakter entstanden. Von nun an standen die Mittelmächte diesem neuen Bündnissystem gegenüber und es kam darauf an, zumindest ein rüstungspolitisches Drohpotenzial aufrechtzuerhalten. Für das internationale System bedeutete die Situation, dass es massiv an Flexibilität und Möglichkeiten sowohl für Krisenprävention als auch Krisenbewältigung eingebüßt hat. Den größten Vorteil aus dieser Gesamtlage gewann neben Frankreich vor allem Großbritannien. Während Paris nun endgültig aus der Isolation herausgetreten war und von nun an gemeinsam mit Russland Druck auf Deutschland erzeugen konnte, hatte London zwischen den Bündnisformationen enorm an Handlungsspielraum gewonnen. In Europa, so sah man es in London, blockierten sich die beiden kontinentalen Formationen gegenseitig und das Gleichgewicht war wiederhergestellt. Die Mittelmeerentente, mit der Bismarck London für den europäischen Status quo interessieren wollte, konnte man nun getrost auslaufen lassen. Für seine anhaltende Expansion in Übersee hatte England es nun überhaupt nicht mehr nötig, sich für die eine oder die andere Seite entscheiden zu müssen. Den letzten Trumpf hatte Marschall aus der Hand gegeben, als er meinte, die Briten zu gewinnen, wenn er sie über das Ende des deutsch-russischen Vertrages informierte. Salisbury begriff sofort, dass Deutschland nun der „Rückhalt" und die Argumente fehlten, um überhaupt mit der britischen Seite ins Geschäft zu kommen.

Frühe Ernüchterung

Was der Wilhelmstraße blieb, waren die Beziehungen zu Rom und Wien. Aber auch hier hatten sich die Kräfteverhältnisse umgekehrt. Plötzlich sah sich Berlin in der Situation, selbst gegenüber Österreich-Ungarn und Italien Zugeständnisse machen zu müssen. Während Italien Unterstützung in Nordafrika forderte, diente der Balkan nicht länger als „Verfügungsmasse" zum Spannungsausgleich. Trat Russland gerade hier immer selbstbewusster und aufgrund des zunehmenden Panslawismus auch immer unbedingter auf, so war das Deutsche Reich nach der Nichterneuerung der russischen Verbindung und dem Rückzug Londons verstärkt dazu gezwungen, auf seinen einzigen verlässlichen Bündnispartner Österreich-Ungarn und dessen regionale Interessen Rücksicht zu nehmen.

Aber nicht nur der Kurs der deutschen Außenpolitik änderte sich. Auch in Form, Stil und Leitung vollzog sich ein nachhaltiger Wandel. Was sich bereits Ende der 1880er-Jahre andeutete, verstetigte sich. So war nunmehr nach dem Abgang Bismarcks ein beständig wechselnder Kompromiss zwischen den Meinungen des ambitionierten Kaisers, des jeweiligen Kanzlers, des Staatssekretärs des Äußeren sowie dessen Vortragenden Rats, Friedrich von Holstein, gefragt. Hinzu kam der Bedeutungsgewinn des Generalstabes. Mit Alfred von Tirpitz (1849–1930) als Staatssekretär im Reichsmarineamt sollte 1897 noch ein weiteres Moment hinzukommen. Das Resultat war nicht Kompetenzgewinn, sondern Orientierungslosigkeit – ausgerechnet in einer Zeit, in der sich auch das internationale System von Grund auf wandelte. Vieles an den ernüchternden Ergebnissen der Nachbismarckjahre scheint selbstverschuldet und unnötig, wie etwa das überhastete Ende des Rückversicherungsvertrages. Mindestens ebenso viel aber deutet auf eine auch internationale Bewegung am Reich vorbei hin. Bedeutete die beschleunigte Expansion der europäischen Mächte in die Welt neue Chancen für eine mitteleuropäische Entlastung, so verschärfte sich der allgemeine Wettlauf um die letzten Kolonien noch durch den Auftritt neuer Konkurrenten wie Japan und den USA. Schien auf den ersten Blick die Vulnerabilität, also die Verwundbarkeit des Reiches in der kontinentalen Mitte abgenommen zu haben, so war es letztlich aber vor allem die Vulneranz, also die Fähigkeit, andere zu verletzten, sowie die Bündnisfähigkeit bzw. Bündnisattraktivität Deutschlands, die unter der Expansion der Großmächte leiden sollte. Macht, Rivalität, militärische Stärke und nicht periphere Entlastung rückten verstärkt in den Vordergrund. Deutschland wollte da keinesfalls zurückstehen und wurde ebenfalls vom „Raumrausch" der Mächte ergriffen [Th. Schieder]. Bisher hatte es nur bescheidenen Anteil an der Aufteilung der Welt und wollte seinen Rückstand an Weltgeltung so schnell wie möglich aufholen. Von „Weltinteressen" und „Weltpolitik" war schnell die Rede. Wilhelm II. schwadronierte bereits kurz nach der misslungenen Aktion des Krügertelegramms, das „aus dem Deutschen Reiche ein Weltreich geworden" sei. Das noch unter Bismarck vorwaltende, auf Europa konzentrierte rationale Kalkül der puren Staatsräson wurde von unbegrenzten Zielen abgelöst. Die daraus entstehenden Konflikte wurden schwerer lösbar.

III. Im Banne der Weltpolitik: Deutschlands „Platz an der Sonne“ (1897–1902)

31.3.1897	Alfred von Tirpitz wird Staatssekretär im Reichsmarineamt
Oktober 1897	Berufung Bernhard Graf von Bülows zum Staatssekretär des Äußeren
November 1897	Besetzung Kiautschous durch deutsche Truppen
6.12.1897	„Platz an der Sonne“-Rede Bernhard von Bülows
10.4.1898	Erstes Flottengesetz. Beginn des deutschen Flottenbaus
Juli 1898	Deutsch-englische Bündnisgespräche enden ergebnislos
30.7.1898	Tod Otto von Bismarcks
24.8.1898	Friedensnote Zar Nikolaus II.; Einberufung einer internationalen Abrüstungskonferenz
7.9.–11.11.1898	Faschodakrise zwischen England und Frankreich
Feb.–Okt. 1898	Amerikanisch-spanischer Krieg. Aufstieg der USA zur Weltmacht.
18.5.–27.7.1899	Erste Haager Friedenskonferenz mit Vertretern von 27 Staaten. Verabschiedung der Haager Landkriegsordnung
1899–1902	Englands Krieg gegen die Buren in Südafrika
1899	Baubeginn der Bagdadbahn
14.6.1900	Zweites deutsches Flottengesetz. Verstärkung der Flotte unter dem Gesichtspunkt des Risikogedankens
20.6.1900	Ermordung des Gesandten Clemens von Ketteler in Peking
Juni–Juli 1900	Boxer-Aufstand in China
27.7.1900	„Hunnenrede“ Kaiser Wilhelms II. und Entsendung deutscher Truppen nach China
Oktober 1900	Rücktritt Chlodwig zu Hohenlohe-Schillingsfürsts
1898 und 1901	Deutsch-britische Verträge zum Jangtsetal und zu den portugiesischen Kolonien
1900–1909	Bernhard von Bülow im Reichskanzleramt

Aufbruch zur Weltpolitik

Das Jahr 1897 markiert einen weiteren Einschnitt im deutschen Außenverhalten. Mit Reichskanzler Caprivi hatte es sich noch vornehmlich auf seine europäischen Interessen besonnen – „ohne großen Zug“, wie der Historiker Hans Delbrück (1848–1929) betonte. Von jetzt an ging es darum, Weltgeltung zu beanspruchen: Weltmacht als Ziel, Weltpolitik als Aufgabe, Flotte als Instrument lautete der neue Dreisatz der wilhelminischen Außenpolitik. Ihm wird in den folgenden Abschnitten nachgegangen. Dazu soll noch einmal kurz auf die bereits im ersten Kapitel erläuterten Triebkräfte des neuen Imperialismus eingegangen werden, bevor es um die deutsche Politik in Übersee und den Aufbau der Hochseeflotte geht. Beides rückte die Beziehungen zur führenden Welt- und Seemacht Großbritannien ins Zentrum deutscher Diplomatie. Damit ist auch der Schwerpunkt der Betrachtung bis 1914 vorgegeben.

1. Triebkräfte und Sendungsbewusstsein

Mit seinem Gerede von „Weltreich" und „Weltpolitik" traf Kaiser Wilhelm II. den Nerv seiner Zeit. Nachdem Bismarck die ersten Überseeabenteuer initiiert hatte, repräsentierte der Kaiser damit Vorstellungen und Ambitionen, die längst in allen Bevölkerungsschichten, namentlich dem Bürgertum, Fuß gefasst hatten. Seit der Reichseinigung gehörte Deutschland selbstverständlich zum Konzert der Großen dazu. Es prosperierte – sein wirtschaftliches, demografisches und militärisches Potenzial war atemberaubend. In vielen Bereichen war es moderner, schwungvoller, vitaler und wirkte dabei gleichzeitig stabiler als andere. Eine Beteiligung am imperialen Wettlauf war daher naheliegend und keineswegs ungewöhnlich. Nur wer sich in Übersee behaupte, so die zeitgenössische Sicht, werde auch im kommenden Jahrhundert als Großmacht bestehen. Seit 1881 hatte Großbritannien sein ohnehin schon riesiges Empire um ein Drittel vergrößert, und allein die neu hinzugewonnenen Territorien überstiegen die bescheidenen deutschen Besitzungen an Fläche und Bevölkerung um das Dreifache. Frankreich vergrößerte sich im gleichen Zeitraum sogar um den Faktor sechs. Deutschland dagegen sei, so brachte Friedrich Meinecke die allgemein verbreitete Gefühlslage auf den Punkt, „bei der Weltverteilung zu spät gekommen und schlecht weggekommen, während Albion sich im Glücke sonnte und mit seinen breiten Ellbogen uns abzuspeisen schien". Von den neidvollen Blicken auf die Nachbarn abgesehen, gaben vielschichtige Triebkräfte den Ausschlag für eine deutsche Weltpolitik. Nicht immer steckte dahinter Großmannssucht. Nicht selten waren es rationale Erwägungen, die der Logik damaliger Machtpolitik folgten. Erstens schien sie ein unverzichtbares Mittel, wollte man wirtschaftlich weiter prosperieren. Sowohl der Außenhandel als auch die Gesamtkonjunktur mussten gesichert werden. Zweitens war man aus den Erfahrungen im Umgang mit den anderen Weltmächten überzeugt, seinen eigenen Großmachtstatus ohne überseeische Besitzungen über kurz oder lang zu verlieren. Das primäre Ziel der eigenen Sicherheit war demnach mit dem neuen Ziel der Weltgeltung und Existenzsicherung untrennbar verbunden. Wenn schon ein nüchtern analysierender und erfahrener Realpolitiker wie Salisbury der sozialdarwinistischen Perspektive zuneigte und für das 20. Jahrhundert von einem Existenzkampf und in diesem Zusammenhang von „lebenden" und „sterbenden Nationen" sprach, wollten die Deutschen ganz sicher nicht zur letzteren Kategorie gehören. Schließlich ging es für das Kaiserreich ebenso wie für die anderen modernen Staaten drittens darum, aufkommende gesellschaftliche und innenpolitische Konflikte zu entschärfen. Eine Umlenkung innerer Energie an die Peripherie versprach, den inneren Druck des gesellschaftlichen Miteinanders und der zunehmenden Kritik am reform- und modernisierungsbedürftigen Staatswesen abzubauen. Aus der Summe ideologischer, ökonomischer sowie außen- und innenpolitischer Motive, dies wurde bereits gezeigt, ergab sich die sogenannte Weltreichslehre und ihre Dynamik.

Q

Adolf Freiherr Marschall von Bieberstein am 18.3.1897 im Reichstag
Aus: Stenographische Berichte über die Verhandlungen des Reichstages, IX. Legislaturperiode, 4. Session, 194. Sitzung, Bd. 7, Berlin 1897, S. 5149.

Die Frage, ob Deutschland Weltpolitik treiben soll, hängt untrennbar zusammen mit der anderen, ob Deutschland Weltinteressen hat. (Sehr richtig! Rechts.) Diese Frage ist längst entschieden [...] Die deutschen Kaufleute, die Hunderte von Millionen an deutschen Produkten in überseeische Länder geben, die deutschen Reeder, die Tausende von Schiffen ausrüsten, um die Meere aller Länder zu befahren, und die Deutschen, die über das Meer ziehen, um dort eine neue Heimat zu gründen, sie haben auf dem großen Schachbrett der Welt die deutschen Steine aufgestellt in der Erwartung, daß wir sie schützen und nützen. Sollen wir diese Erwartung täuschen? Ich meine, der Gedanke, daß wir dazu zu arm, zu schwach, zu elend sind, der kann bei einem Deutschen nicht aufkommen; wir würden dann aufhören, das zu sein, was wir dank großer Zeiten geworden sind. (Bravo!) Der Kraftüberschuss an Gut und Blut, den eine große, aufstrebende Nation abgibt an fremde Länder, der bildet doch wirtschaftlich und politisch, materiell und ideell ein gar kostbares Kapital. Dieses Kapital zu erhalten, zu pflegen, es nutzbar zu machen für das Mutterland, ist eine unserer ersten Pflichten, und für den Kreis dieser Pflichten nehme ich das Wort „Weltpolitik" in Anspruch; in diesem Sinne wollen und müssen wir Weltpolitik betreiben. (Sehr richtig!) Die Gefahr, daß wir auf diese Weise auf eine abschüssige Bahn gelangen, besteht nicht. Wer das fürchtet, sieht Gespenster am hellen Tage.

Der Soziologe Max Weber brachte das Credo dieser neuen, man könnte beinahe sagen, zweiten Gründerzeit in seiner berühmten Freiburger Antrittsvorlesung 1895 auf den Punkt: „Wir müssen begreifen, dass die Einigung Deutschlands ein Jugendstreich war, den die Nation auf ihre alten Tage beging und seiner Kostspieligkeit halber besser unterlassen hätte, wenn sie der Abschluss und nicht der Ausgangspunkt einer deutschen Weltmachtpolitik sein sollte."

Allerdings verdrängte die wilhelminische Aufbruchstimmung, dass das Reich für ein weltpolitisches Ringen von Beginn an benachteiligt war.

Es war nicht nur „zu spät gekommen". Die kurze Episode bismarckscher Abenteuer hatte abgesehen von neuen Hoffnungen, weder eine geopolitische noch eine militärisch-strategische Basis für weitere Expansionen geschaffen. Um Weltmacht zu werden, dass hatte der amerikanische Kapitän zur See, Alfred Thayer Mahan, mit seiner gerade im Deutschen Reich so populären Schrift über den „Einfluss der Seemacht auf die Geschichte" (1894) beschrieben, bedurfte es einer Flotte und der Kontrolle strategisch wichtiger Stützpunkte und Brückenköpfe. Beides aber befand sich überall auf der Welt vor allem in britischen Händen. Eine wie auch immer geartete Expansion konnte deshalb nur mit englischem Plazet oder zulasten Londons erfolgen. Hinzu kam, dass alle relevanten Rivalen ihre jeweilige Heimat weitgehend abgesichert wussten – Großbritannien und Japan genossen den Inselstatus, die USA und Russland erfreuten sich ihrer Weite und Abgeschiedenheit, weil ihr Territorium ganze Kontinente umfassten. Und selbst Frankreich hatte mit seiner Küstenlinie im Westen und den Pyrenäen im Süden nur Deutschland als einzigen Gegner an seiner Ostgrenze zu fürchten. Da sich das sicherheitspolitische Dilemma, zwischen Russland und Frankreich zu liegen, dank ihrer Allianz seit 1894 sogar noch verschärft hatte, verfügte das Kaiserreich über eine denkbar ungünstige Ausgangslage für eine weltpolitische Aufholjagd.

Auch militärisch, das wird aufgrund des stets betonten preußischen Militarismus oft übersehen, schloss es erst unmittelbar vor dem Weltkrieg zu den Truppenstärken der anderen Großmächte auf. Bis dahin verharrte es trotz Ausgabensteigerungen und Bevölkerungsexplosion weitgehend bei der Friedenspräsenzstärke der 1870er-Jahre. Die allgemeine Wehrpflicht bestand nur auf dem Papier [siehe Tabelle 4, S. 15]. Damit nicht genug, mangelte es dem jungen Reich an einem **weltpolitischen Sendungsbewusstsein**.

E

Imperialistische Sendungen
Das **britische Sendungsbewusstsein** wurzelte im Puritanismus, der Idee alle englischen Staaten als Horte der Freiheit einzurichten, und dass das englische Volk als Nachfolger Israels dazu auserwählt sei, die unmündigen Völker zu beschützen und zur Selbstbestimmung zu erziehen (R. Kipling: „White men's burden"). Das **französische Sendungsbewusstsein** entstammte der Zivilisationsidee aus der Französischen Revolution, des Liberalismus und Demokratiegedankens. Der geistige und soziale Fortschritt wurde für Frankreich zu einer „Ersatzreligion" und zu dem Anspruch, stets „an der Spitze der Ideen zu marschieren". Es ging mit den Worten Gabriel Hanotauxs (1853–1944) darum, „so viele neue Frankreichs zu schaffen" wie möglich und die Weltgeltung der Grande Nation zu verteidigen („idée civilisatrice"). Das **amerikanische Sendungsbewusstsein** wurzelte ebenso wie das britische im Puritanismus, der Verschmelzung religiöser und aufklärerischer Ideale, dem Bekenntnis zur Demokratie und der Verpflichtung, die Ideale von Freiheit und Gleichheit in der Gesellschaft und im Leben der Völker durchzusetzen sowie ein Überlegenheitsgefühl und das Vertrauen in die Schicksalsbestimmung Amerikas, eine Erneuerung der Menschheit herbeizuführen („manifest destiny"). Kern des **russischen Sendungsbewusstseins** bildete die Missionsidee des Zaren als Schutzherr über alle orientalischen Christen und der Verteidigung altrussischer-orthodoxer Ideen gegen westliche Fortschrittsideen, manifestiert in der Ideologie des Panslawismus.

Die neue Begeisterung für die eigene Flotte, wie auch die ständige Prestigesucht wirkten eigenartig und waren letztlich nicht mehr als ein Ersatzkonstrukt. Auf die Konkurrenten wirkte das alles aufgesetzt, kaum glaubhaft und erregte immer wieder Misstrauen. Geführt und verkörpert wurde der „Übergang zur Weltpolitik", von Bernhard von Bülow. 1897 zum Staatssekretär des Äußeren berufen, verfolgte Bülow einen Kurs der „freien Hand", um so viel wie möglich für das Kaiserreich in der Welt herauszuholen und nicht in die englisch-russische Rivalität verwickelt zu werden.

2. „Zu spät gekommen" – Deutschland in der Welt

a) Das Kaiserreich in Fernost

Der „Platz an der Sonne"

Schon während des japanisch-chinesischen Krieges 1894/95, der die Brüchigkeit des chinesischen Reiches offenbar werden ließ, hatte das Reichsmarineamt die Erwerbung eines Flottenstützpunktes in China ins Auge gefasst. Tirpitz, damals noch Chef der deutschen Kreuzerdivision in Ostasien, hatte dafür die Bucht von Kiautschou mit dem Hafen Tsingtau als besonders geeignet empfunden. Als sich Ende 1897 die Handelsbedingungen durch die US-amerikanischen Zolltariferhöhungen und Englands Kündigung des Handelsvertrages mit Deutschland massiv verschlechterten und Bülow die Leitung des Auswärtigen Amtes übernahm, erhielt diese Absicht einen neuen Impuls. Als Stützpunkt sollte die Bucht dafür sorgen, dass Deutschland an dem sich andeutenden „Scramble for China" teilnehmen könnte.

Die Ermordung zweier deutscher Missionare am 1. November 1897 lieferte den geeigneten Vorwand, in China Fuß zu fassen. Russland besetzte als Wiedergutmachung Port Arthur, England setzte sich in Wei-hai-wei fest und Deutschland beanspruchte für sich und mit Zustimmung Englands die Bucht von Kiautschou und den dazugehörigen Hafen von Tsingtau. China „verpachtete" daraufhin das Gebiet für die nächsten 99 Jahre an Berlin. Dazu gehörten wirtschaftliche Rechte im Hinterland, der Provinz Schantung, vor allem Berg- und Eisenbahnbau. Auf Wohlwollen stieß Deutschland mit dieser Maßnahme bei den anderen Mächten nicht. Vielmehr nutzte es Berlin, dass in China noch weitere Kompensationsmöglichkeiten bestanden und die russisch-britische Rivalität noch erhebliche Ausmaße besaß. Solange sich dies nicht änderte, funktionierte Bülows „Freihandpolitik" zwischen den Flügelmächten. Der Staatssekretär war zufrieden: Mit Kiautschou schien der Start in die Weltpolitik gelungen. Die Rücksicht auf die kontinentale Zweifrontenbedrohung rückte nun deutlich zugunsten des außereuropäischen Expansionsstrebens in den Hintergrund. Zweifel angesichts der intensiven imperialen Rivalität wurden dabei schnell beiseite geräumt. Warum sollte ausgerechnet das Kaiserreich auch immer leer ausgehen, wenn nicht nur England, Frankreich und Russland, sondern auch die USA sich inzwischen imperialistisch betätigten?

Q

Bernhard von Bülow im Reichstag am 6.12.1897
Zit. nach: Verhandlungen des Reichstages. IX. Legislaturperiode, V. Session 1897/98, Bd. 1, S. 601.

Fürchten Sie gar nichts meine Herren! Der Herr Reichskanzler ist nicht der Mann, und seine Mitarbeiter sind nicht die Leute, irgend unnütze Händel zu suchen. Wir empfinden auch durchaus nicht das Bedürfnis, unsere Finger in jeden Topf zu stekken. Aber allerdings sind wir der Ansicht, daß es sich nicht empfiehlt, Deutschland in zukunftsreichen Ländern von vornherein auszuschließen vom Mitbewerb anderer Völker. (Bravo!) Die Zeiten, wo der Deutsche dem einen seiner Nachbarn die Erde überließ, dem anderen das Meer und sich selbst den Himmel reservierte, wo die reine Doktrin thront (Heiterkeit, Bravo!) – diese Zeiten sind vorüber. Wir betrachten es als eine unserer vornehmsten Aufgaben, gerade in Ostasien die Interessen unserer Schiffahrt, unseres Handels und unserer Industrie zu fördern und zu pflegen […].
Wir müssen verlangen, daß der deutsche Missionar und der deutsche Unternehmer, die deutschen Waren, die deutsche Flagge und das deutsche Schiff in China geradeso geachtet werden, wie diejenigen anderer Mächte. (Lebhaftes Bravo) Wir sind endlich gern bereit, in Ostasien den Interessen anderer Großmächte Rechnung zu tragen, in der sicheren Voraussicht, daß unsere eigenen Interessen gleichfalls die ihnen gebührende Würdigung finden (Bravo!) Mit einem Wort: wir wollen niemand in den Schatten stellen, aber wir verlangen auch unseren Platz an der Sonne. (Bravo!)

Die berühmte „Platz an der Sonne"-Rede Bülows fand allgemeine Zustimmung, und zwar nicht nur im nationalistischen Lager. Über ihren allgemeinen Tenor vermittelte sie darüber hinaus den Eindruck, die Besetzung Kiautschous sei außenpolitisch abgesichert. Endlich, so die Stimmungslage in der deutschen Presse, hätte man sich von der Politik des Sansibarvertrages abgewandt. Auch wenn die kritischen Sozialdemokraten im Reichstag vor riskanten „Abenteuern" im Ausland warnten, so hob doch selbst der *Vorwärts* hervor, dass die „höheren" europäischen Kulturen der „niederen" Kultur der Asiaten zum Fortschritt verhelfen könnten. Als genaue Beobachterin und Seismografin der wilhelminischen Atmosphäre machte die Baronin Hildegard von Spitzemberg (1843–1914) nach dem ersten Erfolg der deutschen Weltpolitik eine allgemeine und freudige Zuversicht im ganzen Land aus. Bernhard von Bülow wurde sogar als neuer Bismarck gefeiert. Endlich schien wieder Zug in der deutschen Außenpolitik zu sein.

Trügerische Ambitionen

Kiautschou wurde als Bestätigung des Freihandkurses betrachtet und sollte zur „Musterkolonie", einer Art „deutschem Hongkong" werden, in der man zeigen solle, so Tirpitz, „wozu Deutschland imstande sei." Tatsächlich wurde es zum teuersten Kolonialunternehmen Deutschlands und die deutschen (katholischen) Missionare wurden bei den Chinesen zu den „bestgehaßten von allen Ausländern". Aber nicht genug damit, bündelte das Kaiserreich mit seiner aktiven Teilnahme am imperialistischen Schlussspurt das Misstrauen der bisherigen Platzhirsche, Großbritannien und Russland. Beide hatten sich bislang weitgehend allein im Fernen Osten gegenübergestanden und erkannten in Deutschland nun – übrigens anders als in der Regionalmacht Japan – einen missliebigen zusätzlichen Konkurrenten. Vor allem England, das 80% des Chinahandels kontrollierte, sorgte sich zwar vor den russischen Hegemonieansprüchen im chinesischen Norden, aber die öffentliche Meinung in London richtete sich besonders gegen den imperialistischen Neuling. Von Frankreich und Russland, so scheint es, war man zwar den harten Wettbewerb gewöhnt. Doch nun drängte sich auch noch Deutschland dazwischen und kooperierte womöglich noch mit Russland.

Ähnliches galt für die deutsche Einmischung in den **amerikanisch-spanischen Krieg** 1898, als Wilhelm II. glaubte, Manila „haben zu müssen", und sich als Konkurrent der USA stilisierte.

E

Amerikanisch-spanischer Krieg und deutsche Stützpunktpolitik im Pazifik
Nach dem amerikanischen Bürgerkrieg erlebten die USA einen beispiellosen Aufstieg. Ende des Jahrhunderts waren sie bereits zur führenden Industrienation in der Welt aufgestiegen. Damit einher ging die wirtschaftliche Expansion nach Lateinamerika und in den pazifischen Raum. Dort stießen die USA auf die europäischen Mächte. Auf der Kongokonferenz bereits vertreten, übertrug eine weitere Berliner Konferenz 1889 die Samoainseln einem gemeinsamen Protektorat Deutschlands, Großbritanniens und der USA. Die Vereinigten Staaten reihten sich damit in die Riege der Weltmächte ein und begannen mit dem Bau einer schlagkräftigen Flotte. Als bei den bereits seit 1865 andauernden Aufständen gegen die spanische Kolonialmacht auf Kuba auch nach drei Jahrzehnten keine Ruhe einkehrte und die USA nach der Depression der Jahre 1893 bis 1897 ein wachsendes wirtschaftliches Interesse in der Karibik entfalteten, entdeckte Washington eine Chance, seinen Einfluss durch Förderung der Aufständischen auszudehnen. Nachdem immer mehr Wirtschaftskreise eine Intervention forderten und auch Nachrichten von spanischen Konzentrationslagern nach Washington drangen, wurde das Schlachtschiff USS Maine zu einem Freundschaftsbesuch nach Havanna beordert. Dort kam es zu einer verheerenden und bis heute umrätselten Explosion an Bord, bei der über 200 Seeleute den Tod fanden. Dieser Vorfall bot letztlich den Vorwand für die USA, gegen Spanien zu intervenieren. Im Krieg gegen Spanien gewannen die USA die Philippinen und Puerto Rico und

erzwangen die kubanische Unabhängigkeit. Der Rest der spanischen Besitzungen, die Inselgruppe der Marianen und Karolinen wurde ihnen von den Deutschen abgekauft. Damit begann die deutsche Stützpunktpolitik im Pazifik. Nach Thronwirren auf Samoa schlug Berlin eine Teilung zwischen Deutschland und den USA vor, während England mit Togo und den Salomonen kompensiert werden sollte. Nur wegen des gerade begonnenen Burenkrieges gab England letztlich im November 1899 nach und Deutschland erhielt die Inseln Upolu und Sawaii. Diese zweifelhaften Gewinne bezahlte Berlin damit, dass es vor allem die amerikanische und britische Öffentlichkeit nachhaltig gegen sich aufbrachte.

Die nicht anders als überflüssig zu nennende harte Haltung der Wilhelmstraße in der Samoa-Frage 1898/99 zeigte das Dilemma der deutschen Aufholjagd. Die Preise, die noch in der Welt zu erringen waren, rechtfertigten keinesfalls die Energie und die Risiken, die für sie aufgewendet werden mussten. Berlin drohte London in der Frage der winzigen Inseln, die ohne jeden strategischen oder wirtschaftlichen Wert waren, sogar mit dem Abbruch der diplomatischen Beziehungen. Anders als Mitte der 1880er-Jahre wirtschaftete die wilhelminische Außenpolitik auf Prestige hin und „periklitierte". Bülow traf den Nagel auf den Kopf, wenn er nachträglich feststellte, dass Deutschlands Kurs zwar in die gleiche Richtung wie alle anderen imperialistischen Mächte steuerte, aber seine Politik schlichtweg „plumper" als die der anderen war. Die Erfolge waren gerade mit Blick auf die bereits bescheidenen Erwerbungen Mitte der 1880er-Jahre nicht der Rede wert. Der deutsche Anteil am chinesischen Außenhandel blieb bescheiden und verharrte bei ca. 4 bis 5% der Aus- und Einfuhren. Statt eines Anteils an den Philippinen, auf die Wilhelm ein Auge geworfen hatte, vermochte man lediglich einige winzige Südseeinseln zu erwerben, ohne dass man in der Heimat wohl überhaupt eine Idee hatte, was man mit den Karolinen-, Palau- oder den Marianeninseln anfangen konnte und sollte.

Aber selbst bei kooperativem Vorgehen gelang es nicht, das Reich positiv in Szene zu setzen. Vielmehr manövrierte die Reichsleitung Deutschland sogar noch weiter ins Abseits, wie im Fall der **Intervention gegen die Boxer**.

E

Boxeraufstand, 1899–1901

Nach dem chinesisch-japanischen Krieg und den in dessen Folge entstandenen „Pachtverträgen" mit europäischen Mächten schien die vollständige Aufteilung Chinas unter den Weltmächten bloß noch eine Frage der Zeit zu sein. Dieser Entwicklung entgegen stemmte sich eine Reform- und Protestbewegung, deren Keimzelle die „Gesellschaft für Rechtlichkeit und Eintracht" bildete, ein Geheimbund, dessen Mitglieder ihres militärisch anmutenden Drills wegen von den Europäern „Boxer" genannt wurden. Der Boxeraufstand griff rasch auf weite Teile Chinas über. In Peking belagerten die Boxer das Gesandtschaftsviertel, wobei der deutsche Gesandte Clemens von Ketteler (1853–1900) ermordet wurde. Dies nahmen die europäischen Mächte zum Anlass zu intervenieren und stellten ein gemeinsames Expeditionskorps zusammen. Großbritannien, Österreich-Ungarn, Frankreich, Deutschland, Italien, Russland, Japan und die USA stellten Kontingente bereit. Noch ehe die Streitmacht in China eintraf, hatten die Kräfte vor Ort die Situation bereits in den Griff bekommen. Am 7. September 1901 unterzeichnete China das sogenannte Boxerprotokoll, in dem China weitere Demütigungen auferlegt wurden. Eine Aufteilung des Landes konnte jedoch verhindert werden.

Die „Hunnenrede"

Wieder war es die Ermordung eines Deutschen, die Anlass für eine Intervention bot. Wilhelm II. erwartete wegen des deutschen Opfers von den anderen

Mächten, dass das gemeinsame Expeditionskorps zur Bestrafung der Boxer von einem deutschen Oberbefehlshaber angeführt werde. Bei der Verabschiedung des deutschen Kontingents in Bremerhaven hielt er eine Rede, die, noch bevor man chinesischen Boden erreichte, die deutschen Truppen und ihren „Weltmarschall" Alfred von Waldersee in ein schlechtes Licht rückte.

Q

Die „Hunnenrede", 27. Juli 1900

Zit. nach: Reden des Kaisers. Ansprachen, Predigten und Trinksprüche Wilhelms II., hrsg. von Ernst Johann, München (dtv-dokumente, Bd. 354) 1966, S. 90f.

Große überseeische Aufgaben sind es, die dem neu entstandenen Deutschen Reiche zugefallen sind, Aufgaben weit größer, als viele Meiner Landsleute es erwartet haben. Das Deutsche Reich hat seinem Charakter nach die Verpflichtung, seinen Bürgern, sofern diese im Auslande bedrängt werden, beizustehen. Die Aufgaben, die das alte Römische Reich Deutscher Nation nicht hat lösen können, ist das Deutsche Reich in der Lage zu lösen. Das Mittel, das ihm dies ermöglicht, ist unser Heer. In dreißigjähriger treuer Friedensarbeit ist es herangebildet worden nach den Grundsätzen Meines verewigten Großvaters. Auch ihr habt eine Ausbildung nach diesen Grundsätzen erhalten und sollt nun vor dem Feinde die Probe ablegen, ob sie sich bei euch bewährt haben. Eure Kameraden von der Marine haben diese Probe bereits bestanden, sie haben euch gezeigt, daß die Grundsätze unserer Ausbildung gute sind, und Ich bin stolz auf das Lob auch aus dem Munde auswärtiger Führer, das eure Kameraden draußen sich erworben haben. An euch ist es, es ihnen gleich zu tun. Eine große Aufgabe harrt eurer: ihr sollt das große Unrecht, das geschehen ist, sühnen. Die Chinesen haben das Völkerrecht umgeworfen, sie haben in einer in der Weltgeschichte nicht erhörten Weise der Heiligkeit des Gesandten, der Pflicht des Gastrechts Hohn gesprochen. Es ist das um so empörender, als das Verbrechen begangen worden ist von einer Nation, die auf ihre uralte Kultur stolz ist. Bewahrt die alte preußische Tüchtigkeit, zeigt euch als Christen im freudigen Ertragen eurer Leiden, mögen Ehre und Ruhm Euren Fahnen und Waffen folgen, gebt an Manneszucht und Disziplin aller Welt ein Beispiel. Ihr wißt es wohl, ihr sollt rechten gegen einen verschlagenen, tapferen, gut bewaffneten, grausamen Feind. Kommt ihr an ihn, so wißt: Pardon wird nicht gegeben, Gefangene werden nicht gemacht, führt eure Waffen so, daß auf tausend Jahre hinaus kein Chinese mehr es wagt, einen Deutschen scheel anzusehen. Wahrt Manneszucht, der Segen Gottes sei mit euch, die Gebete eines ganzen Volkes, Meine Wünsche begleiten euch, jeden einzelnen. Öffnet der Kultur den Weg ein für allemal! Nun könnt ihr reisen! Adieu, Kameraden.

Diese offiziöse veröffentlichte Version der Rede war sogar noch milde im Vergleich zur tatsächlichen Rede, in der der Kaiser sich selbst mit Attila verglich:

Q

Die tatsächlich gehaltene Version der Hunnenrede

Aus: Gustav Roloff (Hrsg.) Schultheß' Europäischer Geschichtskalender, neue Folge, Bd. 41, München 1900, S. 107f.

Kommt ihr vor den Feind, so wird derselbe geschlagen! Pardon wird nicht gegeben. Gefangene nicht gemacht! Wer euch in die Hände fällt, sei euch verfallen! Wie vor tausend Jahren die Hunnen unter ihrem König Etzel sich einen Namen gemacht, der sie noch jetzt in Überlieferung und Märchen gewaltig erscheinen läßt, so möge der Name Deutscher in China auf 1000 Jahre durch euch in einer Weise bestätigt werden, daß niemals ein Chinese es wagt, einen Deutschen auch nur scheel anzusehen!

Zweifelsohne war das eine beispiellose Entgleisung. Sie war aber typisch für Wilhelm II. Immer wieder fiel er durch derartige Maßlosigkeiten auf. „Ohne Deutschland und ohne den Deutschen Kaiser" sollten „keine großen Entscheidungen mehr auf der Welt fallen dürfen", hatte er andernorts erklärt und damit wieder den Argwohn, namentlich Großbritanniens, auf sich gezogen. Obwohl die deutschen Truppen nach ihrer Ankunft am 25. September 1901 kaum noch etwas zu tun hatten, um die Boxer niederzuringen, so glaubte Waldersee sich durch brutale Nachhutgefechte und die Mitnahme erbeuteter Kunstgegenstände einen Rest an Ruhm sichern zu müssen.

Durch den Boxeraufstand kam die Frage der Einflusssphären in China wieder auf die Agenda. Deutschland wurde von Frankreich und Russland umworben, um den britischen Einfluss in Ostasien zurückzudrängen, während London den russischen Einfluss zu begrenzen suchte. Berlin gelang es, mit London eine Übereinkunft über die offene Tür im Jangtsetal zu erreichen, nur um wenig später feststellen zu müssen, dass London dort auch weiterhin eine Vorzugsstellung für sich beanspruchte und die Vereinbarungen untergrub. Nachhaltigkeit in den deutsch-britischen Beziehungen wie in den deutschen Ambitionen war damit natürlich nicht zu erzielen. Seit der Rebellion der Boxer geriet die deutsche Fernostpolitik in die Defensive und der Einfluss in der Shantung-Region verlor sukzessive an Bedeutung. Das anglojapanische Abkommen von 1902 sowie der japanische Sieg gegen Russland drei Jahre später markierte eine weitere Schwächung der deutschen Position in Fernost. Es zeigte sich, dass Berlin nur so lange eine weltpolitische Rolle spielte, solange es im Schatten der Spannungen anderer agieren konnte. Auf sich allein gestellt, war Deutschland eben doch keine Weltmacht.

b) Das Bagdadbahnprojekt 1898/99

Inmitten anglo-russischer Rivalitäten

Dass gerade die Okkupation Kiautschous sowohl in Russland wie in England den deutschfeindlichen Akzent stärkte, wird an den anglo-russischen Sondierungen Anfang 1898 sichtbar. London visierte eine globale Verständigung über Interessensphären an, um Deutschland von weiteren Einmischungen auszuschließen. Salisbury schlug eine Abgrenzung der Sphären in China und im Osmanischen Reich vor. Für eine Räumung Port Arthurs und die offene Tür bot er das Gebiet zwischen Schwarzem Meer und Bagdad an, während sich England auf die türkischen Gebiete Afrikas, Arabien sowie im Euphrattal südlich von Bagdad begrenzen wolle. Der Versuch blieb zwar im Ansatz stecken, aber er deutete bereits an, dass die Gegensätze der Flügelmächte entgegen der deutschen Einschätzung kein ewiges Naturgesetz waren. Der Teilungsplan wie auch der Fokus auf den Nahen und Mittleren Osten als Hauptgegenstand einer anglo-russischen Verständigung verschwanden nicht mehr aus der politischen Debatte und standen nun auch für die Zukunft im Raum.

Ausgerechnet in diese neuralgische Zone wagte sich das Reich noch im selben Jahr mit den Plänen für den Bau der Bagdadbahn vor. Die Gründe dafür lagen auf der Hand. Für die Türkei war Deutschland schon seit Bismarcks Zeiten ein traditioneller Partner und die einzige Großmacht, die keine sichtbaren politischen Ambitionen in Form territorialer Konzessionen von Konstantinopel erwartete, sondern lediglich ökonomische Vorteile im Auge hatte, an denen die Pforte selbst stark interessiert war. Aus Berliner

Sicht wurde ein verstärktes Engagement im Orient auch insofern nötig, als es nach dem Ende des Rückversicherungsvertrages und dem faktischen Ende der Mittelmeerentente 1896 nötig wurde, anstelle Großbritanniens und im Interesse des Zweibundpartners Österreich-Ungarn, den Status quo an den Meerengen so lange wie möglich aufrechtzuerhalten. Wirtschaftliche, politische und geopolitische Gründe gingen daher von Anfang an für die deutsche Orientpolitik Hand in Hand. Die Bagdadbahn versprach langfristig sogar das Osmanische Reich politisch zu stabilisieren und wirtschaftlich zu entwickeln. Allerdings musste man zwischen den russischen und englischen Interessen vorsichtig taktieren. „Es gilt", so der Unterstaatssekretär Otto von Mühlberg (1843–1934), „die asiatische Rivalität Englands und Rußlands so für uns auszunutzen, daß wir bald mit einer Verbeugung vor dem britischen Löwen, bald mit einem Knicks vor dem russischen Bären unsere Bahn bis Kuwait am Persischen Golf hindurch schlängeln."

Während St. Petersburg nach wie vor die Kontrolle der Meerengen am Bosporus und den Dardanellen anstrebte, blieb London unberechenbar. Auf der einen Seite hatte es sich im Wissen um die deutschen Interessen bewusst von der Mittelmeerentente und nach Kairo zurückgezogen, damit Berlin nun an seiner Statt für Stabilität sorge und in den Gegensatz zu Russland gerate. Auf der anderen Seite nahm es Berlin ein zu großes Engagement, gerade was die Bagdadbahn anbetraf, auch wieder übel. Der Grund für das wechselnde Verhalten Londons war, dass man in jedem Fall für sich selbst und den Schutz des Empire die Kontrolle des Persischen Golfs beanspruchte und von Zeit zu Zeit sogar über das Osmanische Reich als Manövriermasse zwischen Russland und England nachdachte. Dabei durfte Deutschland allerdings nicht mit zusätzlichen Ansprüchen stören.

Mit Sorge betrachteten deshalb sowohl englische als auch französische Diplomaten, wie Wilhelm II. sich bei seiner Orientreise 1898 sehr zur Freude der Alldeutschen zum Schutzherren von 300 Millionen Moslems erklärte und damit eine neue Etappe in der deutschen Orientpolitik einleitete. Obwohl die Deutsche Bank aufgrund der hohen Kosten das Interesse an der bereits begonnenen Bahnlinie zwischen Bosporus und Persischem Golf zu verlieren schien, wurde die Bagdadbahn nun von der Reichsregierung zum Prestigeobjekt erklärt. Schließlich verdichteten sich bereits die Meldungen ausländischer Konkurrenzunternehmungen. Es gelang Berlin, Frankreich finanziell an dem Projekt zu beteiligen. England blieb jedoch abseits und das Zarenreich lehnte das Projekt insgesamt ab. Zu allererst sollte sich Berlin schriftlich dazu verpflichten, Russland in Konstantinopel nicht entgegenzutreten. Als Bülow dies mit der naheliegenden Forderung konterte, dass sich St. Petersburg im Gegenzug bei einem deutsch-französischen Krieg neutral verhalten solle, hatten sich alle weiteren Diskussionen erledigt. Aber die Verbindung alter und neuer Gegensätze zeigte bereits, dass die orientalische Frage von allen imperialistischen Abenteuern das größte Potenzial besaß, auf die europäische Großmächtestruktur zurückzuschlagen.

Am 26. November 1899 erhielt die Bahngesellschaft schließlich die Vorkonzession, nach der sie acht Jahre Zeit haben sollte, die Bahn bis Basra zu bauen. Berlin begab sich damit in eine Region, in der die Ambitionen Englands, Russlands und Frankreichs seit Jahrzehnten zu Spannungen geführt hatten: Frankreich reflektierte auf Palästina und Syrien und Eisenbahnprojekte in Kleinasien. Russland sah sich durch das deutsche Engagement militärstrategisch wie auch in seinem Drang zum Persischen Golf bedroht und England fürchtete um den Landweg nach Indien, den Golf und seine Stellung am Suezkanal, in Ägypten, im Sudan und am Roten Meer. Noch waren die Mächte anderweitig absorbiert – Frankreich und England in Afrika und Russland und England in Asien. Die Verantwortlichen in Berlin blieben daher zuversichtlich.

3. Der Tirpitz-Plan

Der neue Navalismus

Eine wesentliche Konstante der deutschen Weltpolitik war die Flottenpolitik. Wie bei fast allen Großmächten, Österreich-Ungarn und Italien eingeschlossen, bedeutete das Streben nach Seemacht eine Grundvoraussetzung und ein unverrückbares Anzeichen für den Weltmachtstatus einer Nation. Richtungweisend wirkte hier die Dominanz der Royal Navy seit der Schlacht von Trafalgar (1805). Sie sicherte das Empire, den Handel und die englischen Besitzungen. Mahans bereits erwähnte Schrift über den *Einfluss der Seemacht auf die Geschichte* (1890) hob die Bedeutung der Seemacht besonders hervor und landete damit insbesondere bei den noch jungen, aufstrebenden Mächten, den USA, Deutschland, Italien oder Japan, einen großen Publikationserfolg. Nur mithilfe einer schlagkräftigen Flotte von Schlachtschiffen, so lautete die Quintessenz, könne man überhaupt Weltgeltung beanspruchen. Unter den begeisterten Rezipienten Mahans fand sich auch der Kaiser. Schnell erklärte er Mahans Buch zur „Marinebibel" und verordnete es allen Seekadetten zur Pflichtlektüre. Zudem monierte er seit Anfang der 1890er-Jahre gemeinsam mit Admiral von Senden, dem Chef des kaiserlichen Marinekabinetts, das Fehlen einer schlagkräftigen Flotte und forderte rasche Abhilfe, um im Konzert der Großen mitspielen zu können. Obwohl inzwischen die zweitgrößte Handelsmacht, lag das Reich mit lediglich sechs hochseetauglichen Panzerschiffen erster Klasse mit Japan gleichauf an fünfter Stelle unter den Großmächten, weit abgeschlagen hinter England, Frankreich, Italien und den USA.

Wichtig ist es deshalb zunächst einmal festzuhalten, dass Deutschland mit dem Streben nach einer Flotte keine Ausnahme darstellte. Tatsächlich hätte ein Flottenverzicht einen Sonderweg bedeutet. Das Reich lief einer längst in Gang gesetzten Entwicklung hinterher. Besonders war aber wieder einmal die eher ungünstige Ausgangslage. Nicht vorhandene Erfahrungen zur See mussten ebenso aufgeholt werden wie administrative und vor allem technische Entwicklungen. Unveränderbar waren hingegen die geostrategischen Nachteile gegenüber den anderen Seemächten, die schmalen Küstenstreifen an Ost- und Nordsee und das komplette Fehlen überseeischer Stützpunkte.

Aber ähnlich wie das Streben nach Weltgeltung konnte sich auch die neue Ideologie des **„Navalismus"**, des Drangs nach Seegeltung, schnell auf eine breite Begeisterung in allen Bevölkerungsschichten und nicht nur in den Küstenregionen stützen. Auch wenn die Flottenpolitik sicher auch eine innen-, wirtschafts- und integrationspolitische Dimension wahrnahm, so war es nicht nötig, sie als „Palliativ gegen gebildete und ungebildete Sozialdemokraten" (Tirpitz) zu legitimieren. Ihre Berechtigung gewann sie bereits ausreichend durch den allgemein verbreiteten sozialdarwinistisch-imperialistischen Zeitgeist. Seegeltung bedeutete Weltgeltung. Bestimmend waren dabei aber vor allem politische, nicht militärische Motive. Eine Erweiterung der deutschen Möglichkeiten auch zu Wasser, so die Rechnung, würde das Reich zum einen nicht länger auf seine Mittellage reduzieren, auch wenn die daraus existierenden Risiken keineswegs gelöst waren. Zum anderen würde Deutschland dank einer starken Flotte als Bündnispartner attraktiver sowohl für England als auch für dessen mögliche Gegner. Und nicht zuletzt machte sie jeden Angriff auf Deutschland gefährlicher. Die Gründe für den Übergang zum Flottenbau waren damit allesamt legitim und nachvollziehbar.

Die Hochseeflotte als Machtsignatur

Zur Verwirklichung des Flottenaufbaus wurde der neue Staatssekretär des Reichsmarineamtes, **Alfred von Tirpitz**, auserkoren.

E

Alfred von Tirpitz (1849–1930, 1900 geadelt), war Offizier der Kaiserlichen Marine und preußisch-deutscher Politiker. Tirpitz trat 1865 bei der Marine ein und wirkte in ihr als ausrichtender Faktor im Vorfeld des Ersten Weltkrieges: Er arbeitete an der Entwicklung und Einführung der deutschen Torpedowaffe, ab 1892 als Stabschef des Oberkommandos der Marine, ab 1897 dann als Staatssekretär des Reichsmarineamtes. Nach der Ernennung zum Großadmiral 1911 unterstützte er die Flottengesetzgebung für den Ausbau der Marine: Seine Vermutung, eine große deutsche Flotte werde England von einer Kriegsbeteiligung gegen Deutschland abhalten, erwies sich allerdings als falsch; im Krieg selbst drängte er auf den Einsatz der Flotte und den sogenannten „uneingeschränkten U-Boot-Krieg". Hierdurch geriet er in Konflikt mit der Reichsführung und zog sich anschließend aus der Politik weitgehend zurück. Ab 1917 wirkte er jedoch wieder im Reichstag als Abgeordneter der „Deutschnationalen Volkspartei".

Gleich nach seiner Berufung am 31. März 1897 machte sich Tirpitz an die Arbeit. Anders als der Kaiser, dem zunächst gemäß der sogenannten **Jeune École** eine Kreuzerflotte zum Kaperkrieg vorschwebte, legte Tirpitz das Schwergewicht gleich auf eine Schlachtflotte. Ihre Aufgabe sollte es sein, im Falle des Zweifrontenkrieges sowohl offensiv wie defensiv zu operieren und im Falle eines Krieges gegen England eine Nahblockade der deutschen Küste zu verhindern. Tirpitz wollte den „störenden Einfluß des Reichstages [...] bezüglich der Entwicklung der Marine beseitigen" und entwarf ein Flottengesetz, in dem ganze Geschwader statt einzelne Schiffe zur Bewilligung vorgesehen waren. Konkret hieß das, dass Schiffe nach 25-jähriger Dienstzeit automatisch ohne neues Bewilligungsverfahren ersetzt werden sollten. Der Reichstag wurde somit gezwungen, die Mittel dafür bereitzustellen. Auf diese Weise sollten ein kontinuierlicher Flottenaufbau gewährleistet und dem Reichstag Eingriffe in technologische Einzelheiten verwehrt werden. Die Reichsmarine sollte nicht länger Spielball des Parlaments und dessen wechselnden Mehrheiten sein, sondern in die Lage versetzt werden, nicht nur das „sachliche Wichtigste, sondern das, was gerade durchging", fordern zu können. Das erste Flottengesetz vom 28. März 1898 war auf sechs Jahre angelegt und sah die Verstärkung der Kriegsmarine auf 19 Linienschiffe, 8 Küstenpanzerschiffe, 12 große und 30 kleine Kreuzer vor. Das bedeutete eine Verstärkung um 7 Linienschiffe, 2 große und 7 kleine Kreuzer. Aber das war nur ein Anfang. Statt nach sechs folgte bereits zwei Jahre später ein Zweites Flottengesetz am 26. Juni 1900. Es bedeutete die Verdoppelung der Schlachtflotte auf vier Geschwader. Obwohl die Kosten auf mehr als

300 Millionen Reichsmark veranschlagt wurden, passierten die Gesetze ungehindert den Reichstag. Lediglich die Sozialdemokraten und einige wenige Liberale versagten die Zustimmung.

E

„Jeune École" und Mahans „Navalismus"
Die rasante Entwicklung neuer Antriebs- und Waffensysteme (Dampfschiffe, Panzerung, Torpedos, später Unterseeboote) führte in den Kriegsflotten des 19. Jahrhunderts zu einer allgemeinen Verunsicherung und Debatte über die neuen Schiffstypen und deren strategisch-taktische Auswirkung. Nach den Erfahrungen der Seeschlacht bei Lissa (1866) und der Entwicklung der Torpedos vertrat eine Gruppe jüngerer Offiziere der französischen Marine unter der Führung von Admiral Théophile Aube (1826–1890) die Auffassung, dass eine schwächere Seemacht eine Schlachtentscheidung mit einem überlegenen Gegner vermeiden und sich stattdessen auf den Kreuzerkrieg und die neuen Seekriegsmittel Torpedo und Mine konzentrieren müsse, um die feindliche Blockadeflotte bekämpfen zu können. Die „Jeune École" (frz.: Junge Schule) plädierte für eine Abkehr von den teuren schwer gepanzerten Schiffen hin zu günstigeren leichter gepanzerten und schnelleren Schiffen. Die Junge Schule forderte eine breite Marinerüstung und Konzentration auf Spezialschiffe. Für den Handelskrieg sollten Kreuzer eingesetzt werden, für die Küstenverteidigung Torpedo- und Kanonenboote. Die Stoßrichtung der Jungen Schule war die Vorherrschaft der Royal Navy. Auch Wilhelm II. zeigte sich anfangs von den Argumenten der Jungen Schule überzeugt. Die Lehren der Jungen Schule blieben nicht zuletzt aufgrund der verwirrenden Typenvielfalt umstritten.
Grundsätzlich andere Ansichten vertrat hingegen Alfred Thayer Mahan in seinem einflussreichen Werk vom *Einfluss der Seemacht auf die Geschichte (1890)*, welches den neuen Navalismus begründete. Seemacht definierte sich danach aus der Verbindung einer günstigen geografischen Position und zahlreichen Überseestützpunkten, einer starken Handelsflotte sowie einer maritimen Außenpolitik. Eine Seemacht müsse stets über die Fähigkeit verfügen, die Verkehrswege zu kontrollieren. Diese Fähigkeit sei nur mit einer starken Schlachtflotte möglich, weshalb er für die Beibehaltung großer Schlachtschiffe und dem Ziel von Entscheidungsschlachten plädierte. Der Erfolg seines Buches gerade bei den jüngeren Seemächten Deutschland, Japan und den USA begründete den sogenannten neuen Navalismus, der zu einem internationalen Flottenwettrüsten führte. Weltmacht und Weltgeltung waren danach untrennbar mit einer starken Seerüstung verbunden. In Deutschland entfalteten die Thesen Mahans große Wirkung, insbesondere nachdem Alfred von Tirpitz 1897 zum Staatssekretär des Reichsmarineamtes ernannt worden war.

Weitere Novellen der Flottengesetze folgten in den Jahren 1906, 1908 und 1912. Alle drei nahmen jedoch keine neuen Entwicklungen vorweg, sondern reagierten auf jenen revolutionären Rüstungsschub, den die Royal Navy mit dem Bau eines völlig neuen Schiffstyps in Gang gesetzt hatte: der Dreadnought-Klasse. Für den Beginn der deutschen Flottenrüstung sind zunächst vier Aspekte herauszustreichen:

Erstens: Die Flotte ist von Beginn an gegen England gerichtet, sowohl als militärischer, aber vor allem als politischer Drohfaktor. Tirpitz war der Auffassung, dass Deutschland im wirtschaftlichen Interessenstreit mit England im bevorstehenden Jahrhundert „auf alles gefasst" sein müsse. „Für Deutschland", das ergab sich aus seiner Denkschrift von 1897, „ist zur Zeit der gefährlichste Gegner zur See England. Es ist auch der Gegner, gegen den wir am dringendsten ein gewisses Maß an Flottenmacht als politischer Machtfaktor haben müssen [...] die militärische Situation gegen England erfordert Linienschiffe in so hoher Zahl wie möglich."

Zweitens: Deutschland sollte nach der Realisierung seines Programmes eine Flotte besitzen, bei der sich „England wohl hüten" werde, sie als „quantité négligeable" zu betrachten. Das war der sogenannte Risiko-Gedanke. Großbritannien sollte wenigstens abgeschreckt oder möglichst zu einem Bündnis bewegt werden. Dazu sollte die für einen Kriegsfall erwartete enge Blockade der Briten durchbrochen und die Royal Navy zu einer Entscheidungsschlacht gezwungen werden, bei der sich der Verteidiger gegenüber dem Angreifer im Vorteil befunden hätte. Die zeitgenössische Lehre besagte, dass bei einem Verhältnis von 2:3 der Schlachtenausgang offen gestaltet werden könne.

Drittens: Bis die Kriegsmarine aber ein solches Kräfteverhältnis erreichen würde, musste eine „Gefahrenzone" überwunden werden. „Mund halten und Schiffe bauen" hieß Tirpitz' Motto. Großbritannien sollte kein Anlass zu einem Präventivschlag geboten werden – also kein sogenanntes Copenhagen, bei dem die Royal Navy 1807 die dänisch-norwegische Flotte in einem Handstreich konfisziert und teilweise zerstört hatte, um diese nicht in Napoleons Hände fallen zu lassen.

Viertens: Die Flottenrüstung wurde von Anfang an von einer geschickten Propaganda begleitet, die den Aufbau einer eigenen Schlachtflotte als „großes nationales Werk" stilisierte. Zur Verankerung des Flottengedankens in der Bevölkerung wurde ein Flottenverein gegründet, der bereits in kurzer Zeit weit über 100000 Mitglieder zählte (1898: ca. 78000, 1900 schon 500000 und 1908 über 1 Million). Auf dem Papier zwar unabhängig, kamen die Mitglieder aus allen Teilen der Bevölkerung. Zentrales Steuerungsorgan der Propaganda war das Nachrichtenbüro des Reichsmarineamtes, welches den Flottenverein auch mit Informationsmaterialien versorgte.

Irrtümer der Flottenpolitik

Ungeachtet der langfristigen Planung und durchaus legitimen Motive sowie einer modern wirkenden Öffentlichkeitsarbeit, unterlag die deutsche Flottenpolitik von Beginn an fundamentalen Irrtümern, von denen ebenfalls vier herausragen:

Erstens: Der Gedanke, mit einer gegen England gerichteten Flotte das Land zu einem Bündnis zu bewegen, erwies sich schon bald als Fehlschlag. Dabei war die Grundidee per se gar nicht falsch, schließlich erörterte nicht zuletzt die englische Seite wiederholt die Frage einer deutschen Unterstützung zu Wasser. Zudem hatte Berlin beobachtet, dass sich Großbritannien durchaus von der Stärke der russisch-französischen Allianz beeindrucken ließ. Tatsächlich aber war der Rüstungsrückstand zu groß, als dass er sich schon in den Jahren der britischen Isolation positiv auf die Beziehungen hätte auswirken können. So nahm die Royal Navy die deutsche Kriegsmarine bis 1902 vergleichsweise wenig zur Kenntnis. Selbst in der noch zu behandelnden Venezuelakrise von 1902/3 zeigte sich, dass die deutsche Marine nur im Schlepptau der Royal Navy handlungsfähig war. Nachdem England aus seiner Isolation herausgetreten war, blieb nur noch das Abschreckungsargument, welches nicht dazu diente, die Beziehungen zu verbessern.

Zweitens: Ebenso wie das frühzeitig gescheiterte außenpolitische Konzept der „freien Hand" gründete auch die Flottenpolitik auf der irrigen Annahme, dass die weltweiten Gegensätze zwischen England auf der einen und Frankreich und Russland auf der anderen Seite unüberbrückbar seien. Im Schatten dieser Rivalität eine Flotte aufzubauen, die „Gefahrenzone" zu durchmessen und parallel dazu auch noch weltpolitische Geländegewinne zu feiern, erwies sich als unrealistisch. Zum Verhängnis wurde diesbezüglich vor allem die massive Propaganda auf der einen Seite und die dadurch gespeiste hohe öffentliche Erwartungshaltung, die zunehmend offensive Erfolge für ihr Geld forderte auf der anderen Seite.

Drittens: Als falsch erwies sich auch die Prämisse vom militärischen Nutzen. In diesem Zusammenhang ist darauf hinzuweisen, dass historische Betrachtungen bis heute Absichten und Programme mit tatsächlichen Bauten und Fähigkeiten verwechseln. Tatsächlich gelang es nie, die avisierte Anzahl von Einheiten in den vorgegebenen Zeitfenstern zu bauen, geschweige denn die Qualitäten der englischen Schiffe und Mannschaften zu erreichen. Damit war der Risikogedanke von vornherein fehlgeschlagen. Statt der deutschen war es vor allem die lange technisch führende französische Flotte, die der Royal Navy, allen voran ihrem Ersten Seelord, John Fisher, Kopfzerbrechen bereitete. Zudem sollte die Royal Navy ab 1912 einer fernen Blockade den Vorzug geben, womit sich auch das Konzept der Schlachtflotte mit dem Ziel einer Entscheidungsschlacht erübrigte.

Viertens: Auch die deutsche Flottenpropaganda ist insgesamt gescheitert. Hauptgrund dafür waren die transnationalen Verflechtungen der Öffentlichkeiten. So war es schlichtweg nicht mehr möglich, die englische und deutsche Öffentlichkeit voneinander abzuschirmen. Während einerseits versucht wurde, Zustimmung mithilfe einer gegen England gerichteten Propaganda zu erzielen, schlugen andererseits die Versuche fehl, die englische Öffentlichkeit und die englische Politik in Sicherheit zu wiegen. Ganz im Gegenteil reagierte auch jenseits des Kanals die Öffentlichkeit immer alarmierter und hysterischer auf die sogenannte „deutsche Gefahr", was wiederum englische Propagandisten zu nutzen wussten.

Zunächst reagierte Großbritannien aber äußerst gelassen, wenn nicht gar wohlwollend auf die Nachricht vom zukünftigen Bau einer deutschen Flotte. Ein Beleg dafür sind die wiederholten Sondierungen zwischen beiden Regierungen zu Beginn des neuen Jahrhunderts.

4. Die deutsch-englischen Sondierungen (1898/1901)

Deutsch-englische Annäherung und Bündnisproblem

Ungeachtet der diplomatischen Spannungen in Afrika, dem Nahen oder Fernen Osten oder dem Beschluss zum Flottenbau ergab sich zur Jahrhundertwende die Chance einer vertieften deutsch-englischen Kooperation. Vielleicht hatten sich die Berliner Diplomaten ja doch nicht geirrt und England würde nun tatsächlich auf Deutschland zukommen. Fest steht, dass der Flottenbau hier noch kein Hindernis darstellte. Im Gegenteil, nicht wenige Briten hofften sogar, dass die neue deutsche Marine zukünftig in der Lage sei, die Royal Navy gegen Frankreich und Russland zu unterstützen. Aber worum ging es bei den Sondierungen, deren Anstoß von der Themse kam? Im Frühjahr 1898 trat der englische Kolonialminister Joseph Chamberlain, unterstützt von Schatzkanzler Arthur J. Balfour (1848–1930) und dem neuen Botschafter in Berlin, Frank Lascelles, an den deutschen Botschafter Hatzfeldt heran und verkündete bedeutungsschwer, dass sich Großbritannien über kurz oder lang von seiner *splendid isolation* verabschieden und sich einen Partner suchen werde. Das Kaiserreich halte er für den natürlichsten Kandidaten, da es zwar kleinere Reibereien zwischen Berlin und London gebe, aber eben keine fundamentalen Interessengegensätze.

Q

Englisches Bündnisangebot an Deutschland

Der Botschafter in London Graf von Hatzfeldt an das Auswärtige Amt, Telegramm. Entzifferung

Nach: Die Große Politik der Europäischen Kabinette 1871–1914. Sammlung der diplomatischen Akten des Auswärtigen Amtes, im Auftrag des Auswärtigen Amtes hrsg. v. J. Lepsius, A. Mendelssohn-Bartholdy, Fr. Timme, Bd. 14/1, Berlin 1924, S. 196ff.

Ganz geheim London, den 29. März 1898

Privat für den Herrn Staatssekretär

Herr Chamberlain, mit welchem ich heute zusammentraf, setzte mir in ausführlicher *ganz vertraulicher* Unterhaltung auseinander, daß die politische Situation jetzt eine Wendung genommen habe, welche England nicht länger gestatte, die bisherige traditionelle Politik der Isolierung aufrechtzuerhalten. Die englische Regierung stehe vor der Notwendigkeit, demnächst weittragende Entschlüsse zu fassen, und würde jetzt auf die Zustimmung der öffentlichen Meinung rechnen können, wenn sie die Isolierungspolitik aufgebe und sich nach Allianzen umsehe, die ihr die auch von ihr gewünschte Aufrechterhaltung des Friedens erleichtern würden. […].

Der Minister kam dann auf die Beziehungen zwischen England und Deutschland, rekapitulierte kurz die Gründe, welche zu der bisherigen Entfremdung geführt haben, und bemerkte schließlich, daß beide Länder nach seiner Meinung dieselben politischen Interessen hätten, und daß etwa vorhandene kleine koloniale Differenzen sich ausgleichen ließen, wenn man *gleichzeitig* zu einer Verständigung über die großen politischen Interessen gelangen könnte. Er fügte hinzu, daß man hier die Besetzung von Kiautschou nur deshalb ungern gesehen habe, weil sich voraussehen ließ, daß Russland und Frankreich in größerem Maßstabe folgen, und daß dadurch ernste Schwierigkeiten entstehen würden. Im übrigen erkenne er vollständig an, daß unser Vorgehen dort keine englischen Interessen bedrohe. Wenn die freundschaftlichen Beziehungen zwischen England und Deutschland hergestellt würden und sich daran eine politische Verständigung knüpfe, wie er sie im Auge habe, würde England uns in China nicht nur keine Opposition machen, sondern uns dort mit seiner ganzen Macht unterstützen.

[…] In dieser ganzen Unterhaltung äußerte sich Chamberlain ruhig und bestimmt und legte mit großer Offenheit den Wunsch nach einer bindenden Abmachung zwischen England und dem Dreibund an den Tag. Er wiederholte dabei mehrmals, daß in der Sache keine Zeit zu verlieren sei, da man sich hier in den nächsten Tagen entscheiden müsse.

Dass es zumindest Chamberlain mit dem Angebot ernst meinte, wird dadurch deutlich, dass er im politischen Raum Londons alle Hebel in Bewegung setzte und eine Pressekampagne in der *Morning Post* in die Wege leitete, um die Öffentlichkeit auf eine deutsch-englische Allianz vorzubereiten. Aus den Artikeln ging hervor, dass die zuletzt aufkommende deutsch-englische Rivalität auf die Ähnlichkeit beider Nationen zurückzuführen sei. Chamberlain plädierte bei einer Rede in Birmingham im Mai 1898 für eine Allianz der teutonischen Rassen (Deutsche, Engländer und Amerikaner) gegen das slawische Barbarentum. Da die Resonanz darauf, gerade bei Journalisten und in Politikerkreisen, äußerst verhalten ausfiel, präsentierte er seine Idee dem skeptischen Kabinett als deutsche Initiative. Sowohl Bülow als auch Salisbury reagierten reserviert und wollten zunächst überhaupt nur ausloten, ob sich die wirtschaftliche und politische Entfremdung der letzten Jahre umkehren ließ. Der englischen Seite ging es darum zu erfahren, inwieweit das Kaiserreich zu begrenzten Teilabsprachen bereit sei. Von einer Allianz, die der englische Kolonialminister Joseph Chamberlain ins Auge gefasst hatte, war deshalb von offizieller Seite gar keine Rede.

Hintergrund für Chamberlains Umdenken war der zunehmende überseeische Konkurrenzkampf und die daraus entstehenden Kosten. Das Empire begann seine Überdehnung zu spüren. Anders als der selbstbewusste Robert Salisbury fragten sich deshalb vor allem jüngere Entscheidungsträger wie Chamberlain oder Salisburys Neffe, Arthur J. Balfour, bei den Konservativen oder Archibald Rosebery (1847–1929), Richard Haldane (1856–1928) und Edward Grey (1862–1933) aufseiten der Liberalen Imperialisten, ob man auf sich allein gestellt noch die Herausforderungen der Zukunft werde meistern können. Während die Liberalen Imperialisten eine Annäherung an die ärgsten Rivalen Frankreich und Russland favorisierten und sich davon nicht nur eine Gesamtkontrolle der internationalen Beziehungen versprachen, sondern auch große finanzielle Entlastungen zugunsten überfälliger Sozialreformen, plädierten Chamberlain und Balfour für Deutschland.

Jetzt zeigte sich erstmals das geopolitische wie konzeptionelle Handicap hinter der deutschen Weltpolitik. Um diese überhaupt betreiben zu können, war Deutschland einerseits auf Spannungen der Weltmächte angewiesen und durfte mit Rücksicht auf seine Mittelage selbst nicht in diese Spannungen verwickelt werden. Die einzige Ausnahme wäre, wenn Berlin im Gegenzug eine feste Allianzzusage Großbritanniens erhalten würde.

Q

Ablehnung des englischen Bündnisangebots

Der Staatssekretär des Auswärtigen Amtes Bernhard von Bülow an den Botschafter in London Graf von Hatzfeldt, Telegramm. Konzept

Nach: Die Große Politik der Europäischen Kabinette 1871–1914. Sammlung der diplomatischen Akten des Auswärtigen Amtes, im Auftrag des Auswärtigen Amtes hrsg. v. J. Lepsius, A. Mendelssohn-Bartholdy, Fr. Timme, Bd. 14/1, Berlin 1924, S. 199.

Nr. 89 Berlin, den 30. März 1898

Ganz geheim. Privat

Herr Chamberlain wünscht den bedrohten englischen Frieden dadurch zu erhalten, daß England im Bunde mit Deutschland stärker wird als Englands Gegner und letztere zwingt, ihre gegen England gerichteten feindlichen Absichten aufzugeben. Der schwache Punkt eines solchen englisch-deutschen Vertrages würde aber der sein, daß jede solche Abmachung nur die jeweilige englische Regierung binden würde. Wenn also die Feinde der deutsch-englischen Gruppe nach dem uralten Grundsatz der Horatier ihre Gegner einzeln bekämpfen wollten und zunächst über Deutschland herfielen, so muß ich allerdings sagen, daß mir vorläufig der Glaube fehlt, als würde der englische Verbündete in diesem Falle uns tatkräftig beispringen. Dem bisherigen Geiste der englischen Politik würde es vielmehr entsprechen, die Regierung, welche sich uns gegenüber durch einen Bündnisvertrag verpflichtet hat, einfach niederzustimmen und ihr eine Nachfolgerin zu geben, welche, der eben erteilten Warnung eingedenk, sich im Einklang mit der öffentlichen Meinung auf die altgewohnte Zuschauerrolle beschränken würde. Durch dieses Prozedere einer parlamentarischen Abstimmung ist England in der Lage, jeden unbequemen auswärtigen Vertrag im psychologischen Augenblick zu desavouieren, und im Hinblick auf diese stets offene Hintertür wird schwerlich ein deutscher Staatsmann, wie groß auch seine Sympathien für England sein mögen, und wie sehr er überzeugt sein mag, daß der Fortbestand von Englands Macht für die Erhaltung des Gleichgewichts auf dem Erdball notwendig ist, die Verantwortung für die Folgen auf sich nehmen wollen, welche ein im Hinblick auf zukünftige Ereignisse abgeschlossener deutsch-englischer Vertrag für Deutschland in Aussicht stellt.

Ohne eine feste Bündniszusage fürchtete die Wilhelmstraße, bloß gegen Russland vorgeschoben und mit den möglichen Konsequenzen in Europa alleingelassen zu werden. Außerdem, so gab man sich nach Chamberlains Initiative sicher, arbeite die Zeit für Deutschland. Obwohl der erste Anlauf der deutsch-englischen Sondierungen zu keiner gegenseitigen Bindung führte, gelang es zumindest, ein kolonialpolitisches Arrangement zu erzielen. Ende August 1898 schlossen Berlin und London einen Vertrag für den Fall, dass Portugal seine afrikanischen Besitzungen aufgrund seiner finanziellen Schwierigkeiten verpfänden müsse. Deutschland sicherte sich damit ein Vorkaufsrecht für Süd-Angola und Nord-Mozambique. Nur einen Monat später, als England und Frankreich in der **Faschoda-Krise** an den Rand eines Krieges gerieten, sahen sich die Diplomaten der Wilhelmstraße in ihrer Auffassung bestärkt: Früher oder später würde sich England infolge seiner weltpolitischen Gegensätze zu Frankreich und Russland Deutschland zuwenden. Je mehr England in der Welt unter Druck gerate und je schlagkräftiger die deutsche Flotte werde, desto attraktiver werde das Reich.

E

Faschoda-Krise (9. September–11. November 1898)
Nach der Eroberung des Sudans durch anglo-ägyptische Truppen 1898 trafen bei Faschoda am oberen Nil die französische und englische Sudan-Expedition aufeinander. Das französische Expeditionskorps unter General Jean-Baptiste Marchand (1863–1934) hatte bereits die Trikolore als Zeichen der Inbesitznahme gehisst, als ein zahlenmäßig überlegenes englischen Korps unter General Herbert Kitchener (1850–1916) Faschoda erreichte und den Rückzug der Franzosen forderte. Ein Krieg schien denkbar und angesichts der aufgeregten Öffentlichkeiten in beiden Ländern kaum noch zu vermeiden. Frankreich, dessen Streitkräfte in der gesamten Region ohnehin hoffnungslos unterlegen waren, lenkte schließlich ein und wurde mit Zugeständnissen am Tschadsee kompensiert. Vor allem der französische Außenminister strebte von nun an die Verständigung mit England gegen Deutschland an und bahnte mit seinem Nachgeben der späteren Entente cordiale den Weg.

Trotz vereinzelter deutsch-englischer Kooperationen und erhöhtem Druck auf das Empire gelang es insgesamt nicht, das gegenseitige Misstrauen zu beseitigen. Die Gründe dafür sind auf beiden Seiten des Ärmelkanals zu suchen. Im glücklichen Ausgang der Faschoda-Krise sah sich Salisbury bestätigt, dass England keinen dauerhaften Partner nötig habe. Schon ein Jahr später dachte London nicht mehr daran, sich an die Vereinbarungen über die portugiesischen Kolonien zu halten und unterlief diese mit dem Windsor-Vertrag. Darin versprach es Lissabon, die Integrität des portugiesischen Überseegebietes zu verteidigen und untergrub so die kolonialen Erbabsichten des Kaiserreiches. Im Falle Samoas, bei dem sich Berlin unter äußerstem diplomatischem Druck durchgesetzt hatte, fühlte sich London aufgrund des Burenkrieges von Deutschland erpresst. Und im Jangtsetal ließen die englischen Kräfte vor Ort keinen Zweifel zu, dass es darum ging, Deutschland gegen Russland in Stellung zu bringen.

Dennoch gab das Jangtse-Abkommen Anlass, die auf Eis gelegten deutsch-englischen Bündnisgespräche wieder in Gang zu setzen. Im Schatten des Burenkrieges, bei dem sich Deutschland anders als beim „Jameson-Raid" strikt neutral verhielt und sogar eine Blockbildung mit Russland und Frankreich zulasten Englands ablehnte, wurden Mitte Januar 1901 die Gespräche wieder aufgenommen. Chamberlain betonte überdeutlich, dass es die letzte Chance sei, bevor sich England alternativen Partnern zuwenden werde. Tatsächlich wusste der deutsche Vertreter in Teheran, Richard von Kühlmann (1873–1948), bereits von einer jüngeren Gruppe englischer Diplomaten zu berichten, die ebenso wie einige liberal-imperialistische Politiker und Publizisten in London zunehmend einer Annäherung an Russland und Frankreich das Wort redeten. Auf Deutschland, so deren Argumentation, sei letztlich kein Verlass. Es sei schlichtweg zu schwach in der Welt und aufgrund seiner Mittelage zu abhängig von Russland. Die Wilhelmstraße, in der sich die Freihandpolitik wie auch die Ansicht, Zeit zu haben, bereits zu einer fixen Idee entwickelt hatte, ignorierte jedoch die Warnung. Auch Bülow, der inzwischen zum Reichskanzler aufgestiegen war, wähnte sich in der Position des lachenden Dritten. Selbst als der neue englische Außenminister, Lord Lansdowne (1845–1927), anfragte, ob Berlin bereit sei, gemeinsam mit England im Falle eines russisch-japanischen Krieges Frankreich neutral zu halten, erteilte er ihm eine deutliche Absage. Vor dem Hintergrund gemachter Erfahrungen mit Großbritannien, welches in der Regel versuchte, kontinentale Spannung für sich auszunutzen und andere Mächte für seine Zwecke vorzuschieben, sowie eigenen Stärkeempfindens, forderte Berlin „Alles oder Nichts": England solle dem Dreibund beitreten. Berlin glaubte, warten zu können. Damit hatte sich die Sache für London erledigt. Die Isolation, so erläuterte Salisbury seiner Königin, sei ungefährlicher als Verwicklungen, die England nichts angingen.

Burenkrieg

Im besonderen Maße negativ auf die deutsch-englischen Beziehungen wirkte sich zudem das per se korrekte Verhalten Berlins zur Zeit des **Burenkrieges** aus.

E

Der Burenkrieg (Oktober 1899–Mai 1902)
Nachdem der Jameson Raid 1895/96 kläglich gescheitert war, blieb die Lage zwischen Großbritannien und den Burenrepubliken angespannt. Die Republiken verweigerten weiterhin den zahlreichen Immigranten die politische Mitbestimmung und nutzten ihre Goldfunde, sich umfassend neu zu bewaffnen. Über Monate hinweg suchten Kolonialminister Joseph Chamberlain und der Hochkommissar für Südafrika Alfred Milner (1854–1925), einen Vorwand, um militärisch gegen die widerspenstigen Buren vorzugehen. Nachdem im Juni 1899 die Konferenz von Bloemfontein trotz zahlreicher Zugeständnisse der Buren gescheitert war, verlegte London seine Truppen in die Grenzregion zwischen Natal und dem Transvaal. Die englischen Gazetten schwadronierten bereits von einer Rache für die erste englische Niederlage von 1881 und dem „Jameson-Raid". Als der Präsident des Transvaal, Ohm Krüger, England ultimativ aufforderte, seine Truppen zurückzuziehen, lieferte er Chamberlain den geeigneten Vorwand zum Krieg. Der nun beginnende Konflikt wurde mit über 900 Millionen Pfund Sterling zum kostspieligsten Kolonialkrieg in der britischen Geschichte. Vor allem in der ersten Phase des Krieges brachten die Buren den englischen Truppen empfindliche Niederlagen bei. Allein in der „schwarzen Woche" des britischen Heeres, zwischen dem 10.

und 15. Dezember 1899 verloren sie über 3000 Mann – mehr als in allen englischen Kolonialkriegen des 19. Jahrhunderts zusammengenommen. Bald schon gingen die Buren zu einer ausgedehnten Guerillataktik über, hofften aber vergeblich auf deutsche Waffenhilfe. Die deutsche Regierung verhielt sich über die gesamte Dauer der Kampfhandlungen strikt neutral. London benötigte letztlich insgesamt über 450000 Soldaten aus dem gesamten Empire um 30000 Buren niederzuringen. Erst im Mai 1902, nachdem die englischen Truppen mit harten Repressalien gegen die Zivilbevölkerung wie der Internierung von Frauen und Kindern in Konzentrationslagern vorgegangen waren, wurde in Vereeniging ein Friedensvertrag unterzeichnet.

Während sich mit Ausnahme Österreich-Ungarns die gesamte öffentliche Meinung in Europa gegen England und auf die Seite der beiden Burenrepubliken Transvaal und Oranje Freistaat stellte, hatte die deutsche Regierung ihre Lehre aus dem Krüger-Telegramm gezogen und sich für strikt neutral erklärt. Selbst als im März 1900 Russland und Frankreich eine gemeinsame Vermittlungsaktion zum Nachteil Londons ins Spiel brachten, verlangte Berlin mit der Garantie Elsass-Lothringens bewusst einen derart hohen Preis, dass Paris nur noch ablehnen konnte. Zu schaffen machte der Wilhelmstraße allerdings die deutlich antibritische und proburische eigene Presselandschaft sowie die gegen England hetzende Agitation des Alldeutschen Verbandes. Es kam zu einem regelrechten Pressekrieg, bei dem es immer wieder zu Verhöhnungen der Queen, der britischen Armee und englischer Politiker kam. Die Reichsregierung machte sich das Leben durch ihren beinahe schizophren zu nennenden Umgang mit der eigenen Presse selbst besonders schwer. So versuchte sie einerseits, aus dem öffentlichen Englandhass innen- und außenpolitisches Kapital zu schlagen. Andererseits war sie wiederum immer öfter – aber auch immer erfolgloser – darum bemüht, über eine bürokratische Presselenkung mäßigend auf die antienglischen Stimmen einzuwirken. In England, wo man nicht zu Unrecht von einer gelenkten deutschen Presse ausging, verfestigte sich dagegen der Eindruck, dass der antienglische Hass vor allem auf das Konto der Reichsregierung ging. In jedem Fall verdeutlichte sich um die Jahrhundertwende das spezifisch deutsche Dilemma, trotz eines Pressebüros im Auswärtigen Amt die eigene Journaille kaum in den Griff zu bekommen und das Aufkommen der Öffentlichkeit als einem immer eigenständigeren politischen Akteur.

Die Asymmetrie deutsch-englischer Beziehungen

Hauptursache für das Scheitern der deutsch-englischen Sondierungen war aber etwas anderes: die politisch-militärische und geopolitische Asymmetrie beider Staaten. Wie sollte die Royal Navy, so hatte es der englische Botschafter, Frank Lascelles, auf den Punkt gebracht, Deutschland gegen den Einfall der Kosacken beistehen? Umgekehrt galt das Gleiche: Wie sollte das deutsche Heer Großbritannien an der Nordwestgrenze Indiens unterstützen? Beides war nur möglich unter Inkaufnahme eines Weltkrieges. Dazu waren beide nicht bereit. Zudem wünschten beide Parteien um die Jahrhundertwende noch gar keinen festen Partner und waren lediglich an punktuellen Kooperationen interessiert. Beide waren überzeugt, dass die Zeit für sie arbeite und sie noch freie Hand hätten. Auf England traf das zu. Auf Deutschland nicht. England konnte es aufgrund seines Inselstatus und seiner strategischen Besitzungen in der Welt noch leicht aushalten, eine Zeit lang ohne Partner zu stehen. Umso mehr, da sich die Mächte nicht einmal während des Burenkrieges gegen das Vereinigte Königreich hatten einigen können.

IV. Die Illusion der „freien Hand“ (1902–1909) – die „Auskreisung“ als „Einkreisung“

28.6.1902	Erneuerung des Dreibundes
31.1.1902	Englisch-japanisches Bündnis
1.11.1902	Neutralitätsabkommen zwischen Frankreich und Italien
1904/1905	Russisch-japanischer Krieg
31.3.1904	Demonstrativer Besuch Wilhelms II. in Tanger
8.4.1904	Entente cordiale zwischen England und Frankreich
27.5.1905	Seeschlacht bei Tsushima
24.7.1905	Deutsch-russischer Defensivvertrag von Björkö scheitert
5.9.1905	Friede von Portsmouth
Dezember 1905	Londoner Regierungswechsel (Anfang 1906 werden die Liberalen unter Henry Campbell-Bannerman durch Wahlen bestätigt)
1905/1906	Erste Marokkokrise
1905–1907	Russische Revolution
16.1.–7.4.1906	Konferenz von Algeciras
15.6.–18.10.1907	Zweite Haager Friedenskonferenz mit Vertretern von 44 Staaten. (Gründung des Haager Schiedsgerichtshofes)
31.8.1907	Anglo-russische Konvention über Zentralasien. Erweiterung der Entente cordiale zur „Triple Entente“
9.6.1908	Zusammenkunft von Reval zwischen Nikolaus II. und Edward VII.
Juli 1908	Jungtürkische Revolution
5.10.1908	Österreich-ungarische Annexion Bosniens und der Herzegowina
31.3.1909	Deutsches „Ultimatum“ an Russland und Ende der Annexionskrise
16.7.1909	Rücktritt Bernhard von Bülows

Das Aufbrechen der internationalen Konstellationen

Ende des 19. Jahrhunderts gerieten die internationalen Mächtekonstellationen in Bewegung. Sichtbarster Ausdruck des Wandlungsprozesses war der englische Bündnisvertrag mit Japan vom 31. Januar 1902. Dieser markierte das Ende der sogenannten splendid isolation und den Aufbruch in die ab 1904 folgende Ententepolitik. Stützte sich diese zunächst auf die Entente cordiale mit Frankreich, so wurde sie 1907 um die Konvention mit Russland zur sogenannten Triple Entente erweitert. Mit der Folge, dass die an die europäische und koloniale Peripherie verlagerten Spannungen des Großmächtesystems wieder auf den Kontinent zurückwirkten.

Lange ist die Aufgabe der traditionellen britischen Isolation, „wenn auch nicht ausschließlich“, so doch vor allem „als eine Folge der deutschen Politik, insbesondere nach 1890“ (A. Rose/D. Geppert) bewertet worden. Neuere Forschungen haben hier insgesamt zu einer deutlichen Differenzierung der Ursachen- und Motivbündel für die „Revolution der Staatenwelt“ (V. Berghahn, K. Hildebrand) geführt.

Während der britische Richtungswechsel weniger, als bisher gedacht, mit dem Berliner Kurs als mit eigenen imperialen wie innenpolitischen Beweggründen nach dem Burenkrieg zu tun hatte, so wurde auch die lange vorherrschende Sichtweise eines permanenten Versagens deutscher Außenpolitik zuletzt wiederholt infrage gestellt, differenziert und nicht selten relativiert. Die Kette außenpolitischer Wegmarken, wie sie im Folgenden skizziert wird, erscheint daher inzwischen in einem anderen Licht. Die Frage nach dem Verhältnis zwischen dem Eindruck der „Einkreisung" und der historischen Deutung der „selbstverschuldeten Auskreisung" des Reiches stellt sich daher heute erneut. Für eine nähere Erklärung des „großen weltpolitischen Umbruchs" [Maurice Paléologue (1859–1944)] gilt es heute zudem, die deutsche Außenpolitik im besonderen Maße in den Gesamtkontext internationaler, ja weltpolitischer Entwicklungen zu stellen. Neben einer Bewertung der neuen Konstellationen wie der englisch-japanischen Allianz, des englisch-französischen und englisch-russischen Rapprochements wird überdies ein Blick auf die veröffentlichte Meinung als einen zunehmend eigenständigen politischen Mitspieler zu werfen sein.

1. Weltpolitische Neuorientierung

Das Kaiserreich hatte seine Position und seine Handlungsfreiheit zwischen den Flügelmächten überschätzt. Eine Juniorpartnerschaft kam jedoch schlichtweg nicht infrage, weder in die eine noch in die andere Richtung. Zu offensichtlich hatten Russland und England versucht, Berlin gegen den jeweils anderen im Fernen Osten in Stellung zu bringen. Allzu selbstbewusst hatte sich aber auch das wirtschaftlich prosperierende Reich seit seiner Gründung geriert, sodass eine Sekundantenrolle weder auf der Entscheidungsebene noch in der Bevölkerung überhaupt in Erwägung gezogen wurde. Die zweifellos vorhandene wirtschaftliche und militärische Stärke vermochte jedoch nicht die grundsätzlichen geopolitischen Nachteile auszugleichen. Das Dilemma der halbhegemonialen Stellung hatte sich durch die Stärke des Reiches seit dessen Gründung sogar noch verstärkt. So sehr es die Mitte des Kontinents prägte, so sehr schien es zum Zuschauen in weltpolitischen Fragen verdammt.

Erschwerend kam hinzu, dass Großbritannien begann, die internationalen Konstellationen aufzubrechen und grundlegend neu zu ordnen. In der britischen Weltreichslehre ging es nach den niederschmetternden Eindrücken des überaus kostspieligen Burenkrieges um die zukünftige Selbstbehauptung als Weltmacht im 20. Jahrhundert. Großbritannien schien überdehnt. Diplomatische und militärische Verwicklungen mussten vermieden, Kosten mussten heruntergefahren werden, nicht zuletzt auch, um längst überfällige soziale Reformen in Gang setzen zu können. Außenpolitisch wurden vor allem die USA und Russland als langfristige Hauptrivalen angesehen. Das Kaiserreich spielte aus der um die Jahrhundertwende maßgeblichen Empire-Perspektive lediglich eine mittelbare Rolle. Deutschland, so die allgemeine Einschätzung, könne und werde aus Sorge vor dem übermächtigen Zarenreich Großbritannien nicht gegen Russland beistehen und im Zweifel an der Seite St. Petersburgs zu finden sein. Die fehlgeschlagenen Sondierungen bestätigten der englischen Führung, dass Berlin unberechenbar bleibe und für eine

Juniorpartnerschaft wahrscheinlich nicht zu gewinnen sein werde. Gleichzeitig übernahm das Kaiserreich aber eine Vorbildfunktion in der innerbritischen Effizienzdebatte. In den Diskussionen um eigene sozialpolitische Reformen und eine außenpolitische Neuorientierung geriet das Kaiserreich vor allem durch seinen rasanten Aufstieg, die verwandtschaftliche Nähe, viele transnationale Verbindungen und seine mediale Präsenz in der englischen Publizistik ins Zentrum der Betrachtungen. Es wurde auf diese Weise gleichermaßen als neuer Rivale und richtungweisendes Vorbild wahrgenommen.

Englische Neuorientierung

Um das Empire sicherheitspolitisch zu entlasten und das Zarenreich in Ostasien einzudämmen, wandte sich England zunächst Tokio zu und schloss am 31. Januar 1902 eine Allianz. Japan trat damit an die Stelle, die Joseph Chamberlain ursprünglich Deutschland zugedacht hatte. Beide Partner sicherten sich Neutralität für den Fall zu, dass einer von beiden in einen Krieg mit einer dritten Macht verwickelt werde. Sollte man sogar zwei oder mehr Mächten, also etwa Frankreich und Russland, gegenüberstehen, wurde eine konkrete Bündnishilfe vereinbart. Aus deutscher Sicht verschärfte das Abkommen auf den ersten Blick den anglo-russischen Gegensatz. Gleichzeitig nahm aber die Relevanz und Attraktivität Berlins für London ab. In der Wilhelmstraße wurde diese Konsequenz zunächst verdrängt. Nach wie vor klammerte sich das diplomatisch-politische Establishment an den Glauben, dass eine Annäherung der Flügelmächte ausgeschlossen sei. Das Angebot des russischen Außenministers Wladimir Nikolajewitsch Lamsdorff (1844–1907), sich über Ostasien wieder einander anzunähern und ein deutsch-russisches Abkommen zu schließen, lehnte Reichskanzler Bülow deshalb selbstbewusst ab. Statt die Chance eines Kurswechsels zu vollziehen, nachdem die deutsch-englischen Sondierungen im Sande verlaufen waren, ja womöglich sogar die französisch-russische Allianz über eine Annäherung an das Zarenreich zu schwächen, befürchteten Holstein und Bülow, dass man Russland durch ein Abkommen nur zu weiteren Expansionen in Korea und der Mandschurei ermutige. Sosehr man auf Spannungen zwischen England und Russland setzte, sosehr sollte ein Krieg zwischen beiden vermieden werden. Allzu leichtsinnig, so scheint es, wurde damit aber möglicherweise auch eine größere Chance verspielt, als bei den bis heute überbewertet erscheinenden deutsch-englischen Sondierungen.

Schon bald sollte sich zeigen, dass sich die deutsche Position auch in der Mitte des Kontinents zunehmend verschlechterte. In dem Maße, in dem sich das deutsch-britische Verhältnis abkühlte, verlor auch der Dreibund mit Italien an Bedeutung. Zwar gelang es am 28. Juni 1902 noch einmal diesen zu verlängern. Aber die Verhandlungen konnten nicht über die wachsenden Interessengegensätze zwischen Italien auf der einen und Österreich-Ungarn und Deutschland auf der anderen Seite hinwegtäuschen. Hintergrund waren vor allem die italienischen Ambitionen in Nordafrika. Nachdem die Eroberung Abessiniens wenige Jahre zuvor kläglich gescheitert und Italien zum Gespött ganz Europas geworden war, hatte es sich in der Folge erst Recht in den Kopf gesetzt, Teile Nordafrikas für sich zu reklamieren. Rom suchte einen Ausgleich mit dem ebenfalls in Nordafrika engagierten Paris. Bereits Ende 1900 hatte es – erfolgreicher übrigens als Deutschland – die französische Marokkopolitik genutzt, das türkische Tripolis für sich als Kompensation herauszuschlagen, sollte Frankreich den Status quo Marokkos ändern wollen. Allein dieser Annäherungskurs passte nicht zur ausdrücklichen Spitze gegen Frankreich, wie sie im Dreibund vereinbart worden war. Darüber hinaus widersprach die römische Politik dem deutsch-österreichischen Interesse, das Osmanische Reich zu konsolidieren. Die zähen Verhandlungen zur abermaligen Dreibundverlängerung waren für Berlin und Wien nur um den Preis einer Zustimmung zur italienischen Tripolispolitik sowie einer mündlichen Zusicherung zum Status quo auf dem Balkan zu erreichen. Die Gewichtungen innerhalb des Bündnisses hatten sich verkehrt. Die geringe Bedeutung, die das selbstbewusste Italien der Verbindung noch beimaß, zeigte sich wenig später, als Rom am 1. November 1902 ein zusätzliches Geheimabkommen mit Frankreich schloss. Beide Mächte sicherten sich ihre gegenseitigen Interessenzonen in Nordafrika zu und versprachen sich überdies Neutralität für den Fall eines Angriffs einer dritten Macht. Letzteres war eindeutig gegen Österreich-Ungarn und gegen Deutschland gemünzt. Das französisch-italienische Bündnis widersprach damit diametral dem Dreibund und ging sogar so weit, dass es auch einen Offensivkrieg deckte, sofern sich eine Macht zu einem Präventivschlag genötigt sähe. Damit leitete Italien seine Abwendung von den Mittelmächten ein. Für Deutschland ergab sich daraus eine immer stärkere Abhängigkeit zur Habsburgermonarchie. Umso mehr, da sich auch der Habsburger Staat anschickte, sich aus dem Dreierverband zu lösen. Am 2. Oktober 1903 strebte Wien über die Konvention von Mürzsteg eine Annäherung an St. Petersburg an. Dabei kamen beide Mächte überein, den Status quo auf dem Balkan möglichst lange zu erhalten und den Sultan zu Reformen in Mazedonien zu zwingen. Möglich wurde die Übereinkunft durch das zunehmende Engagement Russlands in Ostasien. Obwohl sich die allgemeinen Konstellationen allmählich am Kaiserreich vorbei entwickelten, focht dies die Berliner Führung nicht an. Mehr denn je glaubten sich Bülow und Holstein mit der Freihandpolitik auf dem richtigen Weg.

2. Rückwirkungen der Peripherie

a) Die Öffentlichkeit als neuer Akteur – Kanonenbootpolitik und Bagdadbahnfrage

Venezuelakrise

Im Winter 1902/1903 ergab sich für Deutschland tatsächlich noch einmal die Chance, sich im Rahmen einer Kooperation mit England als wertvoller Partner zu beweisen. Wieder ging es um die Peripherie, diesmal sogar noch weiter als bisher vom Kontinent entfernt: um Venezuela. Schon 1896 war es dort zu anglo-amerikanischen Grenzstreitigkeiten gekommen. Diesmal drehte es sich jedoch um die Wahrung europäischer, namentlich deutscher und englischer Interessen. Der neue Machthaber in Caracas, Cipriano Castro (1858–1924), hatte nämlich im Januar 1901 per Dekret kurzerhand alle ausländischen Reklamationsrechte, die auf die venezolanische Revolution zurückgingen, für null und nichtig erklärt. Aber es standen nicht nur beträchtliche finanzielle Forderungen auf dem Spiel. Indem Castro die europäischen Großmächte demonstrativ ignorierte, ihre Siedler, darunter über 6000 britische und 1000 deutsche Siedler wiederholt drangsalierte, enteignete, einsperrte oder sogar als Geiseln benutzte, forderte er das Prestige der Großmächte heraus. Als Caracas auch noch dazu überging, britische Schiffe zu beschlagnahmen und ausländische Diplomatenpost zu öffnen, riss London als größtem Gläubigerstaat der Geduldsfaden. Allerdings scheute die englische Regierung einen Alleingang. Schließlich gehörte Venezuela zur Gefahrenzone der Monroe-Doktrin und damit ins amerikanische Interessengebiet. Außenminister Lansdowne wünschte sich daher Deutschland, den zweitwichtigsten Gläubiger Venezuelas, als Partner für eine gemeinsame Aktion gegen Caracas.

Berlin, bis dahin nie verlegen, wenn es um die Wahrung deutscher Interessen in der Welt ging, hatte ebenfalls genügend Anlass zur Beschwerde. Vor allem bei der Diskonto-Gesellschaft stand die venezolanische Regierung tief in der Kreide. Aufgrund mangelnder Flottenstärke schreckte man aber vor einem Alleingang zurück. Lansdowne und Bülow erhofften sich nun in einer gemeinsamen Disziplinierung Venezuelas nicht nur die Wahrung ihrer Großmachtinteressen, sondern auch einen „besänftigenden Einfluss" auf die seit dem Burenkrieg „gereizte Stimmung" zwischen der deutschen und der englischen Öffentlichkeit. Doch das gemeinschaftliche Vorhaben barg von Anfang an gewisse Risiken. Stärker als London sorgte sich die deutsche Seite um die Beziehungen zu Washington. Wilhelm II. hatte Anfang 1902 seinen Bruder Prinz Heinrich (1862–1929) zu einer „Schönwetterreise" in die USA geschickt. Während Lansdowne es ablehnte, Washington im Vorfeld über mögliche Maßnahmen zu informieren, wies das Auswärtige Amt seine Diplomaten wiederholt an, bei der amerikanischen Regierung um Zustimmung für eine Demonstration gegen Caracas zu werben. Erst als die Londoner Regierung ab November 1902 auf das Tempo drückte und wiederholt auf ein Vorgehen drängte, erklärte sich die Berliner Führung schließlich zu einem gemeinsamen Ultimatum an Venezuela bereit. Als Caracas das auf 24 Stunden terminierte Ultimatum verstreichen ließ, begannen die Alliierten am 9. Dezember 1902 mit ihren Zwangsmaßnahmen. Die Führung vor Ort übernahm die Royal Navy. Auf deutscher Seite war unter anderem die *Panther*, ein neues deutsches Kanonenboot mit von der Partie. „Unsere Flagge ist vertreten", hatte Kaiser Wilhelm II. zufrieden die Richtschnur des Handels vorgegeben, „lassen wir den Briten den Vortritt."

In der Folge wurden venezolanische Kriegsschiffe beschlagnahmt, drei von ihnen versenkt. Obwohl Caracas erstmals am 12. Dezember Verhandlungsbereitschaft signalisierte, machten britische Einheiten am folgenden Tag das Fort von *Puerto Cabello* dem Erdboden gleich. Eine Woche später kam es auf Drängen der USA zu einer ersten Vermittlung, die eine Entschädigung vor allem der britischen Ansprüche vorsah. Um ihren Forderungen Nachdruck zu verleihen, schritten die Alliierten, zu denen sich jetzt, da eine Beute zu erwarten war, auch Italien hinzugesellte, zu einer Blockade venezolanischer Häfen.

In der amerikanischen Öffentlichkeit richtete sich die Kritik an der Aktion nahezu ausschließlich gegen die deutsche Seite. Die Stimmung entzündete sich daran, dass deutsche Blockadeschiffe drei aufgebrachte Kanonenboote versenkt hatten. Dass die Royal Navy einen ganzen Ort in Schutt und Asche gelegt hatte, wurde entweder überhaupt nicht berichtet, oder auch der deutschen Seite angelastet. Während die Royal Navy den deutschen Befehlshaber, Konteradmiral Georg Scheder (1853–1938), in Schutz nahm, ihm „größte Loyalität" sowie ein aus Marinesicht „einwandfreies" und völlig „legitimes Verhalten" attestierte, schwappte die öffentliche Kritik auf den britischen Presseraum über. Einmütig vergaßen die führenden Londoner Gazetten ihre ursprünglich positive Einstellung gegenüber der Kooperation mit Berlin und agitierten fortan aus Angst vor den USA gegen jede Zusammenarbeit und gegen die eigene Regierung. Die schärfsten Angriffe kamen dabei von der *Daily Mail*, dem *Spectator* und der *National Review*. In der Politik Lansdownes und Balfours erkannten sie eine „Germanisierung" englischer Außenpolitik und die Gefahr einer Isolation, schlimmstenfalls eines Krieges gegen die USA.

Die Aufregung spitzte sich zu, als deutsche Schiffe am 21. Januar 1903 angegriffen wurden, das Feuer auf das Fort von San Carlos erwiderten und es dabei zerstörten. Als nun englische Diplomaten und namhafte Kabinettsmitglieder eine Kehrtwende forderten, lenkten Lansdowne und Balfour widerstrebend ein und beendeten die Kooperation. Das ganze Ausmaß der öffentlichen Missstimmung gegen Deutschland kam besonders in den Berichten des deutschen Botschafters Paul Metternich (1853–1934) zum Ausdruck: „Solange ich England kenne, habe ich noch niemals eine solche Erbitterung gegen eine andere Nation wahrgenommen." Empfand vor allem Lansdowne die Einmischung der Londoner Öffentlichkeit als „Zumutung", so sah Bülow aus Sorge vor einem Sturz der britischen Regierung davon ab, eine Richtigstellung über den Ursprung der Aktion bzw. über die Vorwürfe gegen Deutschland zu verlangen. Am 13. Februar 1903 schließlich endete die alliierte Kanonenbootpolitik mit den sogenannten Washingtoner Protokollen, in denen Caracas der Begleichung der erstrangigen, vornehmlich britischen Forderungen zustimmte.

Die Venezuelakrise beschrieb einen Wendepunkt im Verhältnis der angelsächsischen Mächte zueinander und zum Kaiserreich. Vor allem das transnationale Zusammenwirken englischer und amerikanischer Öffentlichkeiten gab letztlich den Ausschlag und zeigte den Außenpolitikern die Grenzen ihrer Autonomie auf. Erstmals wurde deutlich, wie sehr sich die veröffentlichte Meinung zu einem außenpolitisch relevanten Akteur entwickelt hatte. Die Schärfe der anti-deutschen Agitation überstieg bei Weitem die Aggressivität des deutschen Vorgehens, das sich im Übrigen an den Vorgaben der Royal Navy orientierte. So war am Ende das Gegenteil dessen eingetreten, was Lansdowne und Bülow mit dem gemeinsamen Vorgehen mit beabsichtigt hatten: Statt einer beiderseitigen Annäherung hatte die öffentliche Stimmung gegenüber Deutschland einen Tiefpunkt erreicht.

Bagdadbahnfrage

Ein ähnliches Muster ist bei der wenig später erneut aufkommenden Bagdadbahnfrage zu beobachten. Wiederum ging es um deutsche und englische Interessen und Kooperationsmöglichkeiten. Deutschland stieß mit der Konzession zum Bau der Bagdadbahn an die Anatolische Eisenbahn-Gesellschaft (1901) direkt in die russische und englische Interessensphäre nach Mesopotamien vor. Während Russland das Projekt insgesamt ablehnte, strebte die englische Regierung eine Internationalisierung der Bahn an und erreichte nach zähen Verhandlungsrunden eine Kompromisslösung. Danach sollte England acht Stimmen im 30-köpfigen Direktorium und 25% der Anteile erhalten. Deutschland plante freilich als Ideengeber und Hauptfinanzier, sich mit den restlichen Mitgliedern des Verwaltungsrates die Führung zu sichern. Die englische Presse, die seit der Venezuelakrise in ständiger Alarmbereitschaft stand durchschaute dieses Manöver und „eröffnete" Anfang April 1903 „das Feuer". Die britische Presse beargwöhnte die Bagdadbahn als imperiales Herrschaftsinstrument, mittels dessen Deutschland in die Nähe Indiens vorstoßen wolle und neben Russland zu einem weiteren

Rivalen im Mittleren Osten aufsteigen wolle. Die größte Sorge betraf die englischen Beziehungen zum Zarenreich. Premierminister Balfour blieb sehr zum Unmut auch der englischen Finanziers, die ein großes Interesse an der Beteiligung hatten, nichts anderes übrig, als die Kooperation zu beerdigen. Resigniert stellten er und Lansdowne Mitte 1903 fest, dass mit dem Kaiserreich in nächster Zeit wohl keine gemeinsame Politik mehr getrieben werden könne. Obwohl sich die jeweiligen Bankenkonsortien auf beiden Seiten entgegenkamen und auch die Regierungen insgesamt eine Kooperation anstrebten, stieß eine Annäherung vor allem in der britischen Presselandschaft auf einhelligen Widerstand. Die ebenfalls an einer Beteiligung interessierte französische Regierung lehnte erst im Oktober 1903 eine Teilnahme ab. Obwohl sich französische Banken nur allzu gern beteiligt hätten, stand für den französischen Außenminister Théophile Delcassé (1852–1923) die politische Kooperation mit England und Russland im Vordergrund. So unterschiedlich die einzelnen Interessenlagen und Motive für die letztendliche Absage an der Beteiligung auch waren, sosehr zeigte sich, dass England, Frankreich und Russland sich in der Ablehnung des von Deutschland dominierten Projektes trafen. Als am 5. März 1903 schließlich die endgültige Konzession mit einer Laufzeit von 99 Jahren erteilte wurde, waren die Deutsche Bank (40%), die Banque Impériale Ottomane (30%), die Anatolische Eisenbahn (10%), der Wiener Bankverein und die Schweizerische Kreditanstalt (je 7,5%) sowie die Banca Commerciale Italiana (5%) und das Osmanische Reich Vertragspartner. Um weiteren internationalen Verwicklungen zu entgehen wurde Basra zum Endpunkt erklärt sowie ein noch später festzulegender Halt am Persischen Golf. Als es schließlich am 15. Juni 1914 doch noch gelang eine deutsch-englische Einigung und Beteiligung englischer Finanziers zu erreichen, erfolgte dies jedoch zu spät, um noch positive Auswirkungen auf die anglo-deutschen Beziehungen zu haben.

b) Entente cordiale und Marokkokrise

Der russisch-japanische Krieg

In Ostasien standen unterdessen die Zeichen auf Sturm. In der Nacht vom 8. auf den 9. Februar 1904 griffen japanische Torpedoboote die russische Pazifikflotte im Hafen von Port Arthur an und lösten damit den **russisch-japanischen Krieg** aus. Für Russland nahm der Konflikt entgegen allen anfänglichen Prognosen einen verheerenden Verlauf.

E

Der russisch-japanische Krieg (Februar 1904 bis September 1905)
Ermutigt von dem Bündnis mit England, sah Japan Ende 1903 keinen Grund mehr, vor den russischen Fernostinteressen zurückzuweichen. Das Zarenreich wiederum machte seinerseits keinerlei Anstalten, die Zusagen nach dem Boxeraufstand einzuhalten und sich aus der Mandschurei zurückzuziehen. Ganz im Gegenteil: Auch in Korea sollte der russische Einfluss die Verbindung der transsibirischen Eisenbahn zwischen Wladiwostok und Port Arthur gewährleisten. Japan wiederum betrachtete vor allem Korea als Interessensphäre. Mit einem Überraschungsangriff auf die russische Pazifikflotte in der Nacht vom 8. auf den 9. Februar 1904 eröffnete Japan den Krieg. Nach Ausschaltung der Pazifikflotte landete das japanische Expeditionskorps ungehindert in Korea und in der Mandschurei. Um Port Arthur entbrannte ein mörderischer Stellungskrieg, der über 154 Tage dauerte und bei dem etwa 58000 Japaner und 38000 Russen den Tod fanden. Der Krieg wurde zum ersten Massenkrieg, bei dem moderne Waffen eingesetzt wurden und sich die fatale Wirkung des Maschinengewehrs zeigte. Vieles von dem, was im Ersten

Weltkrieg zur Überlegenheit der Defensive und zum Grabenkrieg führen sollte, zeichnete sich bereits im Fernen Osten ab. Im Oktober 1904 kam es bei Mukden zur bis dahin größten Schlacht in der Geschichte, bei der sich je ca. 300000 Russen und ca. 300000 Japaner gegenüberstanden und über 2400 Geschütze eingesetzt wurden. Japan, welches letztlich siegte, verlor 40000 Mann, während Russland den Verlust von über 90000 Soldaten zu beklagen hatte. Im Januar 1905 erschütterte das Zarenreich zusätzlich der Ausbruch der Revolution, die bis 1907 anhielt. Die Japaner eroberten schließlich nach längerer Belagerung Port Arthur und vernichteten am 27. Mai 1905 die russische Ostseeflotte in der Seeschlacht bei Tsushima. Auf Vermittlung des amerikanischen Präsidenten wurde am 5. September der Friede von Portsmouth geschlossen.

Auf das Großmächtesystem konnten die Auswirkungen des Krieges kaum gravierender sein. Dies galt insbesondere für das Kaiserreich. Zunächst schien die Konfrontation im Fernen Osten Deutschland zu begünstigen. Der Konflikt entlastete die Mittelmächte vom russischen Druck an ihren Ostgrenzen und versprach auch den traditionellen Antagonismus zwischen den Flügelmächten zu zementieren. Schließlich hatte England mit seiner Allianz mit Japan nicht unwesentlich dazu beigetragen, dass Tokio letztlich den Mut hatte, das Zarenreich zu attackieren. Kaum zwei Monate nach Kriegsausbruch waren die deutschen Annahmen aber bereits Makulatur. Am 8. April 1904 schlossen England und Frankreich die Entente cordiale. Vor allem London demonstrierte damit, dass es durchaus in der Lage war, sich mit seinen weltpolitischen Erzfeinden zu einigen. Die Annäherung der beiden Länder hatte nach dem Burenkrieg begonnen. Während England nach dem kostspieligen Unterfangen in Südafrika eine Entlastung seiner Ressourcen wünschte, hatte in Frankreich vor allem die Faschodakrise zu einem Umdenken geführt. Die stärksten Befürworter einer kolonialen Einigung waren Joseph Chamberlain auf der britischen und Botschafter Jules Cambon (1845–1935) sowie Außenminister Théophile Delcassé auf der französischen Seite.

Entente cordiale

Im April 1904 verständigten sich London und Paris darauf, Marokko als französisches und Ägypten als englisches Interessengebiet anzuerkennen und sich bei der Verteidigung dieser Interessen gegenüber Dritten gegenseitig diplomatisch zu unterstützen. In einem geheimen Zusatz vereinbarten sie für den Fall, dass der Sultan von Marokko seine Souveränität verlöre, Spanien mit einem Teil im Norden abzufinden, während Frankreich den Rest erhalten solle. Die Entente cordiale, das gilt es zu unterstreichen, war kein förmliches Bündnis und war auch keine Reaktion auf ein zunehmend aggressives Auftreten Deutschlands. Sie beendete zunächst lediglich koloniale Rivalitäten. Ein viel weiter reichender Nebenaspekt der Einigung war aber, das die Vereinbarungen entscheidend dazu beitrugen, dass der fernöstliche Krieg lokalisiert blieb und sich nicht zu einem Flächenbrand ausbreitete. Schließlich war London mit Tokio und Paris mit St. Petersburg verbunden. Darüber hinaus hatte die Entente fraglos Signalwirkung. Ging es der Londoner Führung nach dem südafrikanischen Krieg insgesamt um eine imperiale Konsolidierung, so versprach sich nicht nur der britische Außenminister, Lord Lansdowne, über den Draht nach Paris auch verbesserte Beziehungen zum Zarenreich. Kein Wunder also, dass die Nachricht der englisch-französischen Übereinkunft in Berlin wie eine Bombe einschlug. Auch wenn sich Reichskanzler Bülow zunächst demonstrativ gelassen gab, blieb der Zäsurcharakter der anglo-französischen Annäherung der Wilhelmstraße nicht verborgen. Seit Jahrzehnten hatte Berlin von den Spannungen beider Länder, insbesondere in Ägypten profitiert. Mit dem Ausgleich, den gerade Delcassé lediglich als erste Etappe auf dem Weg zu einem antideutschen Staatenblock begriff, war die Berliner Politik der freien Hand gescheitert. Paris hatte sich nach dem Zweibund mit dem Zarenreich nun auch mit England geeinigt und war somit vollends aus der Isolation der Bismarckära herausgetreten. Wie sollte Deutschland darauf reagieren? Zwei Handlungsoptionen standen zur Wahl, die sich jedoch beide als illusionär herausstellen sollten.

Die Dogger-Bank-Affäre

Zuerst spielte Berlin die russische Karte. Schließlich glaubte man, dass Frankreichs Bündnispartner Russland nach schweren militärischen Niederlagen im Sommer 1904 mehr denn je an einer deutschen Unterstützung interessiert sein würde. Bereits seit 1902 hatte Bülow versucht, ein neues deutsch-russisches Handelsabkommen zu schließen. Darüber hinaus sollte nun auch ein Defensivbündnis erreicht werden. Für den Fall, dass St. Petersburg seine Bindung zu Paris nicht aufgeben wolle, sollte sogar Frankreich in ein anti-englisches Kontinentalbündnis miteinbezogen werden. Das ähnelte stark der Idee Delcassés während des Burenkrieges, die noch an der Berliner Enthaltung gescheitert war. Aber daran war inzwischen nicht mehr zu denken. Das Zarenreich war trotz des Krieges nicht bereit, seinen französischen Partner und Geldgeber gegen Deutschland einzutauschen. Auch Paris hatte keinen Grund, seinen Kurs zu ändern. Die deutschen Annäherungsversuche an St. Petersburg vertieften nur die antideutschen Ressentiments im stets gut informierten Foreign Office an der Themse. Vor allem Deutschland gegenüber besonders kritisch eingestellte jüngere Diplomaten um Charles Hardinge (1858–1944), Eyre Crowe (1864–1925), Arthur Nicolson (1849–1928) und andere erkannten im Berliner Kurs nicht eine Reaktion auf die veränderten weltpolitischen Konstellationen, sondern verdächtigten das Reich in erster Linie, einen Krieg zwischen den Flügelmächten herbeiführen zu wollen, um selbst eine kontinentale Hegemonie zu erreichen.

Unterdessen spitzte sich im Herbst 1904 die internationale Lage dramatisch zu. In der Nacht vom 22. auf den 23. Oktober 1904 beschoss und versenkte die russische Ostseeflotte auf ihrem Weg nach Ostasien einige britische Fischerboote im Glauben, japanische Torpedoboote vor sich zu haben. Etliche Engländer fanden dabei den Tod und die britische Empörung erreichte Siedegrade. Kurzzeitig drohte durch den Zwischenfall bei der Doggerbank sogar eine Eskalation bis hin zu einem Großmächtekonflikt. Entspannend wirkte, dass sich die englische Medienöffentlichkeit nach einer kurzen Aufregung gegen Russland beinahe ausschließlich auf Deutschland als vermeintlich intriganten Verursacher des Zwischenfalles konzentrierte. Wieder wurde, wie schon bei der Venezuelakrise und der Bagdadbahnfrage zweierlei deutlich. Zum einen, welch große Rolle die englische Öffentlichkeit und veröffentlichte Meinung inzwischen in den zwischenstaatlichen Beziehungen spielte. Zum anderen, dass das Kaiserreich zunehmend als ränkeschmiedender Störfaktor zwischen den einstigen Erzrivalen wirkte und diese zusammenführte. Neben der Londoner Presse streute auch der englische Botschafter in Paris, Francis Bertie (1844–1919), das Gerücht, dass Kaiser Wilhelm II. persönlich die russische Flotte vor japanischen Torpedobooten in der Nordsee gewarnt und damit den Angriff provoziert habe. Tatsache war, dass deutsche Unternehmer bei der Kohleversorgung der russischen Ostseeflotte halfen. Richtig war auch, dass das Kaiserreich wohl der größte

Profiteur eines Konflikts zwischen den Flügelmächten gewesen wäre. Ganz und gar an den Haaren herbeigezogen war aber, dass gezielte Fehlinformationen aus Deutschland für den Beschuss der englischen Fischkutter verantwortlich waren. Indem sich die britische Aufregung auf Deutschland konzentrierte, konnte zwar die anglo-russische Situation entschärft werden, der Pressekrieg zwischen Deutschland und England sorgte gleichzeitig aber für nachhaltige Spannungen zwischen London und Berlin, bei denen erstmals auch die deutsche Hochseeflotte in den öffentlichen Fokus rückte. Sogar erste Forderungen nach einem Präventivschlag gegen die Kaiserliche Marine wurden laut.

Marokkokrise

Ende 1904 hatte sich die außenpolitische Lage Deutschlands somit weiter verschlechtert. Die zweite in Berlin erörterte Handlungsalternative, um den Zusammenschluss der Mächte an Deutschland vorbei zu torpedieren, setzte bei Frankreich an, genauer gesagt bei dessen Ambitionen in Marokko. Seit 1900 bemühte sich Paris, entgegen internationaler Vereinbarungen, darum, mittelfristig den Sultan zu entmachten und Marokko in sein Kolonialreich einzugliedern. Die Konvention von Madrid, 1880 auch von Deutschland unterzeichnet, hatte genau eine solche Entwicklung verhindern wollen und den Status quo wie auch die Handelspolitik der offenen Tür für das Scherifenreich festgelegt. Statt der ägyptischen Frage, die bis zur Entente cordiale stets als Hebel genutzt worden war, um die englisch-französischen Beziehungen im Sinne Deutschlands zu beeinflussen, wollte Berlin nun die marokkanische Frage nutzen, um das Einvernehmen zwischen London und Paris zu stören. Da sich die deutsche Regierung in der Frage bisher weitgehend passiv gezeigt hatte, war man am Quai d'Orsay von einem stillschweigenden Einverständnis Berlins ausgegangen. Lediglich Spanien wollte Paris deshalb für seinen Bruch der Madrider Konvention entschädigen. Anfang 1905 sollte aber plötzlich der Pariser Regierung mit aller Macht deutlich gemacht werden, dass ohne Berlin keine Einigung über Nordafrika zu erzielen sei. Es waren vor allem die machttaktischen Überlegungen Friedrich von Holsteins, die sich in diesem Kurs widerspiegelten. Die Missachtung Deutschlands als Beteiligter an der Madrider Konvention dürfe nicht hingenommen werden. Während sich die deutschen Handelsinteressen in Grenzen hielten, ging es Holstein in erster Linie um die „Wahrung des Prestiges". Darüber hinaus sollte Delcassé, der als Architekt der Entente und eines generell deutschfeindlichen Kurses bekannt war, als Störenfried des deutsch-französischen Verhältnisses gestürzt und die Entente cordiale wenn möglich wieder gespalten werden. Bülow stützte diesen Kurs. Am 15. März 1905 verkündete er im Reichstag, dass das Reich Schritte zu Verteidigung deutscher Wirtschaftsinteressen in Marokko beabsichtige. Aber ausgerechnet Wilhelm II. erwies sich als Hindernis. Offenbar hatten ihn die Volten der deutschen Außenpolitik überfordert, konzentrierte er sich doch nach wie vor hauptsächlich auf eine Annäherung an Russland und lehnte deshalb eine Demonstration gegen Frankreich ab. Nur mit Mühe konnte der Kaiser letztlich doch von Holstein und Bülow dazu bewogen werden, im Rahmen seiner traditionellen Mittelmeerreise einen Abstecher nach Tanger zu unternehmen. Am 31. März 1905 landete er publikumswirksam in der marokkanischen Hafenstadt, um dem Sultan die deutsche Solidarität zu bekunden und Frankreich in seiner Vorwärtsstrategie entgegenzutreten. Er verlangte „für Deutschland freien Handel und volle Gleichberechtigung", und „er werde sich mit dem

Sultan als einem gleichberechtigten, freien Herrscher eines unabhängigen Landes direkt verständigen".

Q

Fürst von Bülow über die Landung Wilhelms II. in Marokko am 31. März 1905
Aus: B. Fürst von Bülow: Deutsche Politik, Berlin 1916, S. 101.

Die französische Marokkopolitik war ein unverhüllter Versuch, Deutschland bei einer großen auswärtigen Entscheidung beiseitezuschieben, der Versuch, die Machtverhältnisse in Europa einer Korrektur zugunsten Frankreichs zu unterziehen. Ein Präzedenzfall wäre geschaffen worden, der notwendig zu Wiederholungen hätte reizen müssen. Darauf durften wir es nicht ankommen lassen. In diesem Sinne wurde die Marokkofrage für uns eine nationale Frage. Unserer Marokkopolitik waren die Wege gewiesen.
Am 31. März 1905 legte seine Majestät der Kaiser auf meinen Rat in Tanger an, wo er mit unzweideutigen Worten für die Unabhängigkeit und Souveränität Marokkos eintrat. Damit war die Forderung Deutschlands nach Mitentscheidung der marokkanischen Angelegenheiten vor der Welt angemeldet. Es war erklärt, daß Deutschland an dem auf der Grundlage der Souveränität Marokkos abgeschlossenen internationalen Vertrag von 1880 festhielt und nicht geneigt war, ungefragt die durch das französisch-englische Marokko-Abkommen und das französische Vorgehen in Marokko geschaffene neue Lage anzuerkennen. Unser Ziel war, an Stelle der einseitig französisch-englischen Regelung der Marokkofrage eine internationale durch die Madrider Signatarmächte zu setzen. Wir mußten auch verhindern, daß eine internationale Konferenz der französischen Marokkopolitik einfach ihr Plazet gab. Beides ist durch das Zustandekommen und die Beschlüsse der Algeciras-Konferenz erreicht worden.

Die Rahmenbedingungen schienen wohl durchdacht. Russland war nach dem Fall von Port Arthur und der verheerenden Schlacht von Mukden bereits als Rückhalt Frankreichs ausgefallen. Hinzu kam, dass Deutschland gültige internationale Vereinbarungen auf seiner Seite hatte und auch die USA die offene Tür in Marokko favorisierten. Nur so ist erklärlich, warum Berlin das Pariser Angebot bilateraler Verhandlungen mit dem Ziel einer Entente ausschlug und auf eine internationale Konferenz zur Lösung der Marokkofrage pochte. Berlin wähnte sich schlichtweg im Vorteil. Jegliche Separatverhandlungen, das hatte Holstein vorgegeben, müssten vermieden werden, schließlich sei die Kollektivität das Prinzip, auf dem „wir fest fußen können, ohne selbst den Anschein aggressiver Absichten zu erwecken". Delcassé geriet angesichts dieser harten Haltung in der eigenen Heimat zunehmend unter Druck. Er sah sich heftigen Vorwürfen ausgesetzt, durch seinen englandfreundlichen und antideutschen Kurs einen Krieg zu riskieren. Die französische Position verschlechterte sich zudem dadurch, dass der Sultan sich die deutschen Forderungen zu eigen machte und zu einer internationalen Konferenz einlud. Nachdem Bülow und Holstein Delcassés Rücktritt zur Bedingung für eine Beilegung der Krise gemacht hatten, trat er schließlich am 6. Juni 1905 zurück. Die Kriegshysterie in der internationalen Presse ging jedoch zunächst weiter. Gerüchte um gegenseitige Mobilmachungen machten die Runde, und Frankreich deutete eher vage Äußerungen Englands als Bündniszusage. Um nicht international von Deutschland vorgeführt zu werden, versuchte Paris einer Konferenz aus dem Weg zu gehen. Erst am 8. Juli stimmte der französische Premier Maurice Rouvier (1842–1911) schließlich der Konferenzlösung zu. Da diese aber erst ein halbes Jahr später, am 16. Januar 1906 in Algeciras stattfinden sollte, gewann Frankreich genügend Zeit, seine diplomatische Position zu verbessern. Während Wilhelm II. einen letzten Versuch startete und seinem Vetter Nikolaus II. am 24. Juli 1905 in den finnischen Schären bei **Björkö** einen Bündnisvertrag anbot, der letztlich aber nicht ratifiziert wurde, gelang es Paris, vor allem England und damit letztlich auch die USA auf seine Seite zu ziehen.

E

Die Illusion von Björkö, 24. Juli 1905
Angesichts der sich zuspitzenden internationalen Lage unternahm Wilhelm II. einen Versuch, Russland über die monarchischen Bande zu gewinnen und von Frankreich abzuziehen. Bei einer Begegnung mit seinem Vetter Nikolaus II. in den finnischen Schären bei Björkö schlug er den Russen einen gegenseitigen Defensivvertrag vor. Obwohl der Zar einverstanden schien, kam es zu keiner Ratifizierung, da weder die russische noch die deutsche Regierung dem Vertrag zustimmten. Während St. Petersburg selbst die defensiven Bestimmungen für unverträglich mit seinen Verpflichtungen gegenüber Frankreich hielt – offenbar deckte die Zweierallianz einen Angriffskrieg gegen Deutschland –, kritisierte Bülow die ausdrückliche Begrenzung des Vertrages auf Europa. Da eine Entlastung in Asien für den Fall einer deutsch-englischen Entspannung nicht vorgesehen war, hielt der Reichskanzler die Vereinbarungen für wertlos. Mit dem Scheitern von Björkö war die russische Option verbaut, denn nach dem russischen Friedensschluss mit Tokio am 29. August 1905 wurden die Deutschen nicht mehr gebraucht. Björkö zeigt, wie begrenzt die deutschen Möglichkeiten bereits 1905 waren, zumal wenn mehr als bloß temporäre Kooperationen angestrebt wurden. Bei genauerer Betrachtung wird deutlich, dass abgesehen von einer Juniorpartnerschaft weder Russland noch England das Kaiserreich als Partner akzeptiert hätten. Es blieb daher entweder, sich unterzuordnen, auf zukünftige Wahlchancen zu hoffen, oder auf die eigene Stärke zu setzen. Der außen- wie militärpolitische Referenzrahmen war nach wie vor der Zweifrontendruck.

Algeciras

Auf der Konferenz zur Lösung der Marokkofrage, die zwischen Januar und April 1906 in Algeciras tagte, erlebte die Wilhelmstraße ihr diplomatisches Waterloo. Außer Österreich-Ungarn unterstützte kein anderes Land die deutsche Position. Nicht einmal die USA, die bis dahin als sicherer Kantonist in Fragen des internationalen Rechts gegolten hatten. Das Konferenzergebnis ging klar zugunsten Frankreichs aus und bestätigte einmal mehr die deutsche Isolation. Marokko blieb zwar formalrechtlich unabhängig, aber Paris wurde eine so weitgehende Kontrolle über die Polizei und das Finanzwesen gestattet, dass es das Land beinahe nach Gutdünken kontrollieren konnte. Die faktische Einverleibung Marokkos in das französische Kolonialreich war damit nur noch eine Frage der Zeit. Statt die Entente zu sprengen oder wenigstens zu schwächen, ging die anglo-französische Verbindung sogar gestärkt aus der Krise hervor. Damit nicht genug, geriet die deutsche Politik in immer größere Abhängigkeit zur Habsburgermonarchie. Wilhelm II. leistete dieser Tendenz Vorschub, als er in völliger Verkennung der Entwicklungen den k.u.k.-Außenminister Agenor Goluchowski (1849–1929) als „brillanten Sekundanten auf der Mensur" adelte und versprach, Wien zukünftig den „gleichen Dienst" zu erweisen.

Besonders verheerend wirkte die deutsche Außenpolitik, da man sehenden Auges in die diplomatische Niederlage gestolpert war. So hatte nicht nur die gesamte öffentliche Meinung in England lange vor der Konferenz auf eine Unterstützung Frankreichs hingedeutet, auch der Besuch König Edwards VII. (1841–1910) in Paris vom 29. April bis 4. Mai 1905 hatte keinen Spielraum für irgendwelche Zweifel an der englischen Position übriggelassen. Holstein und Bülow ignorierten jedoch die warnenden Berichte ihres Botschafters Hugo Fürst Radolin (1841–1917) und blieben unbeirrt bei ihrer kontinuierlichen Fehleinschätzung der Londoner Diplomatie. Auch wenn Außenminister Lansdowne als verlässlicher Partner galt, so hatten doch bereits die Venezuelakrise und die Spannungen in der Bagdadbahnfrage gezeigt, dass der Kurs Whitehalls längst nicht nur vom Außenminister allein bestimmt wurde. Hinzu kam, dass die neue liberale Regierung Londons ab Januar 1906 noch viel fester an die Seite Frankreichs trat als die Konservativen. Was Lansdowne und Balfour noch abgelehnt hatten, fand nun die politische Zustimmung des liberalen Kabinetts unter Henry Campbell-Bannerman (1836–1908): englisch-französische Generalstabsgespräche und die Entsendung einer britischen Expeditionsstreitmacht für den Fall eines deutsch-französischen Krieges.

Die Wilhelmstraße und namentlich Friedrich von Holstein hatten offenbar die internationale Lage völlig falsch eingeschätzt. Anfänglich ging es darum, angesichts der Entente cordiale und einer parallel zu beobachtenden italienisch-französischen Annäherung wieder einen außenpolitischen Erfolg zu erzielen. „Bevor der Ring der anderen Großmächte" Deutschland „einschnüre", so erklärte Holstein die Berliner Motivation in der Marokkofrage, müsse man „mit aller Energie [...] versuchen, diesen Ring zu sprengen." Den Mächten wollte man eine Lektion erteilen. Frankreich sollte wieder isoliert und aus der Entente mit England herausgelöst werden. Ohne selbst Krieg führen zu wollen, sollte mithilfe militärischer Drohungen die zunehmend bedrohlicher empfundene internationale Situation repariert werden. Die Praxis endete in einem Debakel. Die Isolierung des Reiches trat offen zutage und Paris konnte sich fortan der englischen Unterstützung sicher sein. Bereits im Januar 1906 einigten sich britische und französische Militärs, dass England Frankreich im Kriegsfall mit einem Expeditionskorps von 105000 Soldaten zu Hilfe eilen werde. Kurz nach der Konferenz eliminierte Frankreich im Gegenzug alle antienglischen Klauseln aus der französisch-russischen Allianz, die sich von nun an ausschließlich auf Deutschland ausrichtete. Hat die Forschung darin lange eine klare Reaktion auf das plumpe Säbelgerassel Berlins erkannt, so ist inzwischen unstrittig, dass die Ententemächte mehr verband als die bloße Gegnerschaft zum Kaiserreich und dass das Ursachenbündel wesentlich komplexer gelagert ist, als der langjährige Fokus auf die deutsche Politik vermuten ließ. Neben den welt- und europapolitischen Interessenlagen Frankreichs und Russlands hatte auch England jenseits aller Gleichgewichtsvorstellungen ein ureigenes Interesse an einer Zusammenarbeit mit den einstigen Rivalen. Bereits im Dezember 1895 hatte Edward Grey, der ab 1906 die Londoner Außenpolitik bestimmte, festgestellt, dass es aus Gründen der imperialen Entlastung und Zukunftssicherung am sinnvollsten sei, sich mit den ärgsten Konkurrenten Frankreich und Russland in der Welt zu verständigen.

Die Marokkokrise hätte sich bei deutscher Kompromissbereitschaft sicher vermeiden lassen. An der außenpolitischen Großwetterlage, der zunehmenden Isolierung des Reiches hätte dies gleichwohl kaum etwas geändert. Die Mächte näherten sich auf der Basis gemeinsamer Interessen einander an. Berlin hatte dagegen nur noch drei Optionen: entweder eine Beschränkung seiner Ansprüche und die Rückkehr zur Politik der Saturiertheit, ein Präventivkrieg vornehmlich gegen Frankreich oder, drittens, eine eigene Hochrüstung, die jeden Gegner abschreckte. Zur Aufgabe der Weltgeltung, die leicht auch den Verzicht auf eine europäische Großmachtfunktion bedeuten konnte, waren weder die deutsche Öffentlichkeit noch die Entscheidungsträger bereit. Aber auch für einen Präventivschlag glaubte sich Berlin nicht bereit. Obwohl sich Frankreich mit dem Bruch der Madrider Konvention ins Unrecht gesetzt hatte und Russland durch die Niederlage in Ostasien und die Revolution paralysiert war. Eine günstigere Gelegenheit hatte es seit 1871 nicht gegeben und sollte es auch in Zukunft nicht mehr geben. Stattdessen reagierte die Wilhelmstraße geschockt über die eigene Isolation. Als Initiator des Fiaskos nahm Holstein seinen Abschied. Bülow sah sich gleichwohl zu einer grundsätzlichen Kehrtwende außerstande. Von außen und auf den ersten Blick betrachtet, schien Deutschland ja immerhin einer der großen Gewinner der russischen Niederlage zu sein, schließlich entlastete diese das Reich zumindest mittelfristig vom Odium des Zweifrontendrucks. Der Zweckoptimismus ließ die zunehmend prekäre Lage in einem besseren Licht erscheinen. Tatsächlich konnte Deutschland nur verlieren. Während ein russischer Sieg unweigerlich den konzentrischen Druck Russlands und Frankreichs erhöht hätte, bereitete der japanische Sieg und die Entente cordiale den Weg für eine englisch-russische Annäherung, die die Wilhelmstraße nach wie vor für unmöglich hielt. Statt mit kleinen Schritten zu versuchen, sich wieder Großbritannien anzunähern, ergriff Berlin den Strohhalm, über eigene Rüstungen die anderen Mächte entweder abzuschrecken oder an sich heran zu zwingen.

Zu Lande bestimmte von nun an ein Kriegsplan die deutsche Ausrichtung, der nur vor dem Hintergrund der russischen Niederlage und der Annahme der englischen Gegnerschaft zu verstehen ist. **Alfred Graf von Schlieffen** hatte im Dezember 1905 die Arbeiten an dem nach ihm benannten Aufmarschplan für den Zweifrontenkrieg fertiggestellt und damit auch die zukünftigen Planungen seiner Nachfolger bestimmt.

E

Alfred von Schlieffen (1833–1913), bedeutender preußisch-deutscher General. Nach dem Studium der Rechtswissenschaften freiwilliger Militärdienst in Berlin. 1854 Leutnant, 1881 Oberst. Einsatz in höheren Truppenteilen, Schlachtteilnehmer bei Münchengrätz, Königgrätz und Soissons. Ab 1884 nur Dienst im Generalstab der Armee: Zwischen 1876 und 1906 Aufstieg vom Chef der Frankreichabteilung zum Chef des Generalstabes der Armee, 1911 Generalfeldmarschall. Während des Frankreich-Feldzuges entwickelte Schlieffen durch die Erfahrungen der Stellungskämpfe ein Ideal des Vernichtungskrieges, das neben jeglicher Politik und Menschenrechtskonvention Bestand haben sollte: 1905 gipfelten seine Gedanken im sogenannten „Schlieffen-Plan" zur Vernichtung des französischen Heeres.
Dieser Plan Schlieffens sah eine rasche Kriegsentscheidung mittels einer Großoffensive im Westen vor, bevor sich die Truppen dem Krieg gegen Russland zuwenden sollten. Im Nordwesten sollte eine große Umfassungsoperation zulasten der Neutralität Luxemburgs, Belgiens und der Niederlande zum Sieg über Frankreich in Kauf genommen werden, weil ein Frontalangriff auf die französischen Befestigungen keine Aussicht auf Erfolg bot. Für die Operation sah Schlieffen ein Kräfteverhältnis von sieben zu eins zwischen dem rechten Umfassungsflügel und dem linken Defensivflügel vor, während die deutsche Ostfront weitgehend defensiv verharren sollte. Der Grundgedanke eines Zweifrontenkrieges verdichtete sich auch unter Schlieffens Nachfolger, Helmuth Graf von Moltke der Jüngere (1848–1916), zu einer Doktrin. Allerdings wurde anders, als von Schlieffen noch auf dem Sterbebett verlangt, nicht der rechte, sondern vor allem der linke Flügel für den Kriegsfall gestärkt, sodass die Umfassung bereits im September 1914 an

der Marne aufgegeben wurde. Überdies lieferte der Bruch der belgischen Neutralität am 3. August 1914 Großbritannien den geeigneten Grund zum Kriegseintritt und auch im Osten konnten die russischen Truppen nicht wie geplant aufgehalten werden.

c) Das Ende der Krimkriegskonstellation – der anglo-russische Brückenschlag und die Annexionskrise

Einkreisungsfurcht

Im Anschluss an die Konferenz von Algeciras machte im Kaiserreich bald das Wort von der „Einkreisung" die Runde. Wilhelm II. hatte zwar Österreich-Ungarn für dessen Unterstützung gelobt. Bei genauerem Hinsehen drückte aber gerade dies die Isolation des Reiches aus. Reichskanzler Bülow verschloss sich weiter vehement der Einsicht, dass seine Politik der freien Hand auf ganzer Linie gescheitert war. Die Neugruppierung der Mächte war aber noch keineswegs abgeschlossen. Wieder ging die Bewegung von England aus. Die Londoner Führung strebte nach der Einigung mit Frankreich auch ein **Arrangement mit dem Zarenreich** an. Erst eine Verbindung mit den beiden Hauptkontrahenten Russland und Frankreich, so erklärte Edward Grey bei seinem Amtsantritt als englischer Außenminister, würde dem Weltreich „absolute Sicherheit" gewähren. Die Gespräche zwischen den beiden Flügelmächten begannen offiziell im Juni 1906. Über ein Jahr später, am 31. August 1907 kam es zum Durchbruch. Was man in Berlin niemals für möglich gehalten hatte, gelang: der Brückenschlag zwischen England und Russland. Die günstige Krimkriegskonstellation, also die die europäische Mitte entlastende weltpolitische Rivalität der Flügelmächte, wurde durch eine grundsätzliche Einigung über gegenseitige Interessensphären auf Eis gelegt.

E

Die anglo-russische Konvention (31. August 1907)
Am 31. August 1907 ergänzte London seine Ententepolitik um eine Konvention mit dem Zarenreich. Der Vertrag beinhaltete unter anderem die Anerkennung Afghanistans als englische Einflusssphäre, die beiderseitige Bestätigung der chinesischen Oberhoheit über Tibet sowie die Aufteilung Persiens in eine nördliche russische, eine südliche englische und eine mittlere gemeinsame Einflusszone. Obwohl weder das Großmächtesystem noch Deutschland oder Europa im Vertragstext Erwähnung fanden, war nicht zu übersehen, dass die anglo-russische Annäherung auf den Kontinent zurückwirken würde. Immer wieder hatte der englische Chefunterhändler, Arthur Nicolson, während der monatelangen Verhandlungen mit dem russischen Außenminister, Alexander Iswolski (1856–1919), durchblicken lassen, dass sich Großbritannien den russischen Interessen auch im Nahen Osten und an den Meerengen dauerhaft nicht mehr in den Weg stellen werde. Londons Ziel war es, den russischen Druck auf das Empire in Zentralasien auf die südosteuropäische Peripherie umzulenken.

Die anglo-russische Konvention

Auch wenn sich die Konvention nicht dezidiert gegen Deutschland richtete, so bedeutete sie eine Kulmination der imperialistischen Außenpolitik, die neue Rivalen und namentlich Deutschland von Einmischungen an der Peripherie ausschließen sollte. Für Deutschland war die Einigung ein weiterer Schock. Daran änderte auch Bülows inzwischen schon zur Routine gewordener Zweckoptimismus nichts, mit der er die Einigung nach außen als rein koloniale Angelegenheit herunterspielte. Natürlich hatten sich die Flügelmächte vordergründig lediglich an der Peripherie geeinigt. Der Kaiser hatte aber Recht, wenn er die Konvention als gegen Deutschland gerichtet empfand. Auch ohne Kenntnis der Gesprächsinhalte zwischen Nicolson und

Iswolski deuteten die Gesamtumstände darauf hin, dass sich die Mächte am Deutschen Reich vorbei gruppiert hatten.

Wie sehr die zentralasiatische Konvention auf die europäische Stabilität wirkte, wurde ein Jahr später deutlich. Die Einigung fokussierte den russischen Spielraum für prestigeträchtige Gewinne nach der Niederlage gegen Japan und während der Revolution auf den Nahen Osten und Südosteuropa. Die Spannungen, die gerade Berlin über Jahrzehnte versucht hatte an die Peripherie abzulenken, wirkten fortan mit Macht auf die neuralgische Zone des Mächtesystems zurück: den Balkan. Hier standen sich russische und österreichisch-ungarische Interessen diametral gegenüber. Mit der anglo-russischen Annäherung, symbolisiert durch die Entrevue zwischen Edward VII. und Zar Nikolaus II. (1868–1918) im Juni 1908 in Reval, wurde eine neue Phase der internationalen Beziehungen eingeläutet. Die Brisanz des Treffens, bei dem auch zahlreiche politische und militärische Entscheidungsträger mit von der Partie waren, ergab sich daraus, dass sich England und Russland über eine gemeinsame Politik in Mazedonien austauschten und das Zarenreich, wie schon bei den Verhandlungen ein Jahr zuvor durch Arthur Nicolson, zur politischen Offensive in Südosteuropa ermuntert wurde. Vor allem Wien und Konstantinopel reagierten daraufhin besorgt.

Balkanische Bewegung

In Wien hatte seit 1906 Außenminister **Alois Lexa von Aehrenthal** einen offensiven Kurs verfolgt. Sein Hauptziel war die Wiederbelebung des Dreikaiserbündnisses, allerdings unter Habsburger Führung. Er wollte damit der sich abzeichnenden Isolierung der Mittelmächte entgegenwirken und das Gewicht Österreich-Ungarns gegenüber Deutschland stärken. Gleichzeitig ging es im Vielvölkerstaat um eine innenpolitische Konsolidierung mittels außenpolitischer Erfolge. Die englisch-russische Annäherung hatte allerdings den Plänen zur Erneuerung der Dreikaiserbundpolitik den Garaus gemacht. Mehr denn je kam es aus Sicht des Ballhausplatzes nun darauf an, sich zumindest auf dem Balkan, insbesondere gegen serbische Großmachtbestrebungen zu behaupten.

E

Alois Lexa Freiherr von Aehrenthal, ab 1909 Graf (1854–1912).
Früh von Außenminister Gustav Graf Kálnoky (1832–1898) gefördert, verfolgte Aehrenthal anders als Agenor Goluchowski (1849–1921) einen offensiven außenpolitischen Kurs, insbesondere gegenüber Russland, dem Osmanischen Reich und Deutschland. Die Lehrjahre als Diplomat in St. Petersburg (1878–1883, 1888–1894) nutzte er zu einer intensiven Auseinandersetzung mit dem Zarenreich. Seine Schlussfolgerung: Russland müsse in erster Linie mit Härte begegnet werden. Als Außenminister versuchte er ab 1906, dies in die Tat umzusetzen. Gemeinsam mit Generalstabschef Franz Conrad von Hötzendorf (1852–1925) war er frühzeitig der Ansicht, das Problem des serbischen Nationalismus nur auf aggressive Weise lösen zu können, mochte dies auch zum Bruch mit St. Petersburg führen. Mehrfach löste er mit dieser Haltung internationale Spannungen zwischen Russland und den Mittelmächten aus. Auf Vermittlung seines Botschafters in St. Petersburg, Leopold von Berchtold (1863–1942), traf sich Aehrenthal im September 1908 mit dem russischen Außenminister Alexander Iswolski in Buchlau und handelte mit ihm die Bedingungen für eine Annexion Bosniens und der Herzegowina aus. Im Gegenzug erklärte er sich zur Unterstützung für die Öffnung der Dardanellen für russische Schiffe bereit. Als er jedoch ohne Vorwarnung und ohne Gegenleistung Anfang Oktober 1908 zur Annexion schritt, stellte er die Staatenwelt vor vollendete Tatsachen. Die nachfolgende Bosnienkrise vergiftete die Beziehungen zu St. Petersburg endgültig. Obwohl er gegen Conrads Präven-

tivkriegsabsichten eintrat, führte seine Politik zu einer Verschärfung und Polarisierung der internationalen Beziehungen vor 1914.

Am Bosporus wiederum befürchtete die aufstrebende Bewegung der Jungtürken nach den Meldungen über das Monarchentreffen von Reval eine Auflösung des Osmanischen Reiches. Im Juli 1908 putschten sie gegen das Regime Abdul Hamids (1842–1918) und forderten die Wiedereinführung der Verfassung von 1876. Damit stellten sie den Status quo auf dem Balkan infrage und der Ballhausplatz sah sein Besatzungsrecht in Bosnien und der Herzegowina in Gefahr. Laut Artikel 25 des Berliner Vertrages gehörten die Provinzen formalrechtlich dem Osmanischen Reich an, waren aber von Österreich-Ungarn besetzt, von Wien verwaltet und somit faktisch dem Habsburger Machtbereich seit 1878 angegliedert. Indes wollten die einzelnen Bevölkerungsgruppen weder etwas mit Konstantinopel noch mit Wien zu tun haben. Besonders die Serben (ca. 49% der Bevölkerung) propagierten schon seit Jahren einen eigenen großserbischen Staat. Aehrenthal wollte nun die Gelegenheit nutzen, um Bosnien-Herzegowina auch de jure zu annektieren. Erste Sondierungen mit dem russischen Außenminister Alexander Iswolski im September 1908 in Buchlau verliefen vielversprechend. Doch Aehrenthals Optimismus in dieser Hinsicht trog.

Die bosnische Krise

Die Annexion Bosniens und der Herzegowina am 5. Oktober 1908 entfachte einen Sturm der Entrüstung in den meisten europäischen Hauptstädten und führte zu der schwersten internationalen Krise vor 1914. Belgrad rief unverzüglich 110000 Reservisten ein, verlegte seine Truppen in die Grenzregionen und forderte territoriale Kompensation. In Russland zwang die panslawistische Empörung Iswolski, von seiner ursprünglichen Zustimmung abzurücken und den slawischen Bruder Serbien zu unterstützen.

Die deutsche Haltung war wesentlich von der Wahrnehmung der allmählichen Einkreisung geprägt. Aus der Berliner Perspektive verdichteten sich die Erfahrungen der anglo-japanischen Allianz, der mühsamen Erneuerung des Dreibundes und der schleichenden Abkehr Italiens, der Venezuelakrise, der Bagdadbahnfrage, der Entente cordiale, der Algeciras-Konferenz sowie des Persienabkommens zusammengenommen als einzelne Etappen einer Isolierung des Reiches. Das Kaiserreich war seit der Jahrhundertwende in allen seinen außenpolitischen Aktionen gescheitert und Bülow stand vor einem Scherbenhaufen. Obwohl der expansive Kurs Aehrenthals dem deutschen Interesse an einem Erhalt des Osmanischen Reiches widersprach, setzte der Reichskanzler durch, dass Berlin in der Bosnienfrage entschlossen an die Seite der Doppelmonarchie, dem letzten vertrauenswürdigen Bundesgenossen trat. „Wir dürfen nicht die Hauptsache vergessen, nämlich dass wir das Bündnis mit Österreich-Ungarn unversehrt erhalten." Verhalte sich Deutschland illoyal, so war sich Bülow sicher, werde der Zweibund nicht nur einen „unheilbaren Riß erhalten", sondern darüber hinaus auch noch „Engländern, Franzosen und Russen die Möglichkeit" geben, Deutschland gegenüber Wien zu desavouieren. „Dieser Gesichtspunkt", so erklärte Bülow im Oktober 1908 im Auswärtigen Amt, müsse für Deutschland „im Vordergrund stehen". Die Reichsleitung machte sich daher die Politik des Ballhausplatzes zu eigen und lehnte jede Kompensation Serbiens strikt ab. Auch einer Konferenzlösung stimmte man nur zu, um das Vorgehen Wiens abzusegnen, nicht aber, um darüber zu verhandeln.

Gefährlich für das Gesamtsystem wurden vor allem die Spannungen zwischen Wien und Belgrad. Ermutigt durch die russische und auch englische Unterstützung, begriff sich gerade Serbien inzwischen auf Augenhöhe mit der Habsburgermonarchie. Es erwartete eine Kompensation, die dem Land nach den Vorgaben der europäischen Konzerttradition nicht zustand. Zum einen, weil sich Wien letztlich auf das im Zuge des Berliner Kongresses nicht zuletzt vom damaligen englischen Außenminister Salisbury zugestandene Annexionsrecht berufen konnte. Zum anderen, weil Serbien als mittlere Macht einer etablierten Großmacht wie Österreich-Ungarn gegenüber nicht satisfaktionsfähig war. Das europäische Konzert basierte auf einer Großmächteordnung, die nicht zuletzt deshalb so lange erfolgreich funktionierte, weil die Pentarchie verhinderte, dass kleinere Mächte die Gesamtstabilität gefährdeten. Im speziellen Falle Serbiens kam noch hinzu, dass es durch anhaltende grausame terroristische Aktionen den Balkan in Unruhe versetzte und im Ausland Ekel erregte.

Zwischen Oktober 1908 und Februar 1909 standen sich Wien und Belgrad unversöhnlich und unbeweglich in einer diplomatischen Pattsituation gegenüber. Nach verschiedenen Truppenverlagerungen auf beiden Seiten schien ein Krieg Mitte Februar 1909 unmittelbar bevorzustehen. Während Frankreich überraschend jede Unterstützung Russlands ablehnte, standen sowohl Deutschland als auch England an der Seite ihrer jeweiligen Partner. Das Auswärtige Amt versuchte London für eine gemeinsame Vermittlungsaktion zu gewinnen. Aber der britische Außenminister, Edward Grey, der seinem russischen Kollegen Iswolski bereits mehrfach die englische Loyalität versichert hatte, lehnte ab, solange Wien nicht den Kompensationswünschen Serbiens entgegenkomme. Damit trat London erstmals indirekt als russischer Partner in Europa in Erscheinung. Obwohl auch England jede militärische Lösung ablehnte, folgte es doch statt der üblichen „Balance of Power"-Politik sichtbar einem Kurs der Bündnispflege gegenüber dem neuen russischen Partner. Nachdem sich Wien und Konstantinopel am 26. Februar 1909 auf eine Entschädigungszahlung für die Anerkennung der Annexion geeinigt hatten, trieb die Krise ihrem Höhepunkt entgegen. Als Aehrenthal drohte, Beweise für das russische Einverständnis von Buchlau zu veröffentlichen, und St. Petersburg die deutsche Regierung bat, das zu verhindern, erkannte Berlin eine Möglichkeit, die Krise durch eine kalkulierte Zuspitzung zu beenden. Im sicheren Wissen um die militärische Offensivschwäche des Zarenreiches befand sich Berlin in der eindeutig stärkeren Position. Es konnte daher gefahrlos den Ton verschärfen. Am 23. März 1909 forderte die Reichsleitung um Staatssekretär **Kiderlen-Wächter** und Reichskanzler Bülow St. Petersburg ultimativ auf, sein Einverständnis zur Annexion zu geben. Der deutsche Botschafter Friedrich Graf von Pourtalès (1853–1928) wurde angewiesen, Außenminister Iswolski mitzuteilen, „daß wir eine präzise Antwort – ja oder nein – erwarten; jede ausweichende, verklausulierte oder unklare Antwort würden wir als Ablehnung betrachten müssen. Wir würden uns dann zurückziehen und den Dingen ihren Lauf lassen." Einen Tag später musste Russland notgedrungen nachgeben, sehr zum Entsetzen Londons. Damit war auch Belgrad klar, dass es seine Kompensationsforderungen einzustellen hatte.

E

Alfred Kiderlen, seit 1868 **von Kiderlen-Wächter** (1852–1912), deutscher Diplomat und Staatssekretär des Auswärtigen Amtes (1910–1912). Seit 1877 im diplomatischen Dienst, wurde er nach Posten in Kopenhagen, St. Petersburg und Paris 1888 zum Vortragenden Rat in der Wilhelmstraße ernannt und leitete als solcher die Abteilung für Orientfragen. In den 1890er-Jahren fiel Kiderlen-Wächter durch einige Undiszipliniertheiten auf. So duellierte er sich 1894 mit dem Herausgeber des *Kladderadatsch* und musste daraufhin zwei Wochen Festungshaft verbüßen, bevor er an die Gesandtschaft nach Kopenhagen abgeschoben wurde. Aber auch dort fiel er durch respektlose Äußerungen über Kaiser Wilhelm II. auf und wurde bis 1907 nach Bukarest strafversetzt. 1907 machte er als Stellvertreter des erkrankten Botschafters in Konstantinopel durch seine geschickte Verhandlungsführung bezüglich der Bagdadbahn auf sich aufmerksam und wurde ein Jahr später als stellvertretender Staatssekretär nach Berlin zurückbeordert. Mit seinem entschlossenen Krisenmanagement während der Bosnienkrise trug er zwar zu deren Beilegung bei, hatte damit aber viel diplomatisches Porzellan zwischen Deutschland und Russland zerschlagen. Gegenüber Frankreich gelang ihm 1909 ein Abkommen in der Marokkofrage und 1910 stieg er nach der Entlassung Reichskanzler Bülows zum Staatssekretär auf. Sein Verständigungskurs erhielt während der zweiten Marokkokrise einen schweren Rückschlag und auch die Flottenverhandlungen mit England blieben 1912 ergebnislos.

Der Zweibund hatte sich durchgesetzt. Aber es handelte sich um einen Pyrrhussieg. Weder gelang der Doppelmonarchie eine wesentliche innenpolitische Konsolidierung, noch war das „Serbienproblem" vor der eigenen Haustür gelöst. Ganz im Gegenteil: Die großserbische Propaganda nahm nun erst recht zu und blieb eine virulente Bedrohung bis 1914. Auf das Staatensystem bezogen, waren die Vereinbarungen von Mürzsteg (1903) zwischen Wien und St. Petersburg über eine gemeinsame Balkanpolitik vollends zerstört und auch Deutschland und Russland standen sich von nun an unversöhnlich gegenüber. Im Zarenreich begriff man die Annexionskrise als „diplomatisches Tsushima" und Iswolski schwor sich, von nun an auf einen Revanchekrieg hinzuarbeiten. Als es 1914 erneut über das ungelöste Balkanproblem zum Krieg kam, jubilierte er: „Das ist mein Krieg! Mein Krieg!"

Während der Annexionskrise machte gerade das englische Krisenmanagement deutlich, wie sehr die Konvention auf den Kontinent zurückwirkte und das Staatensystem in zwei Bündnisformationen fraktionierte. England hatte Russland wieder auf den Kontinent zurückgeführt, gleichzeitig aber die Verantwortung für die daraus entstehenden Konsequenzen, nämlich die Destabilisierung des Balkans, abgelehnt. Mehr noch, es hatte während der Krise sogar Serbien phasenweise in dem Glauben bestärkt, dessen Kompensationsforderungen und Großmachtträume zu unterstützen. Gleichzeitig mehrten sich von nun an selbst in England Stimmen, die Greys Politik als „russischer als die Russen" kritisierten und einen erneuten Kurswechsel forderten.

Nibelungentreue zu Wien

Das deutsche Kaiserreich wiederum stand in der Krise loyal an der Seite Österreich-Ungarns. Wien jedoch hatte ohne wirkliche Not eine ernste Krise vom Zaun gebrochen und damit auch noch die protürkische Orientpolitik Berlins konterkariert. Das Binnenverhältnis im Zweibund erhielt somit eine wesentliche Korrektur. Bismarck hatte den Zweibund als reinen Defensivvertrag geschlossen und nie einen Zweifel über die Machtverteilung innerhalb des Bündnisses aufkommen lassen. Sicher hatte auch er das deutsche Interesse an der Integrität der Doppelmonarchie betont. Die Option zwischen St. Petersburg und Wien hatte er aber stets gemieden und gegen Ende seiner Amtszeit sogar verlauten lassen, dass man sich im Ernstfall wohl gegen Wien werde entscheiden müssen. Ganz anders seine Nachfolger. Sowohl von politischer als auch militärischer Seite machte Berlin alle nur denkbaren Zusagen an den Ballhausplatz.

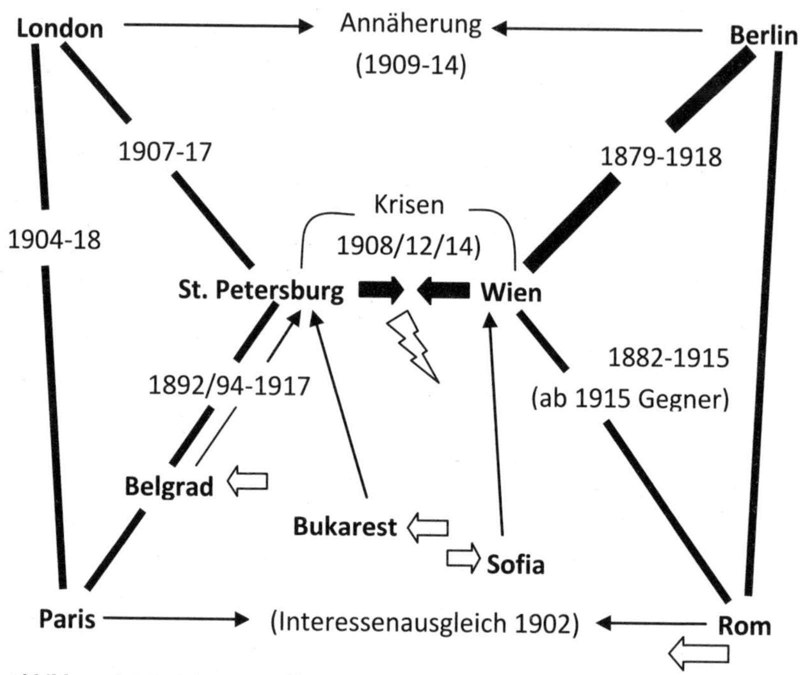

Abbildung 1: Bündnissystematik (1892–1914)

Am 21. Januar 1909 versprach Moltke d.J. seinem Kollegen Franz Conrad von Hötzendorf sogar, aus dem Zweibund eine Offensivallianz zu machen: „Ich glaube, daß erst der Einmarsch Österreichs in Serbien ein eventuelles Einschreiten Rußlands auslösen könnte. Mit diesem würde der Casus foederis für Deutschland gegeben sein." Damit hatte sich der Zweibund zum Offensivblock entwickelt. Immer wieder, ob in der west-östlichen Doppelkrise zwischen 1885 und 1887 oder später unter Wilhelm II. hatte es verschiedene, besonders weitgehende Zusagen etwa von Militärattaché Gustav von Deines (1852–1914) oder dem Kaiser selbst an die Adresse Wiens gegeben. Nie aber waren diese vom Reichskanzler sanktioniert worden. Diesmal erhielten die Aussagen zusammen mit dem deutschen Krisenmanagement offiziellen Charakter. Darüber hinaus wurden die Zusagen parlamentarisch legitimiert. In der Reichstagsdebatte zur Annexionskrise, am 29. März 1909, beschwor Bernhard von Bülow die „Nibelungentreue" zu Österreich-Ungarn und versprach, mit dem Partner „durch dick und dünn" gehen zu wollen. Damit hatte sich die deutsche Außenpolitik auch ohne förmliche Vertragsänderung weitgehend an das Schicksal der Donaumonarchie gebunden und Wien einen Freifahrtschein für dessen Balkanpolitik erteilt. In diesem deutschen Krisenmanagement bereits im Vorgriff auf die Julikrise von 1914 eine Politik des „kalkulierten Risikos" [A. Hillgruber] zu entdecken, hat sich in der Forschung jedoch nicht durchgesetzt. Dazu wusste die deutsche Führung erstens zu gut über die Nichtangriffsfähigkeit der russischen Streitkräfte

Bescheid und verzichtete zweitens, anders als 1914 darauf, Wien zu einem Krieg zu drängen.

Die erneute Hoffnung Bülows und Kiderlen-Wächters, die Ententemächte im Zuge einer internationalen Krise auseinanderzudividieren und die internationalen Beziehungen insgesamt wieder offener zu gestalten, erfüllte sich abermals nicht.

Der Annexionskrise kommt insgesamt eine entscheidende Zäsurfunktion im Vorfeld des Ersten Weltkrieges zu. Auf der Seite der Mittelmächte war der Zweibund nun endgültig zum Bündnisblock mutiert und Großbritannien hatte sich erstmals auch in europäischen Fragen an die Seite Russlands gestellt. Auch wenn London keineswegs zu einem Krieg bereit war, so ließen Edward Grey, Arthur Nicolson und Charles Hardinge keinen Zweifel bei Iswolski aufkommen, dass England insgesamt loyal zum Zarenreich stehe. Überhaupt hatte England mit der Persienkonvention und dem bei den Verhandlungen immer wieder erwähnten Köder der Meerengen Russland überhaupt erst wieder auf Südosteuropa hingewiesen. Dahinter steckten allerdings weniger Gleichgewichtsinteressen, als vielmehr imperiale Entlastungsinteressen. Weder eine bereits 1878 sanktionierte Annexion Bosniens und der Herzegowina noch die Sanktionierung eines Terrorstaates wie Serbien hätte das europäische Gleichgewicht ins Wanken gebracht. Die Blockkonstellation von 1914 war mit der Annexionskrise gegeben. Der „eiserne Ring" um das Reich schien, wie Philipp Scheidemann (1865–1939) im Reichstag feststellte, geschlossen. In jedem Fall war Bismarcks „Alp der Koalitionen" Wirklichkeit geworden. Gleichwohl kamen im Zuge der Krise auch erste nachdenkliche Stimmen zu Wort. Während die russophile Politik Greys von der radikalliberalen Mehrheit in seiner Partei massiv kritisiert wurde, erkannten auch einige deutsche Beobachter, dass es Zeit für einen Richtungswechsel war. Am 7. Juli 1909 berief Wilhelm II. Theobald von Bethmann Hollweg zum Reichskanzler, der das Reich in ein ruhigeres außenpolitisches Fahrwasser zu dirigieren versuchte. Ansetzen wollte er bei dem deutsch-britischen Verhältnis und dessen vermeintlich größtem Hindernis: dem Schlachtflottenbau.

3. Der „Dreadnought-Sprung" und das Flottenwettrüsten

Rüstungswettlauf zu Wasser

Anfang 1905 kündigte die britische Regierung eine grundsätzliche Neugruppierung ihrer weltweit stationierten Flottenverbände an. Insgesamt zog die Admiralität 160 Einheiten in die Nähe der Britischen Inseln zurück. Zur gleichen Zeit beauftragte der neue Erste Seelord, Admiral John Arbuthnot Fisher (1941–1920), die Konstruktionsabteilung, mit dem Bau eines neuen Schiffstyps zu beginnen – der *Dreadnought*. Ein knappes Jahr später, am 10. Februar 1906, inmitten der ersten Marokkokrise, lief im englischen Portsmouth das Schlachtschiff vom Stapel, dessen Panzerung, Geschwindigkeit und Schlagkraft alles bis dahin Bekannte in den Schatten stellte.

Beide Schritte – die neue strategische Verteilung der Verbände und der als sogenannter **„Dreadnought-Sprung"** bekannt gewordene Bau des ersten Großkampfschiffes – galten in der historischen Forschung lange als logische und unvermeidbare Reaktion Großbritanniens auf den Ausbau der deutschen Hochseeflotte.

Der Aktions-Reaktions-Mythos

Großbritannien, so das vorherrschende Interpretationsangebot, habe demnach zwangsläufig auf die „einzigartige Bedrohung“ vor der „eigenen Haustür“ mit der Umgruppierung seiner Verbände, dem Dreadnoughtbau, wie auch der Aufgabe der *splendid isolation* reagieren müssen. Der grundlegende Wandel der Staatenwelt, so hat Klaus Hildebrand den Zusammenhang zwischen Außen- und Marinepolitik sowie das Interpretationsmuster aus Aktion und Reaktion zusammengefasst, „ging vom Deutschen Reich aus und hing mit der britischen Reaktion darauf zusammen. Mit anderen Worten: Es war ohne Zweifel der Bau der deutschen Schlachtflotte, der maßgeblich zu dieser Revolutionierung der Staatenwelt beitrug.“ Hat die internationale Forschung in den letzten beiden Dekaden wiederholt darauf verwiesen, dass die außenpolitische Kehrtwende Londons vielfach auch mit imperialen Beweggründen zu tun hatte, so gilt dies inzwischen auch für den Bereich der Flottenpolitik. Jüngere Studien, darunter marinegeschichtliche Spezialwerke, aber auch Arbeiten, die sich mit dem komplizierten Verhältnis zwischen Außenpolitik und Öffentlichkeit sowie dem militärischen und maritimen Expertentum beschäftigen, führen inzwischen gänzlich andere, differenziertere Befunde ins Feld.

Jenseits des lange dominanten Fokus auf die Risikoflotte liefern sie inzwischen weitere, eher anglo-zentrische Erklärungen für die englische Flottenpolitik. Sowohl technologische Entwicklungen als auch finanzpolitische Zwänge nach dem Burenkrieg sorgten demnach dafür, dass die Royal Navy in die Heimatgewässer zurückbeordert wurde. Während die Planungen für die Dreadnought bis zum Jahr 1900 zurückreichten, als die Hochseeflotte noch gar nicht als Gefahr ausgemacht worden war, wurde die neue Kaiserliche Marine bei den Umgruppierungsmaßnahmen lediglich als eine von vielen Gründen genannt. Auffällig dabei ist, dass der Zivillord der englischen Marine, Lord Selborne, insbesondere die amerikanische und die französische Marine für die Neugruppierung anführte. Ziel war es offenbar, gegen alle potenziellen Gefahren gewappnet zu sein. Nicht von ungefähr wurde deshalb das neue Zentrum der Royal Navy nicht in die Nordsee, sondern nach Gibraltar verlegt, 30 Stunden von der deutschen Küste entfernt. Auch beim Neubau des Kriegshafens Rosyth im schottischen Firth of Forth spielte Deutschland, anders als lange angenommen, überhaupt keine Rolle. Die Maßnahme diente in erster Linie dazu, der stagnierenden schottischen Industrie unter die Arme zu greifen.

Schon diese wenigen Beispiele aus einer Fülle von neuen Anhaltspunkten zeigen, dass es für die Bewertung der deutschen Flottenpolitik heute nicht mehr genügt, sich auf die zweifellos vorhandenen aggressiven Methoden, Motive und Fehlkalkulationen Alfred von Tirpitz', der Wilhelmstraße oder des Kaisers bei der Ursachenforschung für internationale Entwicklungen zu konzentrieren. Diese aufzuzeigen ist für eine umfassende Bewertung und Einordnung das eine, etwas ganz anderes ist es hingegen nachzuweisen, dass diese tatsächlich für die Politik der anderen Großmächte und somit für die diplomatische Revolution der beiden letzten Vorkriegsdekaden verantwortlich waren. Erst dann ist es möglich, die Frage nach der wahrgenommenen „Einkreisung“ und dem Grad der „selbstverschuldeten Auskreisung“ zu beantworten.

Mit dem Übergang zum Bau von Großkampfschiffen begann das eigentliche Wettrüsten zwischen den Seemächten im Allgemeinen sowie Deutschland und England im Besonderen.

E

Der sogenannte **Dreadnought-Sprung** beschreibt die mit dem Stapellauf des englischen Großkampfschiffes HMS Dreadnought einhergehende Kehrtwende der britischen Marinepolitik.
Die erste Dreadnought, die in Portsmouth vom Stapel lief, besaß eine Wasserverdrängung von 17900 Tonnen, erreichte eine Geschwindigkeit von 21–22 Knoten und verfügte über zehn Geschütze Kaliber 30,5 cm in Doppeltürmen. Statt wie bisher auf internationale Entwicklungsschübe zu reagieren, setzte der neue Seelord John Fisher darauf, diese selbst zu initiieren. Ziel war es dabei vor allem, Kosten zu senken und sich gegen alle Gefahren zur See gleichermaßen zu rüsten. Großkampfschiffe machten dabei jedoch nur einen Teil seines Gesamtkonzeptes aus. Langfristig ging es Fisher vornehmlich um eine Rüstung in der ganzen Breite, weshalb er zudem auf schnelle Schlachtkreuzer sowie Torpedo- und Unterseeboote als Grundlage einer flexiblen Seekriegsstrategie setzte.
Mit dem Dreadnought-Sprung erreichte das internationale Wettrüsten ein neues Stadium. Auch die anderen Flotten der Welt, allen voran Deutschland, Japan und die USA, setzten nun auf die neuen Großkampfschiffe. Der alte Vorsprung Großbritanniens schien dahin, da die älteren Kampfschiffe mit dem Qualitätssprung vielfach als obsolet angesehen wurden. Die strategische, taktische wie auch qualitative und quantitative Überlegenheit der britischen Seestreitkräfte blieb aber dank der Politik Fishers bis zum Ersten Weltkrieg bestehen.

Wie alle anderen Großmächte wurde auch Deutschland von dem Qualitätssprung der Briten „kalt erwischt" und unter Zugzwang gesetzt. Auf den ersten Blick bot der Rüstungsschub tatsächlich die Chance, die Überlegenheit der Royal Navy zu verringern. Für den deutschen Flottenbau lag der Schwerpunkt bei der quantitativen Erfüllung der Flottengesetze. Eine massive Qualitätssteigerung war bei den Gesetzen jedoch nicht vorgesehen. Es musste deshalb zwangsläufig zu finanziellen Engpässen kommen. Tirpitz reagierte mit der Flottennovelle von 1906. Nun wurde der Bau der sechs großen Kreuzer, die 1900 aus dem Programm gestrichen worden waren, doch noch bewilligt. Die Neubauten, wie auch die Ersatzbauten konnten allerdings nicht mehr auf herkömmlichem Wege, also einer Programmfortsetzung finanziert werden, da die Marine verpflichtet war, den Finanzrahmen der Flottengesetze nicht zu überschreiten. Daher musste nun doch, was mit den Gesetzen ja eigentlich verhindert werden sollte, im Reichstag wieder um die höheren Baukosten gestritten werden. Die Finanzierungsfrage der Hochseeflotte sollte in den kommenden Jahren zu einem politischen Dauerbrenner werden.

Zwischen Juni und Oktober 1907 scheiterten bei den **Haager Konferenzen** die Versuche, zu einer Rüstungsbegrenzung zu kommen. Deutschland lehnte ab, weil es um seinen Großmachtstatus fürchtete. Aber auch den übrigen Mächten gingen die Abrüstungsvorschläge zu weit.

E

Haager Konferenzen
Auf Initiative des russischen Zaren Nikolaus II. tagte vom 18. Mai bis 29. Juli 1899 die erste Haager Friedenskonferenz. Unter den 26 Teilnehmern fanden sich nicht nur alle europäischen Staaten, sondern auch China, Japan, Siam, Mexiko und die USA. Diskutiert wurde u.a. die Einrichtung eines ständigen Schiedsgerichtshofes, aber keine der Großmächte war schließlich bereit, seine Souveränität durch eine neutrale Schiedsstelle einschränken zu lassen. Vereinbart wurden aber dennoch drei Abkommen: 1. zur friedlichen Beilegung internationaler Streitfälle, 2. über die Gesetze und Gebräuche des Landkrieges und 3. über die Anwendung der Grundsätze der Genfer Konvention vom 22.8.1864 auch zur See. Auf der zweiten Haager Konferenz (15.6.1907–18.10.1907), an der nahezu alle 45 Staaten der Welt teilnahmen, wurden diese Abkommen um weitere neun Abkommen er-

gänzt. Die schroffe Form, in der Deutschland es ablehnte, die Begrenzung der Flottenrüstung auf die Tagesordnung zu setzen, erhöhte das ohnehin vorhandene Misstrauen gegenüber dem Kaiserreich. Trotz der geringen Erfolge der Haager Konferenzen bei der Rüstungsbegrenzung hatte die Staatengemeinschaft begonnen, sich über gewisse Bereiche des Völkerrechts auszutauschen und sich erstmals über Rüstungsbegrenzungen Gedanken gemacht.

Der Flottenvergleich

Die Flottennovelle von 1908 brachte hinsichtlich des Flottenbestandes keine Änderungen. Sie änderte jedoch das Bautempo. Bis 1911 sollten nun vier große Schiffe im Jahr statt zuvor drei auf Kiel gelegt werden. 1912 sollte dann wieder zum Zweiertempo zurückgekehrt werden. Tirpitz erhoffte sich durch die kurzfristige Baubeschleunigung eine bessere Verhandlungsposition für weitere Sollstärkeerhöhungen. Gleichzeitig wurde mit der Novelle von 1908 die Dienstzeit der Schiffe auf 20 Jahre statt zuvor 25 Jahre reduziert. Das hätte für die Zukunft ein konstantes Bautempo von drei Großkampfschiffen per anno bedeutet. Obwohl für etwa 1920 ein Bestand von 41 Linienschiffen, 20 Großen und 40 Kleinen Kreuzern, 144 Torpedobooten und 72 U-Booten erreicht werden sollte, sahen die Realitäten viel bescheidener aus. Das Reich konnte den Rüstungswettlauf finanziell nicht durchhalten und Tirpitz setzte fast nur noch auf den Bau von Schlachtschiffen. Er wollte das deutsch-englische Stärkeverhältnis von eins zu zwei auf zwei zu drei verändern. Aber wie Frankreich, die USA und Russland hatte auch Deutschland zunächst große technische Schwierigkeiten bei der Konstruktion der neuen Riesenschiffe. Erst 1909 gelang es dem Kaiserreich mit der *Nassau*, nach dreijähriger Bauzeit ein erstes Großkampfschiff in Dienst zu stellen. Einem Vergleich mit der Dreadnought hielt dieses jedoch nicht stand. Objektiv war bereits Anfang 1909 das Flottenwettrennen zugunsten der Royal Navy entschieden. Der „Tirpitz-Plan" war mit der englischen Kampagne „two keels to one", die sich tatsächlich dezidiert gegen die deutsche Rüstung wandte, endgültig gescheitert. England legte nicht nur mehr und bessere Schiffe auf Kiel, sondern stellte sie auch erheblich schneller fertig.

Tabelle 7: Flottenvergleich (*Stand 31.3.1909*)

	England	**Frankreich**	**Deutschland**	**Italien**	**USA**	**Russland**	**Japan**
Schlachtschiffe							
Erster Klasse	53 (6)	26 (6)	17 (2)	10 (1)	26 (6)	13 (4)	14 (4)
Schlachtkreuzer							
Erster Klasse	38 (1)	20 (2)	8 (4)	7 (3)	15	14 (2)	11 (2)
Zweiter Klasse	72 (5)	28	33 (7)	16	21	11	20 (1)
Dritter Klasse	(2)	–	11	–	10	2	7
Zerstörer	146 (25)	56 (21)	73 (24)	17	20 (15)	97	55 (3)
Torpedoboote	30	269	77 (30)	66	32	154	77
U-Boote	45 (23)	49 (55)	4 (4)	7	12 (16)	24 (11)	9 (2)

Die () beschreiben die im Bau befindlichen Schiffe
Aus: A. Rose, Zwischen Empire und Kontinent, S. 412.

Zwischen 1908 und 1911 erreichte das Wettrüsten seinen Höhepunkt. Begleitet und aufrechterhalten wurde es von einer aufgeregten Öffentlichkeit auf beiden Seiten des Ärmelkanals. Dabei folgten die Medienkampagnen einem ähnlichen Muster. Während in Großbritannien der „deutsche Teufel" im Rahmen der sogenannten „navy scares" dazu herhalten musste, die abrüstungswillige linksliberale Mehrheit umzustimmen und die Budgets für die kostspieligen Neubauten zu gewährleisten, galt dies im selben Maße auch für die deutsche Seite. Hier schürten vor allem der Flottenverein und die Alldeutschen weiter Ängste vor einem „Copenhagen", einem plötzlichen Präventivschlag der Royal Navy, der Einkreisung oder dem Prestige- und Machtverfall. Intern wussten es die Marinefachleute freilich besser. Die Expertisen der Sicherheitsausschüsse bestätigten Fisher in seiner Ansicht, dass die Hochseeflotte keine wirkliche Gefahr darstellte, und auch Tirpitz räumte spätestens Ende 1910 ein, dass die deutsche Flottenpolitik höchstwahrscheinlich in einem Fiasko enden werde. Eine Rüstungsbegrenzung, die einer öffentlichen Beschneidung der deutschen Souveränität und des Weltmachtstrebens gleichgekommen wäre, kam weder für Tirpitz noch für den Kaiser infrage. Auch Bülow hatte festgestellt, dass eine „Einschränkung unserer Wehrmacht unter keinen Umständen diskutierbar" sei.

Neuer Aufbruch mit Bethmann Hollweg?

Durch die immense Baukostenerhöhung nach dem Dreadnought-Sprung, der auch eine weitere Vertiefung des Kaiser-Wilhelm-Kanals nötig machte, zerbrach das ursprüngliche parlamentarische Bündnis zwischen dem Bürgertum und dem Großgrundbesitz an der Frage der Finanzierung. Reichskanzler Bernhard von Bülow, der gemeinsam mit Tirpitz den Flottenbau propagiert hatte, musste nicht zuletzt auch deshalb im Sommer 1909 zurücktreten. Er wurde von dem sowohl außen- wie marinepolitisch gemäßigten Theobald von Bethmann Hollweg ersetzt. Der neue Reichskanzler lehnte den Tirpitz-Plan in vielen Aspekten, insbesondere in dessen Gegnerstellung zu Großbritannien ab und versuchte, über eine Flottenbegrenzung zu einer Annäherung an London zu gelangen.

Mit Bethmann Hollweg, den explodierenden Kosten und der zunehmend offenbar werdenden Isolierung des Reiches wurden zwar vermehrt Stimmen nach einer Rüstungsbegrenzung und einer Annäherung an England laut. Aber Tirpitz und Wilhelm II. sprachen sich, wenn überhaupt, nur für eine minimale Verlangsamung des Bautempos aus. Unterstützung fand dieser Kurs vom deutschen Marineattaché in London, Wilhelm von Widenmann (1871–1955), der wie Tirpitz für eine Beibehaltung der Politik der Stärke plädierte. Auch auf britischer Seite hielt sich die Bereitschaft zu einem Ausgleich in Grenzen. Die bilateralen Flottengespräche zwischen London und Berlin in Kronberg 1908, im Mai 1910 oder im Rahmen der „Haldane-Mission" von 1912 zeigten immer wieder, wie verfahren die bilaterale Situation war.

Das wiederholte Scheitern der Rüstungsbeschränkungen bildete zum einen den Rahmen für weitere internationale Krisenerscheinungen. Zum anderen boten wiederholte Versuche, doch noch zu einer Begrenzung zu kommen, Anlass für weitere Entspannungsmaßnahmen.

V. „Weltpolitik und kein Krieg" (1909/11–1914)

1909–1917	Theobald von Bethmann Hollweg im Reichskanzleramt
3.–4.11.1910	Besuch des Zaren Nikolaus II. in Potsdam
1911	Zweite Marokkokrise („Panthersprung"), Italienisch-türkischer Krieg; Festigung der Triple Entente
8.2.1912	„Haldane-Mission"
März 1912	Neue Flottenvorlage im Reichstag (Bauprogramm bis 1920)
Juli 1912	Russisch-französische Marinekonvention
4.7.1912	Treffen von Nikolaus II. und Wilhelm II. in Baltischport
Oktober 1912	Erster Balkankrieg
8.12.1912	Ergebnisloser „Kriegsrat" auf Initiative des Kaisers
Juni 1913	Zweiter Balkankrieg
Juli 1913	Letzte große Heereserweiterung vor dem Ersten Weltkrieg
Ende 1913	„Liman von Sanders-Affäre"
28.6.1914	Attentat von Sarajewo auf Thronfolger Franz Ferdinand
5./6.7.1914	„Mission Hoyos" und deutscher „Blankoscheck" für Österreich-Ungarn
20.–23.7.1914	Besuch der französischen Regierung in St. Petersburg
23.7.1914	Ultimatum an Serbien
25.7.1914	Russische Teilmobilmachung (13 Armeekorps) gegen Österreich-Ungarn (am 28.7. bekannt gegeben)
28.7.1914	Kriegserklärung Österreich-Ungarns an Serbien
30.7.1914	Deutsche Mobilmachungen und Kriegserklärung an Russland
1.8.1914	Generalmobilmachung in Russland
3.8.1914	Deutsche Kriegserklärung an Frankreich und Einmarsch in Belgien
4.8.1914	Kriegserklärung Englands an das Deutsche Reich

Entspannungsversuche

Die Annexionskrise hatte die letzte Gewissheit über die Festigkeit der neuen Verbindung geliefert. Was blieb, war zu versuchen, den Grad an gewünschter Sicherheit entweder selbst durch verstärkte Rüstungsmaßnahmen zu erreichen, weitere Krisen vom Zaun zu brechen auf die Gefahr hin, dass damit ein Krieg ausgelöst werden würde, oder auf Entspannung insbesondere gegenüber England und Russland zu setzen. Deutschland beschritt in der Folgezeit alle Optionen. Nur auf seinen Groß- und Weltmachtstatus zu verzichten und sich einer Macht als Juniorpartner anzunähern, stand nicht zur Debatte. Das hätte nicht nur den gewaltigen Machtambitionen der Regierungselite, sondern auch den machthungrigen Ansprüchen der Nation widersprochen. Höchst fraglich erscheint auch, ob ein grundsätzlicher Machtverzicht die Sicherheitslage verbessert hätte. Viel wahrscheinlicher ist, dass dann auch die Ansprüche Frankreichs, Russlands und Österreich-Ungarns entsprechend gewachsen wären. Eine bloße Beschränkung auf den Kontinent schien jedenfalls keine Sicherheitsgarantie zu liefern. Es kam also darauf an, die Weltpolitik möglichst in ruhige Gewässer zu bringen und so gut wie möglich daraus entstehende Konflikte beherrschbar zu machen. „Weltpolitik und kein Krieg" – der Titel eines 1913 veröffentlichten Buches von dem Publizisten Hans Plehn und dem Diplomaten Richard von Kühlmann – wurde von Bethmann gefördert und diente ihm in gewisser Weise sogar als außenpolitische Vorlage. Tatsächlich traten Ostasien und der Pazifik als Konfliktherde zurück. Die weltpolitische Energie Berlins konzentrierte sich fortan auf die Bagdadbahn sowie die ökonomische Durchdringung des Osmanischen Reiches. Der andere Bereich, bei dem sich das Kaiserreich zu keinen Abstrichen bereit zeigte, war die Flottenpolitik. Sie erregte auf beiden Seiten des Ärmelkanals die Öffentlichkeiten und avancierte zum dauerhaften Hindernis für eine anglo-deutsche Verständigung. Seit der Jahrhundertwende war es in beiden Ländern zu wiederholter Aufregung und Protesten bzw. zu einem regelrechten Flottenwettrennen gekommen. Auch wenn dieses aufgrund der Überlegenheit der Royal Navy bereits früh entschieden war, hatten sich die öffentlichen Sensibilitäten in England und Deutschland längst verselbstständigt. Während im Kaiserreich im Zeichen des sogenannten neuen Navalismus die Flotte als sine qua non eines jeden Großmachtanspruchs galt, war es auch für die britische Seite kaum möglich, in Fragen der maritimen Suprematie Verhandlungsbereitschaft zu zeigen. Nichtsdestoweniger sollte nach deutschem Kalkül ausgerechnet der größte Streitpunkt zwischen beiden Ländern einen bilateralen Gesprächsfaden aufrechterhalten.

1. SMS Panther vor Agadir

Die Agadirkrise

Ging es Theobald von Bethmann Hollweg insgesamt um eine Entspannung und Annäherung an England, so ließ der nächste Test für das Staatensystem nicht lange auf sich warten. Zwar hatten sich Frankreich und Deutschland, übrigens sehr zum Missfallen Londons, noch vor Ende der Annexionskrise über Marokko verständigt, zu einer Beruhigung der inneren Lage des Landes hatte dies aber nur wenig beigetragen. Während Bülow weiter auf deutsche Kompensationsforderungen setzen wollte, hatte Wilhelm II. erkannt, das die „elende Marokko-Affäre" beendet werden musste: „Es ist nichts zu machen, französisch wird es doch!" Am 9. Februar 1909 hatte Deutschland deshalb die politische Vorrangstellung Frankreichs in Marokko anerkannt. Im Gegenzug gestand Paris anderen Mächten offiziell die wirtschaftliche Gleichberechtigung in Marokko zu. Trotzdem setzte Frankreich inoffiziell seine systematische Behinderung fremder Interessen fort. Deutsche Diplomaten vor Ort, wie der Gesandte Albert von Seckendorff (1849–1921), hatten längst den Eindruck gewonnen, sich in einer französischen Kolonie zu befinden. Auch in anderen Atlantikhäfen, in Tanger oder Mogador, behinderten die Franzosen über ihren maßgeblichen Einfluss auf die Polizei, die Gerichte oder die Steuerverwaltung deutsche Wirtschaftsinteressen.

Als es im Frühjahr 1911 zu erneuten Unruhen gegen die französische Fremdbestimmung kam, nahm der Quai d'Orsai diese zum Anlass, im April Rabat und im Mai Fez zu besetzen. Die französische Regierung war sich dabei sicher, auf britische und russische Unterstützung rechnen zu können. Zudem wurde sie von der eigenen Presse gedrängt, ein Zeichen der Stärke zu setzen und sowohl spanische als auch deutsche Interessen ausdrücklich zu ignorieren. Die französischen Kolonialpropagandisten plädierten nachdrücklich für eine Militärexpedition und ein vollständiges Protektorat über Marokko. In Berlin hoffte man angesichts der eigenen, unberechenbaren öffentlichen Meinung sowie den Entspannungsbemühungen gegenüber London, zunächst die Krise „aussitzen" zu können. Vor allem Reichskanzler Bethmann Hollweg widmete sich Anfang 1911 viel lieber der Idee eines deutsch-englischen Neutralitätsabkommens, als sich mit der leidigen Marokkofrage auseinanderzusetzen. Sein Staatssekretär, Alfred von Kiderlen-Wächter, dachte jedoch anders und schritt weitgehend auf eigene Faust voran. Zwar wollte auch er Marokko den Franzosen überlassen, strebte aber angesichts des öffentlichen Drucks nach einer Kompensation andernorts. Er zielte nicht auf Krieg, glaubte aber, dass Frankreich nur bei einem entschlossenen Auftreten Deutschlands zu Konzessionen bereit sein werde. Von England und Russland erwartete er Desinteresse und Zurückhaltung. Es galt daher abzuwarten, bis Frankreich die Algeciras-Akte verletzen und damit einen offenen Völkerrechtsbruch begehen würde. Ohne internationale Unterstützung sollte Paris dann mithilfe der Entsendung des Kanonenboots Panther in den marokkanischen Hafen Agadir, den sogenannten „Panther-Sprung nach Agadir", daran „erinnert" werden, dass auch „Deutschland noch vorhanden sei". Anders als der bedächtige Reichskanzler und der ausnahmsweise zur Zurückhaltung mahnende Kaiser, zielte Kiderlen von Anfang an auf einen Paukenschlag. Vor der eigenen Öffentlichkeit und der Welt dürfe es kein feiges Zurückweichen mehr geben. Vielleicht könne so auch ein Anwachsen der SPD bis zu den bevorstehenden Reichstagswahlen im Januar 1912 verhindert werden. Dieses Kalkül erinnerte an das Spiel Bismarcks während der Boulanger-Affäre 1887. Für die propagandistische Vorbereitung des Coups instrumentalisierte Kiderlen die Alldeutschen und versprach deren Vorsitzendem, Heinrich Claß, sogar eine Kolonie in Marokko. Diese sich widersprechende Doppelstrategie, selbst keine Expansion in Marokko anzustreben, aber zum Zwecke der äußeren Druckerhöhung und inneren Entlastung die eigenen Kolonialfanatiker anzuspornen, führte die Berliner Politik allerdings in eine Sackgasse. Kiderlen war sich längst der grenzübergreifenden Wirkung der Presse bewusst. Viel zu optimistisch aber glaubte er, die so geschürte Stimmung unter Kontrolle halten zu können. Als das Kanonenboot Panther am 1. Juli 1911, angeblich zum Schutz deutscher Staatsbürger, bei Agadir vor Anker ging, löste Berlin die zweite Marokkokrise aus. Die eigene Presse jubelte wie bestellt: „Endlich eine Tat". Sie setzte mit der von ihr als „Panther-Sprung" bezeichneten Aktion aber auch die eigene Regierung zusätzlich unter Erfolgsdruck.

Q

„Hurrah! Eine Tat!", Die Norddeutsche Allgemeine Zeitung, 1.7.1911

Die im Süden Marokkos interessierten deutschen Firmen haben die Kaiserliche Regierung unter Hinweis auf die Gefahren, die angesichts der Möglichkeit des Übergreifens der in anderen Teilen Marokkos herrschenden Unruhe den dortigen gewichtigen deutschen Interessen drohen, um Maßregeln zur Sicherung von Leben und Eigentum der Deutschen und deutschen Schutzgenossen in jenen Gegenden gebeten. Die Kaiserliche Regierung hat zu diesem Zweck zunächst die Entsendung von Seiner Majestät Schiff Panther, das sich in der Nähe befand, nach dem Hafen von Agadir beschlossen und diesen den Mächten angezeigt. [...] es wird wie ein jubelndes Aufatmen durch unser Volk gehen. Der deutsche Träumer er-

> wacht aus zwanzigjährigem Dornröschenschlaf. Endlich eine Tat, eine befreiende Tat, die den Nebel bittersten Mißmutes in deutschen Landen zerreißen muß. In den zwei Jahrzehnten nach dem Abgang des großen Reichsschmiedes haben unfähige Nachfolger Mißerfolg auf Mißerfolg gehäuft. In feiger Furcht sind die unwürdigen Nachkömmlinge der Helden von 1870 Schritt für Schritt vor den Herausforderungen des Auslandes zurückgewichen [...] Als ob wir nicht die volksstärkste Nation in Europa wären, als ob wir uns mit unseren berechtigten Machtansprüchen nicht auf ein Heer von 5 Millionen Bajonetten stützen könnten und auf eine Flotte, die nicht mehr zu verachten ist [...] Nun endlich eine Tat, eine befreiende Tat!

Kiderlen-Wächter

Vor allem in der bürgerlichen Presse war die Machtdemonstration äußerst populär. Kiderlen selbst bemerkte: „Wenn ich mich populär machen wollte, würde ich zum Krieg treiben, was leicht wäre. Aber ich habe diesen Ehrgeiz nicht.“ Die gezielte Provokation war also als Bluff angelegt. Tatsächlich aber verfehlte diese Strategie ihre Wirkung. Die Aktion symbolisierte zwar deutsche Stärke, täuschte aber sowohl die eigene Öffentlichkeit als auch das Ausland über die wahren Absichten und schürte falsche Erwartungen bzw. Befürchtungen. Anders als Holstein in der ersten Marokkokrise, ging es Kiderlen nicht primär darum, die Ententemächte auseinanderzusprengen. Vielmehr wollte er bloß deren Zusammenhalt unterminieren und an der Entente vorbei zu einem Kompensationsgeschäft mit Frankreich kommen. Im Vordergrund stand nach wiederholten Niederlagen ein Prestigeerfolg für das Reich. Dazu müsse Deutschland „kriegsbereit“ erscheinen, „um die letzte Gelegenheit“ zu nutzen, „ohne zu fechten – etwas Brauchbares in Afrika zu erhalten“. Wieder einmal endete das Säbelgerassel aber mit einer Schwächung der deutschen Position und Stärkung des Ententeverhältnisses.

Kiderlens Politik erwies sich gleich in mehrfacher Hinsicht als ausgesprochen kontraproduktiv. So zwang sie zum einen die durchaus deutschfreundliche Regierung von Joseph Caillaux (1863–1944) in Paris zu einer resoluten Haltung. Zum anderen entzog sie auch der seit der Annexionskrise an Gewicht gewonnenen radikalliberalen Mehrheit im englischen Kabinett den Boden. Seit der Balkankrise hatte sich dort die Kritik an einem vermeintlich zu freundlichen Russlandkurs Edward Greys gehäuft. Nachdem sich das Zarenreich nämlich sichtbar erholt hatte, plädierten Lord Loreburn (1846–1923) und Viscount Morley (1838–1923) für eine ausgleichende Politik gegenüber Deutschland. Das plumpe Agieren der Wilhelmstraße kam daher gerade der antideutschen Gruppe im Foreign Office um Arthur Nicolson, Francis Bertie und Eyre Crowe gelegen. Alle drei wollten die Entente ohnehin zu einem militärischen Beistandspakt gegen Berlin weiterentwickeln. Wieder einmal, so konnten sie nun behaupten, hätte sich Deutschland als internationaler Störenfried entpuppt.

Krisenverschärfung durch England

Während sich sowohl russische, belgische und deutsche Gesandtschaftsberichte darin einig zeigten, dass Frankreich die marokkanische Situation bewusst auf die Spitze getrieben hatte, um seine expansionistischen Ziele voranzutreiben, wurde die Demonstration von Agadir in London einzig als Beleg für das deutsche Hegemonialstreben bewertet. Sollte sich England jetzt nicht wie von Paris gefordert, zur Entente bekennen, so die Sorge in Whitehall, so würden sich Frankreich und Russland über kurz oder lang einem Berliner Diktat unterwerfen. Dass das reichlich übertrieben war,

Deutschland insgesamt eher an Boden verlor, und dass es erneut Frankreich war, welches die Vereinbarungen von Algeciras missachtet hatte, erschien längst nebensächlich. An der Themse setzten sich mehr und mehr die Befürworter der unbedingten Bündnistreue gegenüber Frankreich durch. Am 21. Juli 1911 warnte plötzlich der britische Schatzkanzler, David Lloyd George (1863–1945), in einer viel beachteten Rede im Mansion House die Berliner Regierung vor einer Eskalation.

Q

Englisches Prestige und Bündnispflege in der Zweiten Marokkokrise
Auszug aus der Rede des Schatzkanzlers Lloyd George vom 21. Juli 1911 im Mansion House
Aus: Die Britischen Amtlichen Dokumente, Bd. 7/1, S. 641.

Ich muß aber auch dies sagen – daß es meines Erachtens im höchsten Interesse nicht nur unseres Landes, sondern der Welt unbedingt notwendig ist, daß Britannien unter allen Umständen seinen Platz und sein Prestige unter den Großmächten der Welt aufrechterhält. (Beifall) Sein mächtiger Einfluß war in der Vergangenheit so manches Mal unschätzbar für die Sache der menschlichen Freiheit und dürfte dies auch in Zukunft sein. [...] Ich würde große Opfer bringen, um den Frieden zu erhalten. [...] Aber wenn uns eine Lage aufgezwungen würde, in der der Friede nur durch die Preisgabe der großen und wohltätigen Stellung, die Britannien sich durch Jahrhunderte des Heroismus und großer Taten erworben hat, und nur dadurch erhalten werden könnte, daß man Britannien da, wo seine Interessen vital berührt wären, behandeln ließe, als ob es im Rate der Nationen nicht mitzählte, dann, so erkläre ich mit Nachdruck, wäre ein Friede um diesen Preis eine Demütigung, die zu erdulden für ein großes Land wie das unsrige unerträglich wäre. (Beifall) Die Nationalehre ist keine Parteifrage. (Beifall) Die Sicherheit unseres großen internationalen Handels ist keine Parteifrage; es besteht viel größere Aussicht auf Sicherung des Weltfriedens, wenn alle Nationen sich gehörig klar darüber sind, was die Bedingungen für den Frieden sein müssen.

Außenstaatssekretär Kiderlen hatte sich wie zuvor Holstein in der englischen Haltung völlig verschätzt. Aber es war nicht die deutsche Seite, die bereits mit Caillaux in vielversprechenden Verhandlungen über ein Kompensationsgeschäft steckte, sondern die Rede des englischen Schatzkanzlers, die die Krise auf die Spitze trieb. Außenminister Grey schürte sogar Gerüchte von einer unmittelbar bevorstehenden Attacke der Hochseeflotte. In Wahrheit war die Hochseeflotte völlig zerstreut und machte keinerlei Anstalten, sich in irgendeiner Form kriegsbereit zu machen. Auch in Deutschland breitete sich nun Kriegsstimmung aus. Helmuth von Moltke d.J. zeigte sich zu allem entschlossen. Wilhelm II. und der Reichskanzler riefen zur Besonnenheit auf, waren aber unfähig, Kiderlen zu entlassen. Dieser hatte sich in die Sackgasse geblufft, hielt aber unbeirrt an seinem Kurs fest und protestierte scharf gegen englische Drohgebärde. Frankreich wiederum sah sich von London ermutigt, und so wies Botschafter Jules Cambon in Berlin alle Kompensationsforderungen der Wilhelmstraße zurück. Anfang August 1911 blieb Kiderlen schließlich nichts anderes übrig, als zu kapitulieren und den Rückzug anzutreten. Während sich das Ausland einmal mehr in seiner Politik der Stärke gegenüber Berlin bestätigt sah, fiel Kiderlen vor allem bei der deutschen Öffentlichkeit in Ungnade. Sein Rückzug wurde als „feiger Verzicht" wahrgenommen und wieder einmal mit der „Schmach von Olmütz" verglichen. Nach weiteren Verhandlungen gab Berlin Anfang November 1911 alle Ansprüche auf Marokko auf und trat 12000 Quadratkilometer im Norden Kameruns an Paris ab. Kompensiert wurde das Kaiserreich mit 295000 Quadratkilometern des französischen Kongo. In der deutschen Öffentlichkeit und im Reichstag war der Eindruck über dieses Ergebnis verheerend. Statt einer Konsolidierung der eigenen Mehrheiten und eines breiteren Rückhalts erreichte die Reichsleitung das glatte Gegenteil. Bei den anstehenden Reichstagswahlen im Januar erhielt die SPD 110 Mandate und wurde erstmals stärkste Fraktion. Die Reichsleitung steuerte auf eine Krise zu. Nur ein Einlenken gegenüber den imperialistischen Scharfmachern schien noch möglich. Im Verlauf der Krise hatte sich einmal mehr gezeigt, dass weder der Kaiser noch der Kanzler oder das Pressebüro der Wilhelmstraße es vermochten, die eigene Presseöffentlichkeit im Zaun zu halten, geschweige denn für die eigenen Zwecke zu lenken. Während der Staatssekretär des Äußeren mit seiner Drohpolitik weitere Hoffnungen im Reich geschürt hatte, hatte er das Kaiserreich damit nach außen noch weiter in die diplomatische Isolation getrieben. Die Ententemächte, die das deutsche Säbelgerassel leid waren, rückten noch enger zusammen. Am 23. August 1911 beschloss das englische Committee of Imperial Defence, Paris im Falle eines Krieges mit einer Expeditionsstreitmacht zu Hilfe zu kommen. Auch wenn aus der Entente cordiale bis 1914 keine förmliche Allianz entstehen sollte, so war es in englischen Regierungs-, Diplomaten- und Militärkreisen längst klar, dass ein deutscher Angriff auf Frankreich auch für London Krieg bedeutete. Ein Jahr später, am 22. und 23. November 1912 bestätigte der Briefwechsel zwischen Edward Grey und Botschafter Jules Cambon die Vereinbarung der englischen und französischen Generalstäbe. Der Briefwechsel wirkte als inoffizieller Ersatz für ein offizielles Bündnis, welches nur das englische Parlament beschließen konnte. Wie schon in privaten Gesprächen gegenüber Iswolski während der Annexionskrise, so verdeutlichte Edward Grey auch gegenüber Cambon seine Loyalität zur Entente, auch wenn einer vollwertigen Allianz noch immer parlamentarische Hürden im Weg standen. Gleichwohl schien von nun an klar, auf welche Seite sich England im Kriegsfall schlagen würde.

2. Entspannung und Krisenverschärfung

a) Gesellschaftliche Entspannungsversuche

„Aera der Entspannung"?

Die Annexions- und die Agadirkrise hatten die Gefahr einer Blockkonfrontation aufgezeigt. Beide Krisen bildeten den vorläufigen Höhepunkt einer Stafette zunehmender Krisen, die die Geschichte der internationalen Beziehungen vor 1914 in der Regel dominieren. Durchbrochen wird diese Abfolge von den ebenfalls vorhandenen, aber erst seit einigen Jahren beachteten Entspannungsbemühungen, die es sowohl auf gesellschaftlicher als auch auf diplomatisch-dynastischer Ebene gegeben hat. Tatsächlich sprachen nicht wenige Zeitgenossen besonders nach der Agadirkrise von einer „Aera der Entspannung", in welche die internationalen Beziehungen getreten seien. In Großbritannien sorgte der Bestseller Norman Angells (1872–1967), „The Great Illusion" für Aufsehen, der unter den Bedingungen der globalen Vernetzung von einem zwangsläufigen Rückgang des zwischenstaatlichen Konfliktpotenzials ausging. Die zweite Marokkokrise hatte somit nicht nur zu verstärkten Rüstungen und erhöhter Alarmbereitschaft geführt, sondern auch zu einer verstärkten Suche nach Möglichkeiten, den Großen Krieg zu vermeiden. Holger Afflerbach ist bei seiner Analyse des Dreibundes als „Versicherungsgesellschaft“ für den Frieden so weit gegangen, den Kriegsausbruch im August 1914 nicht mehr als zwangsläufiges, sondern sogar „eher unwahrscheinliches Resultat“ der Vorkriegsdiplomatie zu bezeichnen.

Freundschaftskomitees

Als Vorbild für gesellschaftliche Entspannungsbestrebungen diente zweifellos die anglo-französische Annäherung nach der Faschoda-Krise von 1898 bis hin zur Entente cordiale von 1904. Nachdem es bei Faschoda beinahe zu einem Krieg der beiden Erzrivalen England und Frankreich gekommen wäre, waren es vor allem freundlichere Presseberichterstattungen, festliche Zeremonien und feierliche Staatsakte, die für eine Grundlage für verbesserte staatliche Beziehungen sorgten und der eher schwachen kolonialen Vereinbarung überhaupt erst Substanz verliehen.

Auch in Deutschland und Großbritannien versuchten pazifistische und radikalliberale Idealisten einen atmosphärischen Wandel der als „verwandt“ betrachteten Nationen zu erzielen. Bankiers, Kaufleute und Reeder stellten auf beiden Seiten des Kanals die Mittel für verbesserte Beziehungen zwischen beiden Ländern bereit. Außer den bereits erwähnten Pressure Groups, die immer wieder die bilateralen Beziehungen belasten konnten, wurden nun Freundschaftsgesellschaften gegründet, wie etwa im Mai 1905 der *Anglo-German Union Club*, dem prominente Finanziers wie Baron Percy de Worms (1873–1941), Baron Bruno Schröder (1867–1940), Alfred Beit (1853–1906) oder Edgar Speyer (1862–1932) angehörten. Die Universität von Oxford, an der besonders viele deutsche Studenten und Rhodes Scholars eingeschrieben waren, beheimatete ebenfalls Freundschaftsgesellschaften wie die *German Society* oder den *Hanover Club*.

Im September 1905 gründeten deutsche und britische Pazifisten auf dem Weltfriedenskongress in Luzern das *Anglo-German Conciliation Committee*, welches wenig später in *Anglo-German Friendship Committee* umbenannt wurde. Unter der Führung des Bankiers John Lubbock alias Lord Avebury (1834–1913) organisierte die Gesellschaft mehrere Massenversammlungen in London und Berlin, mobilisierte zahlreiche Handelskammern in beiden Ländern, regte verschiedene Reisen deutscher Bürgermeister und Stadträte nach England an und gab mit dem *Anglo-German Courier* sogar eine eigene Wochenzeitung heraus. Zum Höhepunkt kam es zweifellos, als das Komitee zwei Rundreisen organisierte, bei denen deutsche Journalisten die Insel besuchten und britische Journalisten das Kaiserreich. Die Besuche wurden dabei, obwohl die Regierungen nichts damit zu tun hatten, wie offizielle Staatsbesuche in Szene gesetzt und erhielten auch in der Presse entsprechende Aufmerksamkeit und Resonanz. Cheforganisator des Austausches war William Thomas Stead (1849–1912), der auch persönlich der These von einem fundamentalen deutsch-englischen Gegensatz bei jeder sich bietenden Gelegenheit entschieden widersprach. Die periodisch auftretenden Verstimmungen auf beiden Seiten lastete er dabei vor allem seinen Kollegen von der Presse an, die mit ihren Polemiken regelrechte „Pressekriege“ ausgelöst hätten, weshalb er seine Initiative auch parallel zur Zweiten Haager Friedenskonferenz als „Abrüstung der Presse“ bezeichnete.

Deutsch-englischer Journalisten-Austausch

Im Juni 1906 reisten zunächst 50 deutsche Redakteure und Publizisten durch Südengland. Das dicht gedrängte Reiseprogramm beinhaltete einen Empfang in der deutschen Botschaft in London, Besuche im Parlament, der Londoner City sowie der St. Paul's Cathedral, Ausflüge nach Shakespeare's Stratford-upon-Avon, Windsor Castle, wo man am Grab Königin Victorias einen Kranz niederlegte, sowie ins Peterhouse College der Universität Cambridge und eine Themsefahrt nach Greenwhich. Ein Jahr später kam es zum Gegenbesuch einer ebenso großen Delegation britischer Journalisten nach Deutschland. Anders als beim Besuch in England wurde die Reise nun in enger Abstimmung mit der Reichskanzlei organisiert, sodass der Besuch deutlichere Züge einer Staatsangelegenheit trug. Dem Vorbereitungskomitee unter dem Vorsitz von Fürst Hermann Hatzfeldt-Trachenberg (1848–1933) gehörten Größen aus Politik, Wirtschaft und Geistesleben wie der Reichstagsvizepräsident, der Präsident des Preußischen Herrenhauses, die Bürgermeister der wichtigsten deutschen Großstädte sowie Bankiers und Wirtschaftsführer wie Albert Ballin (1857–1918) oder Emil Rathenau (1838–1915) an. Überall, wo die Besucher von der Insel auftauchten, kam es zu Festessen und Banketten, Museums- oder Opernbesuchen. Trotz aller Mühen blieben die Besuche, abgesehen von einigen persönlichen Bekanntschaften, politisch jedoch weitgehend folgenlos. Wesentlicher Grund hierfür war vor allem die ablehnende Haltung sowohl des britischen Foreign Office als auch der Berliner Wilhelmstraße. In Whitehall fürchtete man um möglicherweise negative Rückwirkungen auf französische Empfindungen und um die Entente cordiale. Und besonders Außenminister Edward Grey kritisierte die pazifistisch-idealistische Einstellung seiner radikalliberalen Parteigenossen. Die deutsche Diplomatie befand sich unterdessen erneut in der Situation der Führungslosigkeit, nach dem Tod des Außenstaatssekretärs Oswald von Richthofen (1847–1906), dem Ausscheiden von Holsteins und den gesundheitlichen Problemen von Bülows. Als ein Ende der deutschen Flottenrüstung letztlich ohne englische Gegenleistung blieb, machte sich große Enttäuschung breit. Sosehr die privaten Initiativen Beleg für transnationale Verbindungen sind, sosehr zeigte das letztendliche Scheitern der Bemühungen die Grenzen auf, über individuelle Entspannungsinitiativen bessere politische Beziehungen zu generieren. Zeitungen und Publizisten waren offenbar viel eher in der Lage, internationale Spannungen zu verursachen, als diese ohne politische Rückendeckung und Unterstützung wieder zu beheben.

Zu einer zweiten Welle gesellschaftlicher Détente-Bemühungen kam es nach der zweiten Marokkokrise 1911. Anders als 1906/07 standen nun auch konservative und liberal-imperialistische Kreise in Deutschland und Großbritannien dem Gedanken einer publizistisch vorangetriebenen Entspannung nicht mehr grundsätzlich ablehnend gegenüber. Während sich in Deutschland darin eine immer größere Besorgnis über die zunehmend schwierige außenpolitische Lage äußerte, waren es auf britischer Seite vor allem innenpolitische Motive. So hatten die Tories nach der Annexionskrise und der Marokkokrise die zunehmende radikalliberale Kritik an Greys überdeutlichem Festhalten an Russland und Frankreich zum Anlass genommen, die Regierung auch vonseiten der Opposition unter Druck zu setzen.

Wenn auch einzelne Initiativen zu keiner nachhaltigen Verbesserung der Vorkriegssituation geführt hatten, blieben sie insgesamt doch nicht unerheblich für das allgemeine Klima in den internationalen Beziehungen. Verringert wurden zumindest einige Reibungspunkte, zumal klassische Streitthemen wie die „deutsche Gefahr" seit 1912 spürbar abnahmen, nachdem der Wettlauf zur See zugunsten Englands entschieden war. Während in deutschen Marinekreisen die fortgesetzte englandfeindliche Agitation ihren Sinn zu verlieren schien, nahm auch die Invasions- und Spionagehysterie auf den Britischen Inseln nach 1911 deutlich ab. Nicht zufällig machte das seit den Tagen des Krügertelegramms verbreitete Bild des deutschen Kaisers in England zunehmend Klischeebildern vom Friedensfürsten auf dem Thron Platz. Auch wenn sie die internationalen Strukturen nicht aufzubrechen vermochten, stellten die atmosphärischen Verbesserungen, die sich nicht zuletzt im Wandel der deutsch-britischen Pressebeziehungen niederschlugen, einen politisch bedeutsamen Faktor dar. In einem Zeitalter, in dem die Relevanz der öffentlichen Meinung für die Außenpolitik sukzessive zunahm, kann deren potenzielle Wirkung kaum überschätzt werden.

b) Diplomatisch-dynastische Entspannungsversuche

Monarchenbegegnungen

Auch auf staatlicher Ebene kam es bis 1914 wiederholt zu Bemühungen, die Krisenstimmung zwischen den Mächten und Konstellationen zu entspannen. Dabei fanden diese zum einen innerhalb der jeweiligen Bündnisse bzw. Ententen statt, wenn etwa in einem Krisenfall die weniger betroffene Partei ihren jeweiligen Allianzpartner zur Mäßigung aufrief. So etwa geschehen während der Algeciras-Konferenz, als Wien als loyaler Partner trotzdem mäßigend auf Berlin einwirkte. Auch Frankreich wirkte, anders als England, während der Annexionskrise auf Russland ein, als es St. Petersburg mit Nachdruck klarmachte, dass es in der Frage keinen Konfliktgrund sehe. Eher selten, aber dennoch vorhanden, waren bündnisübergreifende Entspannungssignale wie etwa die Entrevue von Potsdam (3.–4.11.1910) zwischen Wilhelm II. und Zar Nikolaus II., um die Beziehungen nach der Annexionskrise wieder zu verbessern. Wenngleich das Zarenreich zu keinem formellen Abkommen bereit war, so gelang zumindest an der östlichen Peripherie eine Art Flurbereinigung, indem Russland versprach, seinen Widerstand gegen die Bagdadbahn zu beenden und Deutschland im Gegenzug Persien als russische Interessensphäre anerkannte. Zu einer ebenfalls seltenen Kooperation kam es während der noch zu behandelnden Balkankriege, als England und Deutschland in Absprache gemeinsam auf ihre Partner Russland und Österreich-Ungarn wirkten. Dieses Beispiel zeigt, dass obwohl in der unmittelbaren Vorkriegszeit von einer Blockstruktur des internationalen Systems ausgegangen werden muss, dieses nicht mit der Bipolarität während des Kalten Krieges zu verwechseln ist. Vor 1914 waren die Bündniskonstellationen insgesamt noch wesentlich instabiler und durchlässiger als zu Zeiten des Kalten Krieges. Ein Hauptgrund dafür war sicherlich, dass sich beispielsweise in beiden Formationen traditionelle Rivalen wiederfanden, die über strukturelle Streitpunkte und Grenzen der Zusammenarbeit verfügten. So waren weder in Deutschland noch in Österreich-Ungarn oder Italien die alten Streitigkeiten über Oberitalien vergessen. Vor allem die k.u.k.-Monarchie strebte unter Außenminister Alois Lexa von Aehrenthal verstärkt danach, sich von Berlin zu emanzipieren und wieder verstärkt eigene Interessen zu verfolgen. Der britisch-russische Gegensatz in Zentralasien dauerte trotz des Ausgleichs von 1907 an, vornehmlich weil sich gerade die russischen Kräfte vor Ort nicht an die Vereinbarungen gebunden fühlten. Aber auch innerhalb der Entente cordiale bestanden bis 1914 immer wieder Zweifel, ob England tatsächlich an der Seite Frankreichs in einen großen Europäischen Krieg ziehen würde, obwohl es streng genommen vertraglich nicht dazu verpflichtet war. Ein untrügliches Zeichen für die weiterhin bestehende Durchlässigkeit sowohl der Triple Entente als auch des Zweibundes war es zudem, dass Entspannungsinitiativen stets von einzelnen Parteien ausgingen, nie aber zwischen den Formationen als solchen vorkamen.

Neben Regierungsinitiativen wurden auch dynastische Verbindungen aktiviert, um bilaterale Situationen zu entkrampfen oder ihnen eine andere Richtung zu geben. Zu derartigen Versuchen zählt etwa die Initiative Wilhelms II. im Juli 1905 in Björkö, als er seinen Vetter, den Zaren, zu einer Defensivallianz bewog, beide Monarchen aber an ihren jeweiligen Regierungen scheiterten. Fünf Jahre später, eben im November 1910, ging die Initiative zu einer Entrevue in Potsdam vom Zarenhof aus, diesmal mit Rückendeckung der russischen Regierung. Auch wenn es dabei nicht zu der von Kiderlen erhofften „Wende" kam, einigten sich Russland und Deutschland zumindest in einigen Handels- und Bahnfragen im Nahen Osten. Dass diese Treffen aber mitunter mehr Probleme schufen, als sie zu lösen imstande waren, wird daran deutlich, dass sowohl beim Treffen in Potsdam als auch im Juli 1912, als sich der Zar und der Kaiser zu Gesprächen im finnischen Baltischport zusammenfanden, die jeweiligen Partner äußerst nervös reagierten. So waren weder London noch Paris sonderlich begeistert über die Potsdamer Monarchenbegegnung, und auch Wien zeigte sich 1910 und 1912 unsicher, was Nikolaus und Wilhelm wohl zu bereden hatten. Umgekehrt versuchte etwa Kiderlen Baltischport andererseits zu nutzen, um die Habsburgermonarchie während der Balkankrise zu disziplinieren. Scheinbar verbesserte deutsch-russische Beziehungen sollten das Signal aussenden, dass die k.u.k.-Monarchie nicht zu viel riskieren sollte. Ein Vorgehen, welches auch schon Bismarck erfolgreich eingesetzt hatte.

Des Weiteren konnte es auch über konkrete Sach- und Streitfragen zu Verständigungsversuchen kommen. Auf deutscher Seite war es vor allem Bethmann, der Botschafter in London Paul Graf Wolf-Metternich und sein Botschaftsrat, Richard von Kühlmann, sowie nach der zweiten Marokkokrise auch Kiderlen-Wächter selbst und ab Januar 1913 Gottlieb von Jagow (1863–1935), die auf eine Entspannung, namentlich gegenüber England zielten. Über vereinzelte Kompromisse sollten die deutschen Weltmachtansprüche zumindest zum Teil aufrechterhalten werden. Damit wurde die lange strikt abgelehnte Juniorpartnerschaft indirekt und unausgesprochen doch noch ein Stück weit akzeptiert. Zwei Themenbereiche boten sich für eine Annäherung an London an: Erstens die deutsch-englische Flottenrivalität und zweitens eine Einigung über periphere Fragen.

Flottenverständigung?

Die deutsch-britischen Verständigungsbemühungen in der Flottenfrage bündelten sich in der am 8. Februar 1912 beginnenden Mission des englischen Kriegsministers Richard Haldane nach Berlin. Der Kriegsminister schlug eine Verlangsamung des Flottenbautempos von sechs auf zwölf Jahre vor, und zwar unter Beibehaltung des zwei zu eins Standards. Das von Tirpitz anvisierte zwei zu drei Verhältnis würde so erst langfristig und im Zuge weitergehender Vereinbarungen möglich.

Längst war offenbar geworden, dass Deutschland das Wettrüsten nicht mithalten konnte, aber London hoffte auf ein Signal, zur Beruhigung der besorgten eigenen öffentlichen Meinung und um den eigenen Haushalt entlasten zu können. Wie schon in Kronberg (1908) war England aber weder bereit, noch hatte es das nötig, seinerseits Deutschland entgegenzukommen. Die Bedingung Berlins, für eine Reduzierung der Hochseeflotte eine Neutralitätszusage von London für den Fall eines kontinentalen Konflikts zu erreichen, stand deshalb von vornherein außer Frage. Beiden Seiten ging es bereits weniger um eine Kriegsvermeidung, als vielmehr um eine Sicherung für den etwaigen Ernstfall. Die „Haldane-Mission“ stand deshalb von Beginn an unter keinem guten Stern. Erschwerend kam hinzu, dass sie aus britischer Sicht insbesondere ein innenpolitischer Winkelzug war, um der anhaltenden Kritik der pazifistischen Radikalliberalen zu begegnen, und dass der Kaiser am Tag vor Haldanes Ankunft in Berlin noch eine neue Flottennovelle verkündete.

Bei den Gesprächen ging es immer wieder um Prioritäten und Vorleistungen. Deutschland wollte erst nach einer Neutralitätssicherung einlenken und England hätte umgekehrt erst nach einer vollständigen Aufgabe deutscher Rüstung sich eventuell bereit erklärt, über die Neutralitätsfrage nachzudenken. Für Berlin stand jedoch ein einseitiger Verzicht auf seine Flotte nicht zur Diskussion, denn das wäre mit dem Verlust des Großmachtstatus einhergegangen. In England wiederum hatte die jahrelange Invasionsagitation dafür gesorgt, dass man nicht zugeben konnte, dass plötzlich kein Verlust der Suprematie trotz des deutschen Flottenbaus mehr drohte.

Beide Parteien fanden sich somit in einer Pattsituation wieder. Die Fakten der maritimen Stärke spielten dabei schon keine Rolle mehr. Entscheidend waren das Prestige, die Symbolik und die Wirkung auf die eigenen Bevölkerungen.

Tirpitz reduzierte in der Novelle von 1912 zwar die Zahl der zusätzlich zu bauenden Großkampfschiffe von sechs auf drei, erkämpfte gleichzeitig aber das innenpolitische Zugeständnis, die aktive Flotte um ein drittes Geschwader zu vermehren. Bethmann, von dem das Foreign Office sicher war, dass es ihm um die „Aufrechterhaltung des Gleichgewichts und des Friedens“ ging, sah sich schließlich vor die Alternative gestellt, entweder zurückzutreten oder die Tirpitz'schen Forderungen mit zu vertreten. Er entschied sich für Letzteres und übermittelte London die Neutralitätsforderung als Voraussetzung für eine Verständigung. Tirpitz, die Militärs, die Scharfmacher der öffentlichen Meinung aus dem Kreis der Alldeutschen, des Flottenvereins und anderer Verbände votierten gegen den eingeleiteten Entspannungskurs. Bethmann Hollweg hätte deshalb schon eine lediglich mündliche Zusage genügt, dass England bei einem unprovozierten Angriff auf Deutschland neutral bleibe. Damit schien seinen Kritikern aber nichts gewonnen, schließlich oblag in einem solchen Fall alle Entscheidung dem jeweiligen englischen Kabinett. Darüber hinaus waren sich die deutschen Militärs dank des Schlieffen-Plans längst einig, dass im Falle des Zweifrontenkrieges nur eine Offensivoperation gegen das neutrale Belgien überhaupt eine Erfolgschance bereithalten würde. Dass wiederum musste auf englischer Seite, die längst von einer Verletzung der belgischen Grenze im Kriegsfall ausging, den Eindruck verstärken, dass Deutschland einen Offensivschlag plane. Wieder glaubten sich die deutschkritischen Beobachter bestätigt, dass Bethmann Hollweg wie seine Vorgänger nur auf Hegemonie aus sei. Gleichzeitig verschärfte die nationalistische

Rechte im Deutschen Reich ihre Opposition gegen den Entspannungskurs. Sie forderte eine „kraftvolle energische" Außenpolitik, ausgedrückt durch Machtdemonstrationen, Einschüchterungsaktionen, Konfliktverschärfung, Kriegsbereitschaft und natürlich weitere Rüstungsmaßnahmen. Letzten Endes entscheidend war, dass sich auch Wilhelm II. gegen die Konsenspolitik und für einen Kurs der Stärke und Selbstbehauptung aussprach. Damit war die „Haldane-Mission" endgültig gescheitert. In Berlin wie in London hatten letztlich die Falken über die Tauben die Oberhand behalten.

Endgültiges Scheitern des Tirpitz-Plans

Mit der anglo-französischen Marinekonvention von November 1912, nach der sich die französische Marine auf das Mittelmeer und die Royal Navy auf den Atlantik und die Nordsee konzentrierte, war auch der Tirpitz-Plan zum Scheitern verurteilt. Nach den fehlgeschlagenen Bemühungen in der Flottenfrage verlor die Marinerüstung jedoch an Bedeutung, denn die unmittelbare Verteidigung des Reiches war zunächst eine Aufgabe des Heeres. Tirpitz hatte mit seiner Schlachtflotte keinerlei diplomatische Zugeständnisse erreicht und auch jede abschreckende Funktion der Hochseeflotte lief ins Leere. Die deutsche Flottenpolitik erwies sich ohne Frage als eine der größten Torheiten deutscher Politik vor 1914. Nicht, weil man überhaupt wie jede andere Großmacht eine Flotte baute, auch nicht weil sie die Suprematie der Royal Navy ernsthaft gefährdete, sondern weil sie mit der temporären Konzentration auf die Seerüstung die Sicherheit zu Lande vernachlässigte. Darüber hinaus aber auch, weil sie bis zuletzt an der fixen Idee festhielt, die Flotte als politisches Druckmittel gegen England einsetzen zu können. Um die Staatenwelt zu revolutionieren, war die Schlachtflotte indes auch nach britischer Einschätzung nicht stark genug, und auch als Hauptursache für den deutsch-englischen Antagonismus fehlte es ihr letztlich nicht nur technisch und finanziell, sondern insbesondere auch geopolitisch an Schlagkraft. Den englischen Marinestrategen wie Julian Corbett (1854–1922) erschien es schlichtweg zu einfach, die deutschen Seestreitkräfte ohne nennenswerte Überseebasen in der Nordsee mittels Fernblockade einzuschließen. Nichtsdestoweniger wirkte die Existenz der deutschen Flotte, gemeinsam mit der deutschen Außenpolitik, vor allem auf die englische Öffentlichkeit, zumal es die liberale englische Regierung unterließ, die eigene Bevölkerung zu beruhigen. Damit verstetigte sie die deutsch-englischen Spannungen in der Vorkriegsdekade, vergiftete nachhaltig die Atmosphäre und untergrub wiederholt jede Form der bilateralen Entspannung.

Entspannung über die Peripherie

Eine weitere Entspannungsoption versprach die Peripherie-Strategie. Dabei wurde die ursprüngliche bismarcksche Politik der Ablenkung von kontinentalen Spannungen an die Randzonen des Staatensystems umgekehrt. Nachdem sich die kolonialen Streitfragen wiederholt auf das Zentrum ausgewirkt hatten, versuchte Berlin nun, über eine Einigung an der Peripherie für eine Entspannung auf dem Kontinent zu sorgen.

Zwei Arrangements ragten dabei heraus: Erstens ein erneutes Abkommen über die portugiesischen Kolonien im August 1913. Wieder, wie schon bei der Übereinkunft mit Salisbury von 1898, musste Berlin allerdings erkennen, dass London ein doppeltes Spiel trieb. Während Grey gegenüber Jagow eine deutsche Übernahme der portugiesischen Kolonien im Falle von Misswirtschaft oder Unruhe in Aussicht stellte, sicherte er dem portugiesischen Außenminister de Soveral (1851–1922) englische Unterstützung bei portugiesischen Besitzrechten zu. Der Wilhelmstraße blieb nichts anderes übrig, als gute Miene zum bösen Spiel zu machen, und besonders Bethmann Hollweg lobte im November 1913 die inzwischen wieder herzlichen Beziehungen zu London vor dem Bundesratsausschuss. Publikationsreif waren die erzielten Ergebnisse aber wegen der zu erwartenden verheerenden Wirkung in der deutschen Öffentlichkeit nicht. Für Arthur Zimmermann (1864–1940), Unterstaatssekretär im Auswärtigen Amt, enthielt der Vertrag nichts mehr als „ein paar ziemlich vage Phrasen", sodass man ihn getrost unter den Tisch fallen lassen" könne. In Frankreich bewirkten die deutsch-englischen Gespräche einmal mehr den typisch misstrauischen Reflex.

Zweitens und viel wichtiger waren dagegen die Vereinbarungen über die Bagdadbahn und den Persischen Golf. Bereits 1911 hatte sich Berlin mit St. Petersburg verständigt und dabei wesentliche Zugeständnisse gemacht. Während sich Frankreich zunächst einer Einigung versperrte, kam es im Februar 1914 doch noch zu einem Abkommen, bei dem Deutschland in den meisten Punkten nachgab. Es verzichtete auf den Ausbau der Bahn bis zum Golf und auf die ursprünglich angestrebten Schifffahrtsrechte am Euphrat. London gab dafür den Widerstand gegen den Hauptteil der Bahn auf. Einen Monat später, am 19. März, einigten sich englische, holländische und deutsche Finanzgruppen sowie deren Regierungen über die Ölausbeutung in der Türkei, wobei die Deutsche Bank 25% der Anteile erhielt. Gemeinsame wirtschaftliche Interessen halfen, dass die Mächte sich allmählich aufeinander zubewegten. Es war ein Weg der kleinen Schritte, bei dem sich Deutschland stets in die Rolle eines Juniorpartners fügte. Auf diese Weise war eine deutsche Weltpolitik ohne Säbelgerassel, ohne Krise und Krieg scheinbar möglich.

Während die liberale Regierung in London weiteren Entlastungen entgegenstrebte, hatte sich auch in Deutschland eine nüchtern-moderate Form des Imperialismus durchgesetzt. Es ging mit Rücksicht auf die deutsche Wirtschaft um eine friedliche Kooperation mit England und führte letztlich zu einer Art Juniorpartnerschaft. Schließlich, so auch das Konzept Bethmann Hollwegs, hätten weltpolitische Erfolge mit englischer Hilfe auch die kontinentale Lage des Reiches verbessern und die öffentliche Meinung sowohl in Deutschland als auch im Ausland beruhigen können.

Vergebliche Détentebemühungen

Letztlich scheiterten die Entspannungsversuche an verschiedenen Momenten: Zum einen an der Diskrepanz zwischen dem aufkommenden medialen Massenzeitalter und der traditionellen Geheimdiplomatie. So fand politisch-diplomatische Entspannung über periphere Fragen zumeist weiterhin im Stile klassischer Geheimdiplomatie statt und geriet damit nicht selten in Konflikt mit dem öffentlichen Erwartungsdruck. Für einen allmählichen, vertrauensbildenden Annäherungsprozess brachte die mediale Öffentlichkeit weder ausreichend Geduld noch Verständnis auf. Nicht selten wurden vor dem Hintergrund des allgemeinen sozialdarwinistischen Denkens erste Erfolge vorschnell als Misserfolge gewertet oder notwendige Konzessionen und Kompromisse als Niederlage oder Demütigung interpretiert. Vermeintliche diplomatische Erfolge gerieten so schnell zu innenpolitischer Schwächung. „Großmachtdiplomatie und Öffentlichkeit", so hat es Friedrich Kießling auf den Punkt gebracht, gehorchten vor 1914 „unterschiedlichen Regeln und Deutungssystemen". Gleichzeitig scheiterten die Détentebemühungen auch an den machtpolitischen Realitäten. Sie konnten weder an der geopolitischen Lage noch dem deutschen Machtpotenzial und dem allgemeinen imperialistischen Streben aller Großmächte etwas ändern. Zu kurz schien überdies die Zeit, einmal beschädigtes Vertrauen wieder grundsätzlich zu verbessern oder tradierte Handlungsmechanismen grundsätzlich neu zu justieren.

Obwohl das Flottenwettrüsten bereits 1912 entschieden war und obwohl sich das Zarenreich machtpoltisch längst von seiner Niederlage gegen Japan und der Revolution erholt hatte, verhandelten England und Russland im Frühjahr 1914 über eine gemeinsame Marinekonvention. Über geheime Kanäle darüber informiert, führten diese Verhandlungen wegen des Glaubens an eine anglo-deutsche Annäherung bei den Berliner Entscheidungsträgern zu einem Schock. Plötzlich schien das letzte Glied der Einkreisung geschlossen. Auch das Wettrüsten zu Lande zwischen Frankreich, Deutschland und Russland wurde von den Bemühungen letztlich nicht in andere Bahnen gelenkt. Darüber hinaus konnte die Entspannung sogar kontraproduktiv auf die Stabilität des Staatensystems wirken. So wirkte jede Querverbindung aufgrund des inzwischen erreichten Blockcharakters des Bündnissystems besorgniserregend auf die jeweiligen Partner, bei zu intensiven Ausgleichsbemühungen plötzlich doch alleine und isoliert dazustehen. Das galt im besonderen Maße für Österreich-Ungarn, Frankreich und das Deutsche Reich. Während sich die Flügelmächte aufgrund ihrer Lage relativ sicher fühlten, wurde etwa die Doppelmonarchie angesichts der deutsch-russischen Monarchentreffen in Potsdam oder Baltischport nervös. In Berlin wurde man unruhig, wenn es Anzeichen für eine Annäherung zwischen Wien und St. Petersburg gab, und Paris zeigte sich alles andere als souverän während der deutsch-englischen Entspannungsbemühungen. Andererseits wirkten die wiederholt vermiedenen Kriege aber auch desensibilisierend auf die Staatenwelt. Mit anderen Worten: Je mehr Krisen ohne großen Krieg beendet worden waren, desto unvorsichtiger wurde das Krisenmanagement bei der nächsten Krise. Anspannung und Entspannung in den internationalen Beziehungen vor 1914 bedingten einander letztlich. Alternative Szenarien wurden immer wieder ausprobiert, ohne aber das Sicherheitsdilemma der Mächte wesentlich zu verringern. Im Gegenteil: Was dem Frieden dienen sollte, führte zu mehr Nervosität auf der einen und mehr Risikobereitschaft auf der anderen Seite. Insgesamt wurde das Staatensystem dadurch immer fragiler.

3. Machtpolitische Zuspitzung

a) Französisch-russische Eskalationspläne und deutsch-britische Détente während der Balkankriege

Südosteuropäische Zuspitzung

Mit der Annexionskrise geriet Südosteuropa in eine neue Bewegung, die 1912/13 in die beiden Balkankriege mündete. Die Kriege verdrängten das Osmanische Reich endgültig aus Europa. Sie brachten nicht nur die bestehenden Grenzen auf dem Balkan gründlich durcheinander, sondern auch das sorgfältig austarierte Gefüge der Großmachtinteressen und Bündniskonstellationen in dieser neuralgischen Zone des Vorkriegszeitalters. Die Folgen waren derart weitreichend, dass nicht selten der Erste Weltkrieg als direkte Folge, als „dritter" Balkankrieg bezeichnet worden ist. Aber wie kam es dazu?

Ermutigt von dem französischen Erfolg in Marokko setzte auch Italien zum Sprung auf die afrikanische Gegenküste „altra sponda" an. Im September und Oktober 1911 besetzten italienische Truppen die wichtigsten Häfen Tripolitaniens (Libyen). Im anschließenden Krieg gegen die Türkei gewann die italienische Marine schnell die Oberhand in der Ägäis, besetzte die Insel Rhodos und beschoss im April 1912 türkische Forts an den Dardanellen. Mit der Ausdehnung der Kämpfe auf Südosteuropa drohte ein Großmächtekonflikt zwischen Italien und Österreich-Ungarn. Aber es waren nicht die beiden sich immer weiter voneinander entfernenden Dreibundpartner, die über den Status quo auf dem Balkan aneinandergerieten, sondern wieder einmal die kleinen Balkanstaaten. Allen voran Serbien erkannte nun abermals eine Chance, die europäische Türkei unter den Balkanstaaten aufzuteilen. Mit diesem Ziel schlossen am 13. Mai 1912 Serbien und Bulgarien auf Vermittlung des russischen Gesandten in Belgrad, Nikolaus von Hartwig (1857–1914), einen Balkanbund, der bald darauf um Griechenland und Montenegro erweitert wurde. Jetzt drohte das gesamte Großmächtesystem involviert zu werden. Vor allem die Donaumonarchie, die noch in der Annexionskrise Serbien gedemütigt hatte, fürchtete einen Flächenbrand und damit um seine Existenz als Vielvölkerstaat. Wien wollte Serbien am Zugang zur Adria hindern und die übrigen Mächte durch ein unabhängiges Albanien eindämmen. Brisanz erhielt die Situation insbesondere dadurch, dass Russland die Schirmherrschaft über den Balkanbund übernommen hatte. Auch wenn das Zarenreich selbst keinen Krieg beabsichtigte und glaubte, die Balkanstaaten unter Kontrolle zu haben, so zündelte es damit doch offen und in gefährlicher Nähe zum Pulverfass auf dem Balkan. Tatsächlich überschätzte St. Petersburg seinen Einfluss. Am 8. Oktober 1911 erklärte Montenegro dem Osmanischen Reich den Krieg. Neun Tage später folgten Serbien, Bulgarien und Griechenland und es brach der Erste Balkankrieg aus. Obwohl die Türkei nun einen schnellen Frieden mit Italien erreichte, indem es die Cyrenaika und Tripolitanien an Rom abtrat, hatte es seinen Feinden kaum etwas entgegenzusetzen. Vor allem die serbischen Truppen drangen unaufhaltsam in Richtung Adriaküste und wurden dabei von Russland politisch gedeckt. Hin- und hergerissen zwischen den Verpflichtungen einer Großmacht im europäischen Konzert und dem Bann des Panslawismus gelang es Russland nicht, eine klare Stellung zu beziehen und den Krieg gemeinsam mit den anderen Mächten noch zu verhindern. Kritisch für das Großmächtesystem erwies sich dabei die erneute Frontstellung Russlands gegen Österreich-Ungarn, denn St. Petersburg verlangte von Wien, die Errichtung eines dauerhaften serbischen Hafens an der Adria zu akzeptieren, in dem auch Russland seine Kriegsschiffe stationieren konnte.

Gefragt waren nun wieder einmal die Bündnisformationen, denn angesichts des serbischen Kriegsglücks und der russischen Forderungen drohte Ende November 1912 die Lage zu eskalieren.

Sollbruchstelle Balkan

Vor allem der französische Ministerpräsident, Raymond Poincaré (1860–1934), schien darauf zu setzen. Anders ist kaum zu verstehen, dass er bereits im September 1912 dem ebenfalls seit der Annexionskrise auf eine Revanche gegen Deutschland hoffenden russischen Botschafter Alexander Iswolski geradezu eine Blaupause für einen Konflikt gegen die Mittelmächte auseinandersetzte. Wenn Österreich Serbien attackiere, so Poincaré, könne dies Russland zwingen, seine passive Rolle in eine aktive Rolle einzutauschen. Sollte es dann notwendig sein, Österreich-Ungarn anzugreifen, und sollte diese Intervention eine Intervention Deutschlands zur Folge haben (was angesichts der Bedingungen des deutsch-österreichischen Bündnisses unvermeidlich wäre), dann würde „die französische Regierung dieses im Voraus als *casus foederis* anerkennen und ohne zu zögern ihre Verpflichtungen gegenüber Russland erfüllen". Sechs Wochen später, als der Erste Balkankrieg bereits im Gange war, meldete Iswolski an den russischen Außenminister, Poincaré akzeptierte „ohne Furcht" die Annahme, dass es vielleicht notwendig werden könnte, „unter gewissen Umständen einen Krieg zu initiieren", und dass er selbst in einem solchen Fall sicher war, dass die Staaten der Triple Entente aus einem solchen Konflikt siegreich hervorgehen würden. Solche starken Parolen bekamen aber nicht nur die Russen zu hören. In einer Unterredung mit dem italienischen Botschafter wiederholte Poincaré seine Zusicherung: „sollte der österreichisch-serbische Konflikt zu einem allgemeinen Krieg führen", sagte er, würde sich „Russland auf die bewaffnete Unterstützung Frankreichs vollkommen verlassen können".

Ein russischer Kriegsrat?

Im Zarenreich traf dies auf Genugtuung. Der „kürzeste Weg" für eine Eroberung Konstantinopels und der Erlangung einer „globalen Hegemonie", so hieß es dort, führe durch Wien und Berlin. Angespornt von den französischen Zusagen diskutierte der russische Kriegsminister Wladimir Alexander Suchomlinow (1848–1926) am 23. November mit seinem Generalstabschef und den führenden Regierungsvertretern, darunter Außenminister Sasonow (1860–1927) und Ministerpräsident Wladimir Kokowzow (1853–1943), seine Idee einer Teilmobilisierung. Dabei wurde klar, dass eine Teilmobilisierung bereits den Krieg unausweichlich machen würde, da sie automatisch eine Gesamtmobilisierung der Zweibundmächte provozieren würde. Nach außen könne Russland aber mit der Teilmobilisierung den Schein waren, dass es lediglich gegen Österreich-Ungarn in den Krieg ziehen wolle. Noch aber schreckte die Regierung vor dem, was wie eine Blaupause für den Juli 1914 wirkte, zurück und lehnte Suchomlinows Plan ab.

In Potsdam sah Kaiser Wilhelm II. unterdessen keine Veranlassung, Wien in der Frage eines serbischen Hafens an der Adria zu unterstützen. Ohnehin schien fraglich, ob ein solcher überhaupt genügend Wassertiefe besäße, um als Kriegshafen zu taugen. Anders als bei der Frage um Bosnien und der Herzegowina hielt der Kaiser die Existenz Österreich-Ungarns dadurch nicht für gefährdet. Den *casus foederis* lehnte er also ab. In der Wilhelmstraße beurteilte man die Sachlage dagegen perspektivisch. Was würde ein Sieg Serbiens und Russlands für das zukünftige Kräfteverhältnis zwischen dem Zweibund auf der einen und dem nach dem Krieg gegen Japan offensichtlich wiedererstarkten Koloss Russland bedeuten? In Sorge um den einzig noch verbliebenen Bündnispartner von Rang tendierten Kiderlen und Bethmann Hollweg zu einer Unterstützung Wiens. Alarmiert wurden sie dabei sowohl von militärischer als auch von diplomatischer Seite. So konstatierte **Helmuth von Moltke d. J.** eine wesentlich erhöhte russische Kriegsbereitschaft und Kriegsbefähigung, da sich die russische Friedenspräsenzstärke inzwischen auf über eine Million Soldaten erhöht habe und Russland zudem damit begonnen habe, seine Truppen in die westlichen Militärbezirke zu verlegen.

E

Helmuth von Moltke, (der Jüngere) (1848–1916), war preußischer Generaloberst und bis September 1914 Nachfolger Schlieffens als Chef des Großen Generalstabes. Er war der Neffe des Generalfeldmarschalls von Moltke d. Ä., dessen Adjutant er seit 1882 war. Seine Ernennung zum Generalstabschef folgte 1906 auf Wunsch des Kaisers, um seinen „eigenen Moltke" zu haben. Moltke signalisierte Österreich-Ungarn wiederholt, dass es im Kriegsfall auf jeden Fall mit der deutschen Unterstützung rechnen könne. Er veränderte das Konzept des Schlieffen-Planes insofern, als er den linken Heeresflügel zuungunsten des rechten verstärkte. Nach der desaströsen Marneschlacht wurde er seines Amtes enthoben und durch Erich von Falkenhayn (1861–1922) ersetzt.

Der deutsche Botschafter in Wien, Heinrich von Tschirschky (1858–1916), wiederum fürchtete, der Vielvölkerstaat stünde vor einer Zerreißprobe.

Auf Distanz zu Wien

Die Reichsführung war also uneins. Hatte der Kaiser es noch zu Beginn der Krise vehement abgelehnt, für Albanien und die Hafenstadt Durazzo einen Krieg vom Zaun zu brechen, so wurde er bald darauf von Berichten seines militärischen Umfelds umgestimmt. Die politische Führung indes hielt dagegen und plädierte sowohl mit Blick auf zukünftig zu erwartende Verwicklungen als auch aus bündnis- und sicherheitspolitischen Erwägungen lediglich für eine politische Stärkung des Alliierten. Anders als Bülow während der Annexionskrise, wahrten Kiderlen-Wächter und Bethmann Hollweg Abstand zu Wien.

Diese Linie setzte sich gegen den Kaiser und den Generalstab durch. Zwar schlossen auch der Staatssekretär des Äußeren und der Reichskanzler eine gewaltsame Lösung der Krise nicht völlig aus, gleichwohl war ihr Hauptaugenmerk auf eine friedliche Alternative und eine bloß politische Stärkung der Donaumonarchie gerichtet. Unterstützt wurde Berlin dabei von der britischen Regierung. Im Zuge der wachsenden radikalliberalen Kritik an Edward Greys Deutschlandpolitik im Anschluss an die Bosnienkrise und die zweite Marokkokrise, strebte nun auch der englische Außenminister eine „intime politische Kooperation" mit Berlin an. London wollte damit zum einen der auch an der Themse inzwischen wahrgenommenen Einkreisungsfurcht Berlins begegnen. Zum anderen sollte der gefürchtete Großkrieg verhindert werden. Als gemeinsames Instrument schlugen die Wilhelmstraße und Whitehall eine Botschafterkonferenz vor. Dafür erinnerten sich Kiderlen und Bethmann geradezu bismarckscher Methoden. Am 25. November 1912 lancierten sie einen „kalten Wasserstrahl" in Form eines Artikels in der *Norddeutschen Allgemeinen Zeitung*, der Wien deutlich vor einer militärischen Intervention gegen Serbien warnte und für eine Lösung im Konzert der Mächte plädierte. Eine Woche später machte auch der Reichskanzler noch einmal in einer Reichstagsrede deutlich, dass Deutschland zwar grundsätzlich zu Österreich-Ungarn stehe, sich aber, ungeachtet aller Zusagen der Militärs und des Kaisers, an einer von Wien ausgehenden Konfrontation nicht beteiligen werde. Der Artikel wie auch die Rede des Reichskanzlers bedeuteten eine überraschend klare Korrektur des vom Kaiser und seinem Generalstabschef eingeschlagenen Bündniskurses. Diese Kursberichtigung verfehlte ihre Wirkung nicht. Die Wiener Öffentlichkeit fühlte sich verraten. Thronfolger Franz Ferdinand (1863–1914) mochte seinen Ohren nicht trauen und k.u.k.-Außenminister Graf Berchtold gab sich „tief und nachhaltig betroffen". Die Wilhelmstraße verhielt sich so, wie es Wien seit den Tagen Bismarcks nicht mehr gewohnt war. Als unmissverständliche Vormacht im Zweibundverhältnis. Wie wichtig diese Grenzziehung deutscher Bereitschaft gegenüber dem österreichischen Partner war, erwies sich nur wenige Tage später. In der entscheidenden Sitzung bei Kaiser Franz Joseph I. (1830–1916), als es am 11. Dezember 1912 um Krieg und Frieden ging, gelang es Berchtold, sich gegen die Scharfmacher um den neuen Generalstabschef Blasius Schemua (1856–1920) sowie um dessen Vorgänger, den leidenschaftlichen Serbienhasser Conrad mit dem Hinweis auf die deutsche Haltung durchzusetzen. Gleichzeitig, auch diese Doppelstrategie erinnerte an den Reichsgründer, warnte Bethmann im Reichstag auch das Zarenreich, sich einer Verhandlungslösung zu widersetzen.

Englische Distanz zu Russland

Noch mehr Eindruck in St. Petersburg machte aber das Verhalten des britischen Partners. London sorgte auf der anderen Seite der Konstellationen dafür, die russischen Ambitionen in Schach zu halten, denn von Frankreich hatte das Zarenreich schon positive Signale für einen Feldzug erhalten. Bereits am 17. Dezember 1912 trafen sich die Botschafter der sechs Großmächte in London und kamen überraschend schnell zu einer Übereinkunft, die an die Blütezeit des europäischen Konzerts erinnerte. Serbien, der eigentliche Aggressor, musste auf den Adriahafen verzichten. Die Unabhängigkeit Albaniens aber wurde anerkannt.

Die deutsch-englische Détente

Die anglo-deutsche Entspannungsinitiative war erfolgreich, da beide Mächte zum einen ihre jeweiligen Partner in die Schranken gewiesen und zum anderen aber auch Serbien deutlich gemacht hatten, dass es als kleine Macht am Rande des Kontinents gegenüber den Großmächten zurückzustehen habe und diese nicht in einen Großkrieg verwickeln könne. Das klassische Wiener Ordnungsmodell, nach dem die kleineren und mittleren Staaten sich zum Wohle des Gesamten unterzuordnen hatten, kam noch einmal zum Tragen. Die überzogenen Hoffnungen Wilhelms II., dass sich Großbritannien nun auch von der Triple Entente entfernen und auf eine anglo-deutsche Annäherung zusteuern werde, sah er jedoch bereits wenige Tage nach Bethmann Hollwegs Reichstagsrede jäh enttäuscht. Obwohl England bei der Konferenzfrage kooperierte, betrachtete es auch weiterhin ein österreichisch-ungarisches Vorrücken gegen Serbien durchaus als Gefahrenmoment und als Kriegsgrund. London betonte nach wie vor die Bündnispflege und stellte sich auch weiterhin grundsätzlich an die Seite seiner Ententepartner. Zwar begründete Haldane dies mit der britischen Handlungsmaxime der Gleichgewichtspolitik, nahm aber gleichzeitig die Desintegration Österreich-Ungarns als wesentlichen Bestandteil des überlieferten Staatensystems offenbar bereitwillig in Kauf. Wilhelm II. reagierte wie so oft ungehalten. Statt den Erfolg der Kooperation herauszustreichen und zu versuchen, weiter, in kleinen Schritten, darauf aufzubauen, forderte er erregt in einer Art Kurzschlussreaktion militär- und bündnispolitische Konsequenzen. Großbritannien hielt er dauerhaft für an die Seite der deutschen Gegner verloren. Nur wenig später rief er in einer Art Kriegspanik die von Bethmann Hollweg später ironisch als **„Kriegsrat"** bezeichnete Besprechung ein. Was in der Forschung lange als „Generalprobe" für 1914 gegolten hat, erscheint längst – auch mit Wissen um den russischen Kriegsrat, wenn man so will, vom 22. November 1912 – in einem anderen Licht.

E

Der sogenannte „Kriegsrat" vom 8.12.1912

Am 8. Dezember trat dieser vermeintliche „Kriegsrat" ohne Wissen Bethmann Hollwegs und Kiderlen-Wächters zusammen. Teilnehmer waren neben dem Kaiser, Generalstabschef Moltke, Admiral August von Heeringen (1855–1927) als Chef des Admiralstabes, Georg Alexander von Müller (1854–1940) als Chef des Marinekabinetts und Alfred von Tirpitz als Staatssekretär im Reichsmarineamt. Unter dem unmittelbaren Eindruck der Möglichkeit eines großen europäischen Krieges wegen der Balkanfrage traten dabei auf allerhöchster Ebene eindeutig

kriegerische Tendenzen zutage. In der Forschung haben vor allem Fritz Fischer und John Röhl daraufhin die inzwischen nur noch von wenigen aufrechterhaltene These entworfen, dass bei dieser Besprechung bereits die Auslösung des Weltkrieges für den Sommer 1914 ins Auge gefasst worden sei. Tatsächlich wurde im Rahmen der Unterhaltung, wie bereits unter Bismarck immer einmal wieder, der Vorschlag eines Präventivkrieges zur Lösung des Zweifrontenproblems diskutiert. Alles andere wäre nach Art der Zusammenkunft, der Beteiligten und in Kenntnis etwa des Schlieffen-Planes wohl auch verwunderlich gewesen.
Im Glauben, dass der „Endkampf" zwischen Slawen und Germanen früher oder später unvermeidlich sei, führte der Kaiser aus, dass die Donaumonarchie gegenüber Serbien kraftvoll auftreten müsse, durch die russische Unterstützung Belgrads werde der Krieg dann unvermeidlich werden. Wenn es gelänge, Bulgarien, Rumänien und eventuell Albanien und die Türkei auf die Seite der Mittelmächte zu ziehen, wäre man „gemäß des Schlieffenplanes frei, den Krieg mit der ganzen Wucht gegen Frankreich zu führen". Über dieses auf völlig unrealistischen Prämissen beruhende Szenario wurde dann eingehend beratschlagt, auch über die Notwendigkeit, im Kriegsfalle sofort Seeoperationen gegen England einzuleiten. Wie wirklichkeitsfremd und theoretisch die Diskussion war, zeigt sich schon daran, dass vom Einsatz von U-Booten die Rede war, obwohl Deutschland zu dieser Zeit überhaupt erst über sechs U-Boote verfügte.
Vor allem Generalstabschef Moltke trat im Verlauf der Unterredung ganz entschieden für den Krieg bei der nächsten Gelegenheit ein, ja, „er halte einen Krieg für unvermeidlich und: je eher desto besser". Tirpitz plädierte mit Blick auf die Flotte dagegen für eine Verschiebung. Wilhelm II. traf offenbar keine Entscheidung, und Admiral von Müller wertete das „Ergebnis so ziemlich null". Auch wenn maßgebliche Entscheidungsträger des Reiches sich bereits von der Unvermeidlichkeit eines Krieges schicksalhaft überzeugt zeigten, spricht bei einer differenzierten Betrachtung nichts dafür, dass im Dezember 1912 planmäßig ein Krieg für den Zeitpunkt der Fertigstellung des Kaiser-Wilhelm-Kanals im Sommer 1914 beschlossen wurde. Die immer wieder im Zusammenhang mit dem „Kriegsrat" genannte Heeresvorlage vom März bzw. Juni 1913 ging auf bereits zuvor gefasste Beschlüsse zurück und war angesichts der massiven Rüstungen der anderen Mächte längst überfällig. Die Besprechungen zeigten lediglich die Bereitschaft der militärischen Führung zu einem Präventivkrieg sowie die zunehmende Panik.

Für die konkrete Situation, die deutsche Außenpolitik und die Deeskalation der Balkankrise blieb der „Kriegsrat" folgenlos. Bethmann Hollwegs Kurs lief vielmehr auf Friedenswahrung und Kriegsvermeidung, wenn nötig, aber auch Kriegsbereitschaft hinaus: „Wird uns ein Krieg aufgenötigt, so werden wir ihn schlagen und mit Gottes Hilfe nicht dabei untergehen. Unsererseits einen Krieg heraufzubeschwören, ohne dass unsere Ehre oder unsere Lebensinteressen tangiert sind, würde ich für eine Versündigung an dem Geschicke Deutschlands halten, selbst wenn wir nach menschlicher Voraussicht den völligen Sieg erhoffen könnten." Anfang Januar 1913 war die Krise bewältigt und Deutschlands Londoner Botschafter, Karl Max Fürst von Lichnowsky (1860–1928), konstatierte, dass sich die Botschafterkonferenz als Krisendiplomatie bewährt habe. Entscheidend war die Zusammenarbeit Deutschlands und Großbritanniens. Sie bildete für einen Moment die für die Entspannung essenzielle Querverbindung zwischen den Bündnisblöcken. Beide Seiten kamen überein, für die südosteuropäische Peripherie keinen großen Krieg zu riskieren, und bremsten auf die Weise ihre risikofreudigeren Partner. Kiderlen und Bethmann mussten sich darüber hinaus noch im internen Machtkampf gegen den Kaiser und die Militärs mithilfe einer Dreifachstrategie behaupten. Diese bestätigte einerseits den Zweibund, warnte zum

Zweiten Russland und sorgte drittens dafür, dass Wien über eine internationale Lösung sein Gesicht wahren konnte.

Der Balkan kommt nicht zur Ruhe

Die Botschafterkonferenz sorgte jedoch nur für eine oberflächliche und kurzzeitige Beruhigung. Die Großmächte machten die Rechnung ohne die kleinen Balkanstaaten, die sich um die Beute stritten und Ende Juni 1913 wieder, diesmal gegeneinander, vor allem gegen Bulgarien zu den Waffen griffen.

Vor allem Bulgarien war mit den Londoner Ergebnissen unzufrieden. Sofia verlangte deshalb von Serbien, mit Hinweis auf einen Vertrag vom Mai 1912, die Abtretung weiter Teile des eroberten Makedoniens. Die bulgarische Regierung überschätzte jedoch die eigene Stärke und schritt zum Krieg gegen Belgrad – dem zweiten Balkankrieg. Mit dem Angriff auf Serbien, das sich kurz zuvor mit Griechenland verbündet hatte, galt Bulgarien international als Aggressor. Rumänien, im ersten Konflikt noch neutral, intervenierte nun ebenso wie das Osmanische Reich. Beide erhofften sich ihre eigene Beute. Sofia sah sich einer Übermacht von Feinden gegenüber und musste sich bald geschlagen geben. Im Friedensvertrag von Bukarest, im August 1913, musste Bulgarien deshalb fast alle erzielten Geländegewinne auf dem Balkan wieder abtreten. Der größte Teil Makedoniens fiel an Serbien und Griechenland, der Süden der Dobrudscha ging an Rumänien und Ostthrakien (europäischer Teil der Türkei) an Konstantinopel. Nur vereinzelte, kleine makedonische Gebiete verblieben in bulgarischer Hand.

Mit dem Sieg im zweiten Balkankrieg stieg Serbien zur regionalen Führungsmacht auf. Montenegro wurde ein serbischer Satellitenstaat und die meisten Makedonier standen nun unter serbischer Herrschaft. Aber das war Belgrad nicht genug. Es strebte einen serbischen Großstaat an und forderte unverhohlen die Donaumonarchie heraus. Dabei konnte es sich der russischen Unterstützung sicher sein, seitdem es an der Stelle Bulgariens zum russischen Protegé aufgestiegen war, während Sofia aus Enttäuschung über die russische Passivität allmählich ins Habsburger Lager wechselte. Damit hatten sich die überlieferten Fronten in Südosteuropa verkehrt: Der Westen mit Serbien und direkt vor der österreichisch-ungarischen Haustür geriet unter russischen Einfluss, während der Osten in die Einflusssphäre Wiens übertrat.

Am Ballhausplatz machte sich Nervosität breit, angesichts des expansiven serbischen Nationalismus, der auf Minderheiten, vor allem Serben, Kroaten, Slowenen und Bosnier, im Habsburger Vielvölkerstaat abzielte. Als Belgrad im Herbst 1913 einen Aufstand in Albanien niederschlug, drohte Österreich-Ungarn mit Krieg, sollte sich Serbien nicht unverzüglich aus Albanien wieder zurückziehen. Berlin unterstützte diesen Kurs, da das Deutsche Kaiserreich kein Interesse an einer weiteren Schwächung Österreich-Ungarns hatte. Anders als neun Monate später, während der Julikrise, wich Serbien vor den Wiener Drohgebärden noch einmal zurück.

Hochexplosive Begleiterscheinung der Balkankriege war das Gemisch aus zunehmendem Nationalismus und **Rüstungsanstrengungen** auf allen Seiten.

E

Die Rüstungsspirale 1912–1914
In der Balkankrise konnte zwar der allgemeine Friede erhalten werden, aber die Kriegsgefahr zwischen dem Zarenreich und der Habsburgermonarchie trug letztlich neben der Agadirkrise dazu bei, dass die Großmächte zu einem qualitativen wie quantitativen Rüstungssprung ansetzten. Dabei wurden die Friedenspräsenzstärken aller kontinentalen Großmächte in den nächsten beiden Jahren massiv erhöht. Österreich-Ungarn vermehrte seine Artillerie um 60% und stellte erstmals

moderne Mörser-Batterien auf. Die Infanterie wurde um 90000 Soldaten auf 470000 verstärkt. Deutschland, welches trotz Zweifrontenbedrohung sein Heer jahrelang zugunsten des Flottenaufbaus vernachlässigt hatte, zog nun mit einer Heeresreform gleich und steigerte seine Friedenspräsenzstärke ebenfalls um 136000 Mann und erreichte bis 1914 eine Stärke von 748000 Mann. Frankreich hatte bereits über die zweijährige Dienstzeit 1913 eine Stärke von 750000 Mann aufgestellt, die Kolonialtruppen von etwa 50000 noch nicht eingerechnet. Das Zarenreich erhöhte seine Friedensstärke auf 1,42 Millionen Soldaten und erweiterte seine Militärkonvention mit Frankreich um eine Marinekonvention mit dem Ziel gemeinsamer Seeoperationen im Kriegsfall. Begleitet wurden die russischen Maßnahmen – das beunruhigte namentlich den deutschen Generalstab – vom Ausbau des russischen Eisenbahnnetzes in Richtung Westen. Bereits vor der Krise hatte sich England dazu entschlossen, eine Expeditionsstreitmacht von mindestens 100000 Mann für einen erwarteten Festlandskrieg aufzustellen.
Auch wenn das Wettrüsten nicht unmittelbar in den Ersten Weltkrieg führte, so wirkten die Rüstungen auf allen Seiten Krisen verschärfend.

Die größten Verlierer waren die Türkei und Österreich-Ungarn. Letzteres hatte nach den Balkankriegen de facto seine Stellung als vorwaltende Ordnungsmacht auf dem Balkan eingebüßt und den Spannungsdruck gegenüber Serbien hin verschärft. Obwohl St. Petersburg während der Balkankriege wiederholt Serbien zur Mäßigung gezwungen hatte, war doch unverkennbar geworden, dass es Belgrad als Juniorpartner in Südosteuropa und als Speerspitze des Panslawismus betrachtete. Damit hatte sich aber auch die Position des Deutschen Reiches enorm verschlechtert. Einziger Lichtblick blieb die temporäre Kooperation mit England. Nach der Agadirkrise hatte die Reichsleitung eine Kehrtwende vollzogen und ihre weltpolitischen Ambitionen deutlich zurückgestellt. Im Potsdamer Abkommen vom August 1911 verzichtete es auf eine wirtschaftliche Betätigung in Persien und erreichte damit, dass Russland der von Großbritannien geforderten Internationalisierung der Bagdadbahn sein Plazet gab. Auch mit Frankreich schloss Berlin Mitte Februar 1914 ein Abkommen über die beiderseitigen Interessensphären in der Türkei. Auch hier war es vor allem die Berliner Konzessionsbereitschaft, die das Eis zwischen den Mächten brach und Vereinbarungen initiierte. Das Reich mit Bethmann Hollweg an der Spitze gab sich als englischer Juniorpartner. Berlin hatte letztlich erkannt, dass es auf sich allein gestellt keine Weltpolitik treiben konnte und dass es seine Existenz in Europa zu sichern hatte. Doch das dadurch erreichte und wiedererlangte Vertrauen erstreckte sich nur auf Randthemen des Staatensystems.

Während der Balkankriege kam schon einmal das Grundgerüst des Großen Krieges zum Vorschein: von der nationalistischen Ideologie, die ihn beflügelte, den Mächtekonstellationen, den Auslösern bis hin zur Art der Kriegführung. Bei der Londoner Botschafterkonferenz kam andererseits aber auch noch einmal das traditionelle Instrumentarium des europäischen Konzerts zum Einsatz. Ein letztes Mal gelang es den Großmächten, eine Eskalation zu vermeiden und die Konflikte regional einzudämmen.

b) Die „Liman-von-Sanders-Krise" und der Geheimnisverrat über die anglo-russischen Marinegespräche

Sollbruchstelle Meerengen

Das erfolgreiche Krisenmanagement während der Balkankriege wie auch eine leichte Entspannung deutsch-russischer Beziehungen seit der Entrevue von Potsdam gaben 1913 Anlass zu der Hoffnung, Berlin könne einen Neustart der internationalen Beziehungen in Angriff nehmen. Tatsächlich erwies sich dies schon bald als trügerisch.

Motiviert vom Krieg der slawischen Brüder gegen die Türkei kam es in Russland zu einem erneuten Schub der aggressiven panslawistischen Ideologie, die sich längst nicht mehr hauptsächlich gegen die Türkei oder gegen die Habsburgermonarchie richtete, sondern es wurde unter großem Zuspruch zum „Kampf mit dem Germanentum" schlechthin aufgerufen. Im Schatten der Entspannung hatte Russland als Folge seiner immer konkreteren Planungen für den Kriegsfall seine militärischen Maßnahmen an seiner Westgrenze zu Deutschland und Österreich-Ungarn verstärkt, um im Ernstfall schneller mobilisieren zu können.

Deutsche Diplomaten, allen voran Friedrich Graf von Pourtalès, unterschätzten diese Entwicklungen. Berlin ließ sich ganz offenbar von Entspannungssymbolen wie der gelungenen Monarchenbegegnung zwischen Zar Nikolaus II., George V. (1865–1936) und Wilhelm II. vom Mai 1913 sowie vermeintlichen inneren russischen Revolutionssorgen oder dem Bruch des Balkanbundes zwischen Serbien und Bulgarien allzu sehr in Sicherheit wiegen. Lediglich die Militärs in Deutschland, Österreich-Ungarn, Frankreich, England und Russland begaben sich wegen der verschiedenen Maßnahmen an den gemeinsamen Grenzen in Alarmbereitschaft und arbeiteten unentwegt an verschiedenen Operations- bzw. Expeditionsstrategien. Vor allen anderen aber befand sich Russland auf dem Vormarsch. Längst hatte es sich von der Niederlage gegen Japan und der Revolution erholt, hatte seine Beziehungen zu Frankreich und England gefestigt und schickte sich nun auch auf dem Balkan an, im Namen des Panslawismus Boden gutzumachen. Zar Nikolaus II., aber auch sein Außenminister Sasonow sprachen wiederholt im Beisein englischer und französischer Diplomaten davon, dass nicht nur die Auflösung des Osmanischen Reiches, sondern auch die des Habsburger Reiches nur noch eine Frage der Zeit sei. Es gelang St. Petersburg, Rumänien, Griechenland und Serbien in eine stabile Verbindung zu bringen und Rumänien von Österreich-Ungarn zu trennen. In Bulgarien profitierte das Zarenreich von einer panslawistischen Öffentlichkeit und sowohl Frankreich als auch England überließen Russland freie Hand im Südosten Europas. Wie selbstbewusst die russische Führung inzwischen glaubte auftreten zu können, sollte die sogenannte Liman-von-Sanders-Krise im Spätherbst 1913 zeigen.

Nach der Niederlage im ersten Balkankrieg hatte sich Konstantinopel mit einer Bitte an Deutschland gewandt. Das Kaiserreich sollte im Rahmen einer allgemeinen Reorganisation des osmanischen Staatswesens beim Neuaufbau der türkischen Armee helfen, während England die Marine, Frankreich die Finanzen und Italien die Post, die Telegrafie und die Gendarmerie reformieren sollten. Berlin sah keinen Grund abzulehnen, zumal dann wohl eine andere Macht, vermutlich Frankreich, eingesprungen wäre. Die Wilhelmstraße entsandte deshalb den Generalleutnant **Otto Liman von Sanders** an den Bosporus.

E

Otto Liman von Sanders (1855–1929), ein preußisch-deutscher General und osmanischer Marschall. Im Sommer 1913 zum Leiter einer Militärmission ernannt und im Dezember 1913 in die Türkei entsandt, um dort die Osmanische Armee zu reorganisieren. Als Folge der internationalen Verwicklungen um seine Ernennung zum Korpskommandanten in Konstantinopel ernannte ihn Wilhelm II. zum General der Kavallerie und zum Marschall der osmanischen Armee. Im Frühjahr 1915 verhinderte er als Oberbefehlshaber bei den Dardanellen die Landung der Ententestreitkräfte auf der Halbinsel von Gallipoli und erhielt daraufhin in der Türkei den Namen „Der Löwe von Gallipoli“.

Dort sollte er für die Dauer von fünf Jahren das Kommando über das Erste türkische Armeekorps erhalten, welches an den Meerengen stationiert war und das er zu einer Art Mustertruppe umbilden sollte. Damit einhergehend sollte er dem obersten Kriegsrat des Osmanischen Reiches angehören und neben dem Kriegsminister und dem Generalstabschef den einflussreichsten militärischen Posten bekleiden.

„Liman-von-Sanders-Krise“

Russland war dabei vor allem das Kommando an den Meerengen ein Dorn im Auge. Ein offizieller Protest gegen die deutsche Militärmission war nur schwer möglich, schließlich hatte der britische Admiral Arthur Limpus (1863–1931) den Oberbefehl über die türkische Flotte übernommen und in den britischen Schiffswerften wurde fleißig an zwei Großkampfschiffen für die türkische Marine gebaut. Obwohl Limans Auftrag die Befehlsgewalt an den Meerengen überhaupt nicht einschloss, behauptete das Zarenreich, dass Deutschland mit der Militärmission die Kontrolle über die Meerengen gewönne, und drohte mit ernsten Konsequenzen, sollte Liman von Sanders nicht ein anderes Kommando übernehmen. In Russland wurden sogar Stimmen laut, Deutschland strebe die Herrschaft über das Osmanische Reich an. Das russische Motiv dahinter war offenkundig. Seit den Balkankriegen hatte St. Petersburg zunehmend den Eindruck gewonnen, dass sich die Chancen für eine Kontrolle der Meerengen stetig verschlechterten. Während des Tripoliskrieges hatte die Türkei dem russischen Verkehr durch die Meerengen die Tür gewiesen, zwei bulgarische Offensiven hatten gegen russischen Widerstand das Marmarameer erreicht, und nun sollte dem „kranken Mann am Bosporus“ auch noch mit ausländischer Hilfe auf die Beine geholfen werden. Alarmiert stellte Sasonow in einer Denkschrift fest, der Besitz der Meerengen sei gleichbedeutend mit der Hegemonie auf dem Balkan. Dafür hielt es der russische Außenminister sogar für angebracht, wie er den Zaren am 6. Januar 1914 informierte, einen europäischen Großkrieg mit dem Ziel einer Aufteilung des Osmanischen Reiches vom Zaun zu brechen. Konkret sollten die Briten in Izmir, die Franzosen in Beirut und Trabzon landen, um eine Aufteilung des Reiches unter den Ententemächten vorzubereiten. Eine Woche später tagte der Kriegsausschuss über die Möglichkeit, die „Liman-Affäre“ zu einem Krieg zu nutzen. Diesmal zögerte Kokowzow, da nur die französische Unterstützung als sicher galt.

Bethmann Hollweg wollte die Lage mit einer Russland lobenden Reichstagsrede entspannen. Aber Russland ließ sich nicht beschwichtigen. Es dramatisierte die Lage insbesondere gegenüber englischen Diplomaten und suchte, wie bereits Iswolski während der Annexionskrise, eine Festigung der Triple Entente. Tatsächlich beugte sich London dem russischen Druck und trat einer entschlossenen Démarche der Ententemächte bei, die eine Einsichtnahme in den deutsch-türkischen Vertragstext verlangte. Konstantinopel wies dies zurück und betonte, dass die Vollmachten von Admiral Limpus sogar weiter reichten als diejenigen des deutschen Generals. Erneut wurde Berlin verdeutlicht, dass London in den internationalen Verhältnissen mit zweierlei Maß wertete. Von einer englischen Gleichgewichtsmaßnahme gegen deutsche Hegemonialambitionen konnte nun keine Rede mehr sein, denn zum einen war Berlin im Verbund mit anderen Mächten von Konstantinopel um Hilfe gebeten worden, und zum anderen bedurfte das Zarenreich längst keiner Unterstützung mehr. Whitehall pflegte seine Ententeverbindung und beschwichtigte St. Petersburg aus Sorge vor dem französisch-russischen Zweibund und der eigenen Isolation. Das Kaiserreich lenkte ein, nicht zuletzt, weil es sich um gute Beziehungen zu Großbritannien bemühte. Über das Zarenreich machte man sich allerdings keine Illusionen mehr. Wilhelm II. gab sich überzeugt, dass Russland zum Krieg rüste, und selbst Poincaré räumte ein, dass sich die große Machtentfaltung des Zarenreiches gegenüber Deutschland wohl spätestens in zwei Jahren in einen Krieg entladen werde. Liman wurde seines Kommandos enthoben und als Generalinspekteur mit der Ausbildung der Truppe ohne Kommandogewalt betraut. Limpus indes behielt sein Kommando ohne Einschränkung. Darüber hinaus wertete England seine Beziehungen zum Zarenreich auf, indem es regelmäßigen trilateralen militärischen Beratungen mit Frankreich und Russland zustimmte.

Das Verhältnis zwischen Berlin und St. Petersburg nahm durch die Krise weiteren Schaden. Nicht nur der Kaiser, auch Bethmann Hollweg hielt nun einen Krieg dauerhaft für unvermeidlich. In Wien dachte man ohnehin ähnlich. Umso mehr setzte die Wilhelmstraße weiter auf England. Hier hatte sich, wie schon gezeigt, nach 1911 tatsächlich eine Form der Entspannung insbesondere an der Peripherie etabliert.

Der „Geheimnisverrat“

Umso schockierender wirkte es auf Bethmann Hollweg, als ihn vom Mai 1914 an durch den Geheimnisverrat des Diplomaten Benno von Siebert (1876–1926), die bestürzende Information erreichte, dass London und St. Petersburg über eine Marinekonvention verhandelten. Am 14. Mai 1914 hatte das englische Kabinett anglo-russischen Marinegesprächen analog zur englisch-französischen Marinekonvention zugestimmt und darüber hinaus sollte auch der Inhalt des Grey-Cambon Briefwechsels an Russland übermittelt werden. Bethmann war sich immer im Klaren darüber gewesen, dass das Reich „als Parvenü“ betrachtet und alles andere als geliebt wurde. Eine Marinekonvention zwischen den Flügelmächten, nach allem was er inzwischen an Entspannung und Kooperationen mit London auf den Weg gebracht hatte, zog ihm allerdings den Boden unter den Füßen weg. Es bedeutete nichts weniger, als dass die gefürchtete Einkreisung kurz vor dem Abschluss stand. Zwar gelang es durch gezielte Presseattacken, die drohende Konvention noch zu verhindern. Aber der Entspannungskurs gegenüber England, welches dabei war, sich nun mit Planungen für eine Landung in Pommern auch militärisch an Russland zu binden, war schwer getroffen. Es schien, als konnte sich Deutschland verhalten, wie es wollte, die Mächte würden sich doch gegen das Reich in der Mitte zusammenschließen. Innen- und außenpolitisch geschwächt, resignierte der Kanzler angesichts der fehlgeschlagenen Entspannung gegenüber Großbritannien: „Wenn es Krieg mit Frankreich gibt“, so erklärte er am 6. Juni 1914, „marschiert der letzte Engländer gegen uns. Wir treiben dem Weltkrieg zu.“ Auch wenn alle ökonomischen Daten für eine Kriegsvermeidung sprachen, den Befürwortern eines Präventivkrieges, solange ein solcher noch zu gewinnen schien, hatte der Reichskanzler nach den Nachrichten über die Marinekonvention immer weniger etwas zu entgegnen.

4. Julikrise und Kriegsausbruch

Das Attentat von Sarajewo

Am 28. Juni 1914 fielen die tödlichen Schüsse von Sarajewo auf den österreichisch-ungarischen Thronfolger Franz Ferdinand und seine Gemahlin. Jeder wusste, dass die Fäden des Attentats in Belgrad zusammenliefen. Initiator war Dragutin Dimitrijevic-Apis (1876–1917), ein Mörder, der bereits 1903 das serbische Königsehepaar grausam ermordet hatte und Anführer der serbischen Terroristenorganisation „Schwarze Hand" war. Inzwischen zum Chef des serbischen Geheimdienstes aufgestiegen, hatte er die Tat geplant und dafür die Waffen für Gavrilo Princip (1894–1918) und die anderen Attentäter besorgt. Auch die serbische Regierung wusste von den Plänen.

Mochte Franz Ferdinand auch nicht sonderlich beliebt gewesen sein, so war es doch selbstverständlich, dass der Habsburger Vielvölkerstaat daraufhin drastisch reagieren würde. In ganz Europa wurde der Anschlag als terroristischer Akt verurteilt und Wien das Recht auf Genugtuung zugestanden. Dennoch war Krieg, insbesondere als Vergeltungsaktion gegen Serbien, nur eine zunehmend wahrscheinliche, keineswegs aber eine zwangsläufige Folge. Seit 1900 waren nicht weniger als 40 Staatsoberhäupter, Politiker und Diplomaten ermordet worden. Allein auf dem Balkan waren in den letzten Jahren acht Attentate verübt worden, zu deren Opfern zwei Könige, eine Königin, zwei Ministerpräsidenten und der Oberkommandierende des türkischen Heeres gehörten. Die Ermordung des Thronfolgers bot Wien nun eine bereits seit Längerem beabsichtigte Gelegenheit, endlich mit dem serbischen Irredentismus „aufzuräumen". Die folgende Julikrise lässt sich in zwei Phasen unterteilen: eine erste bis zum Ultimatum an Belgrad am 23. Juli, als vor allem Serbien, Österreich-Ungarn und Deutschland in die Krise verwickelt waren; und eine zweite Phase, in der sich der avisierte dritte Balkankrieg in einen Weltkrieg verwandelte und alle europäischen Großmächte in die Krise verwickelt wurden.

Eine entscheidende Rolle für das weitere Vorgehen nach dem Attentat kam zweifellos dem Deutschen Kaiserreich als wichtigstem Bundesgenossen der Donaumonarchie zu, denn eine Strafaktion gegen Belgrad drohte in einen Konflikt mit dessen Schutzmacht Russland zu münden.

Die „Mission Hoyos" und der Blankoscheck

Spontan neigten Reichskanzler Bethmann Hollweg und Außenstaatssekretär **Jagow** noch dazu, Wien zu einer gemäßigten Haltung zu bewegen. Die **Mission Hoyos** vom 5. bis 6. Juli änderte jedoch ihre Einstellung.

E

Gottlieb von Jagow (1863–1935) war ein deutscher Diplomat und Politiker. Bis er im Januar 1913 von Wilhelm II. zum Staatssekretär im Auswärtigen Amt ernannt wurde, durchlief er verschiedene diplomatische Stationen in Luxemburg (1907–1909) und Italien (1909–1913). Jagow gilt als ein eher vorsichtiger Berater des Kaisers. Ebenso wie Bethmann Hollweg an guten deutsch-englischen Beziehungen interessiert, warnte er wiederholt vor einem möglichen britischen Kriegseintritt aufseiten Frankreichs. Nicht zuletzt deshalb stand Jagow dem Schlieffen-Plan skeptisch gegenüber, da der Einmarsch in das neutrale Belgien den englischen Kriegsbeitritt zur Folge haben musste. In der Julikrise 1914 nahm Jagow eine zwiespältige Rolle ein und befürwortete schließlich ein deutsches Eintreten in den Krieg aufseiten Österreich-Ungarns gegen Serbien, obgleich dadurch Russland dem Deutschen Reich den Krieg erklären konnte. Nach dem Rückzug während der Ersten Schlacht an der Marne schlug Jagow den Ententemächten Frieden vor; diese lehnten jedoch ab. 1916 sprach er sich gegen den uneingeschränkten U-Boot-Krieg aus, da dieser einen Eintritt der USA in den Krieg aufseiten der Entente bedeuten würde. Daraufhin wurde er am 22. November 1916 aus seinem Amt entlassen und durch Arthur Zimmermann ersetzt.

E

Mission Hoyos und der „Blankoscheck" (5.–6.7.1914)
Zur Klärung der deutschen Haltung entsandte k.u.k. Außenminister Leopold von Berchtold Alexander Graf von Hoyos (1876–1937) an die Spree. Im Gepäck hatte dieser ein persönliches Schreiben Franz Josephs I. an Wilhelm II. sowie das sogenannte „Matscheko Memorandum" – eine Denkschrift aus der Feder des Wiener Balkanexperten und Sektionsrats am Ballhausplatz Franz von Matscheko, welches bereits am 24. Juni zu einer energischen Politik riet, bevor die russische „Einkreisung" Österreich-Ungarns durch einen von Russland und Frankreich initiierten Balkanbund abgeschlossen sei. Franz Joseph forderte die „Isolierung und Verkleinerung Serbiens" und, dass Serbien „als politischer Machtfaktor am Balkan ausgeschaltet" werden müsse.
Hoyos traf am 5. Juli 1914 in Potsdam Kaiser Wilhelm II. und einen Tag später Reichskanzler Bethmann Hollweg auf dessen Gut in Hohenfinow bei Berlin. Als Ergebnis dieser Treffen übermittelte Hoyos nach Wien, dass er die vollständige Rückendeckung des Deutschen Reiches für eine schnelle, kriegerische Vergeltungsaktion gegen Serbien zugesichert bekommen habe. Der österreichische Botschafter in Berlin Graf Ladislaus Szögyény (1841–1916) bestätigte diesen Eindruck in seinen Berichten an Außenminister Berchtold. Das war der berühmte Berliner „Blankoscheck" an Österreich-Ungarn.

Q

Die Blankovollmacht
Auszug aus: Österreich-Ungarns Außenpolitik von der Bosnischen Krise 1908 bis zum Kriegsausbruch 1914, Bd. 8, Nr. 10076.

Telegramm Graf Szögyény an Leopold von Berchtold — Berlin, 6. Juli 1914

Unser Verhältnis zu Serbien betreffend stehe deutsche Regierung auf dem Standpunkt, dass wir beurteilen müssten, was zu geschehen hätte, um dieses Verhältnis zu klären; wir könnten hierbei – wie auch immer unsere Entscheidung ausfallen möge – mit Sicherheit darauf rechnen, dass Deutschland als Bundesgenosse und Freund der Monarchie hinter ihr stehe.
Im weiteren Verlaufe der Konversation habe ich festgestellt, dass auch Reichskanzler, ebenso wie sein kaiserlicher Herr ein *sofortiges* Einschreiten unsererseits gegen Serbien als radikalste und beste Lösung unserer Schwierigkeiten am Balkan ansieht. Vom internationalen Standpunkt hält er den jetzigen Augenblick für günstiger, als einen späteren; er ist ganz damit einverstanden, dass wir weder Italien noch Rumänien vorher von einer eventuellen Aktion gegen Serbien verständigen. Dagegen soll Italien durch die deutsche und durch unsere Regierung schon jetzt von der Absicht in Kenntnis gesetzt werden, den Anschluss Bulgariens an den Dreibund herbeizuführen.

Indem Wilhelm II. und der Reichskanzler Hoyos ihre Unterstützung zusicherten, ließen sie den auf einen lokalen Krieg bedachten Partner im entscheidenden Moment los. Bislang hatte Deutschland Österreich-Ungarn stets bei dessen Balkanpolitik gebremst. Jetzt gab es die Entscheidung über Krieg und Frieden aus der Hand. Ziel war es, über eine möglichst rasche Aktion die Mächte vor vollendete Tatsachen zu stellen: „Ein schnelles fait accompli, dann freundlich gegen die Entente, dann kann der Choc ausgehalten werden", wie Kurt Riezler (1882–1955) in seinem Tagebuch vermerkte. Aber die Wilhelmstraße überschätzte die Entscheidungsfähigkeit der Doppelmonarchie. Nach der niederschmetternden Erfahrung der anglo-russischen Marinegespräche hatte der Reichskanzler sich die Argumente der Militärs, nicht länger die russischen Kriegsvorbereitungen an der eigenen Ostgrenze abzuwarten und die Gunst der Stunde zu nutzen, zu eigen gemacht. Eine gemeinsame Entspannung mit England kam ohnehin nicht mehr infrage. Zu dreist hatte Grey jegliche Existenz von Flottengesprächen mit Russland geleugnet. Für die Wilhelmstraße schien damit der Beweis erbracht, dass London wie schon so oft ein doppeltes Spiel treibe. Als „ehrlicher Makler" schied es deshalb aus.

Berlin verfiel somit in alte Muster und versuchte, die wahrgenommene Einkreisung auch auf die Gefahr hin, damit einen Krieg auszulösen, zu sprengen. Tirpitz brachte die Argumentation der Berliner Falken auf den Punkt: „Wir müssen was tun", schrieb er, „sonst ist Österreich in ein paar Jahren nicht mehr bündnisfähig. Indem wir was tun, stechen wir zugleich in die Entente hinein [...] sehen, wie sie eigentlich denkt. Macht sie Krieg, dann wollte sie ihn, und dann kommt er besser 1914 als 1916. Oder sie weicht zurück, und dann kolossaler Erfolg." Die Interessen der Zweibundpartner, so beschreibt es Günther Kronenbitter, „konvergierten" in dieser Phase, „ohne dass eine der beiden Seiten manipuliert werden musste". Während Deutschland den Einkreisungsring zerschlagen wollte, ging es Wien um die Selbstbehauptung auf dem Balkan. Fraglos war der Pessimismus auf deutscher Seite überzogen. Eine geplante Einkreisung der Ententemächte existierte schlichtweg nicht. Gleichwohl, das hatten die wiederholten diplomatischen Niederlagen der letzten Jahre verdeutlicht, waren die anderen Großmächte nicht bereit, das Kaiserreich als gleichberechtigt zu akzeptieren. Die Zukunft schien für die Ententemächte zu sprechen. So wenig Berlin es geschafft hatte, sich in das Großmächtesystem einzufügen, so wenig haben die Großmächte eine Integration des jungen Reiches zugelassen. Der Eindruck der Einkreisung war deshalb nicht völlig irreal. Aus Berliner Sicht gab es nur noch zwei Optionen. Entweder es fügte sich der Juniorpartnerrolle und riskierte, dass es mit Österreich-Ungarn auch noch den letzten Partner von Rang verlor, oder es versuchte, sich aus der Situation offensiv zu befreien, auch wenn „eine Aktion gegen Serbien den Weltkrieg" bedeuten konnte.

Obwohl Wien auch ohne den „Blankoscheck" längst einen Krieg gegen Serbien beabsichtigt hatte, war es zu einer schnellen Aktion nicht in der Lage. Nachdem Hoyos aus Berlin zurückgekehrt war, wurde ein Treffen des Gemeinsamen Ministerrates der Doppelmonarchie einberufen. Dort forderte Berchtold, unterstützt von Generalstabschef Conrad, einen sofortigen Krieg gegen Serbien. Da sich aber der ungarische Premier Graf Istvan Tisza (1861–1918) dagegen aussprach, benötigte Berchtold eine weitere Woche, um Tisza umzustimmen. Am 14. Juli lenkte dieser schließlich ein. Noch am selben Tag beschloss der Ministerrat ein Ultimatum an Serbien. Dessen Abfassung und Billigung beanspruchte jedoch weitere fünf Tage.

Der Wilhelmstraße ging das alles nicht schnell genug. Die Chance zu einem *fait accompli* schien längst dahin. Vergeblich mühte sich der deutsche Botschafter, Heinrich von Tschirschky, Wien zum Handeln zu drängen, während Berlin plötzlich wieder zum Abwarten riet, weil sich der inzwischen zum französischen Präsidenten gewählte Raymond Poincaré gerade zu Beratungen in St. Petersburg befand. Die Bombe sollte erst platzen, wenn sich Poincaré wieder auf dem Heimweg befände, damit sich die Partner nicht direkt über eine Unterstützung Serbiens austauschen könnten. Unterdessen bot der russische Außenminister Sasonow England eine Besitzstandsgarantie für Indien an. Diesem Köder konnte Grey kaum widerstehen, und noch vor Abgabe des Ultimatums hatte Russland England auf seine Seite gezogen. Erst am 23. Juli fand das Wiener Ultimatum endlich seinen Adressaten. Darin forderte Österreich-Ungarn Belgrad ultimativ auf, sich binnen 48 Stunden bereit zu erklären, unter anderem die Wiener Regierung bei der Unterdrückung der gegen Wien gerichteten subversiven Bewegung und der gerichtlichen Untersuchung des Attentats hinzuzuziehen: Für Belgrad unannehmbare Bedingungen. In Berlin, wo man den Text erst kurz zuvor erhalten hatte, glaubte man noch immer an die Möglichkeit einer Lokalisierung des Konfliktes. Vor allem Wilhelm II. konnte sich nicht vorstellen, dass Serbien einen Krieg riskieren würde. Tatsächlich bog die Julikrise nun aber auf ihre verhängnisvolle Zielgerade ein. Während man in London bereits einen Krieg für immer wahrscheinlicher hielt, strebten Paris und St. Petersburg geradewegs darauf zu, und in Berlin wollte man auf keinen Fall „kneifen", wie es Jagow ausdrückte.

Die serbische Antwort

Serbien beantwortete das Ultimatum am 25. Juli zuerst mit der Mobilisierung der eigenen Armee. Drei Stunden später überreichte es eine erstaunlich verbindliche und zuvorkommende Antwortnote, in der es neun der zehn Forderungen Wiens annahm. Lediglich die österreichische Teilnahme an einer Untersuchungskommission wurde als Souveränitätsverletzung abgelehnt. Das Ganze war eine diplomatische Meisterleistung, die man Belgrad nicht zugetraut hatte. Tatsächlich hätte eine objektive Untersuchung die Zusammenhänge zwischen den Attentätern und königlich-serbischen Offizieren ans Licht gebracht und den internationalen Kredit der Serben vollends zerstört. Selbst Wilhelm II., der inzwischen von seiner Nordlandreise zurückgekehrt war und die Antwort Belgrads am 28. Juli erstmals zu lesen bekam, sah in der serbischen Antwort einen „brillanten Erfolg" und jeglichen Kriegsgrund als erledigt an. Am gleichen Tag, um 11 Uhr morgens, hatte Wien aber Belgrad bereits den Krieg erklärt. Auch die vom Kaiser in letzter Minute vorgebrachte „Halt in Belgrad"-Formel, also eine begrenzte Aktion, die einen Großkrieg vermeiden sollte, erreichte Wien nicht mehr rechtzeitig, da Bethmann Hollweg sich zwölf Stunden Zeit mit der Übermittlung des kaiserlichen Vorschlags ließ. In der kaiserlichen Umgebung hatte sich längst der Eindruck verstärkt, dass Wilhelm II. den Krieg unbedingt vermeiden wollte. Der preußische Kriegsminister Erich von Falkenhayn schloss sogar, dass Wilhelm entschlossen sei, um den Preis des Friedens Österreich „sitzen zu lassen". Falkenhayn machte seinen Kaiser jedoch darauf aufmerksam, dass er die Angelegenheit jetzt nicht mehr in der Hand habe. Eine Trennung von der Habsburgermonarchie, wie sie schon Bismarck für den Ernstfall ins Auge gefasst hatte, hätte einen Zusammenstoß auf dem Balkan und damit den Krieg wohl nicht mehr verhindert. Denn ob eine regional auf Serbien begrenzte Strafexpedition angesichts des überschäumenden Nationalismus und der sich bereits im Gange befindlichen Planungen auch der anderen Mächte eine Eskalation verhindert hätte, darf angesichts neuerer Erkenntnisse insbesondere zu Frankreich und Russland getrost bezweifelt werden.

„C'est la guerre"!

Seit den Balkankriegen hatte das Zarenreich zahlreiche Ermutigungen von französischer Seite erhalten. Für den russischen Militärattaché Oberst Nikolai Ignatiew (1832–1908) bestand daher kein Zweifel, dass Frankreich kriegsbereit sei, weil es in einem Krieg balkanischen Ursprungs den bestmöglichen Ausgangspunkt für einen Revanchekrieg erblicke. Deutschland müsse schließlich in diesem Fall seine Truppen sowohl nach Westen und Osten ausrichten. Der französische Premier Gaston Doumergue (1863–1937) hatte noch im Januar 1914 seinen Botschafter in St. Petersburg wissen lassen, dass das Schicksal Frankreichs von der Energie und Geschicklichkeit abhänge, Russland mit in einen Krieg gegen die Mittelmächte zu ziehen.

Während Paris auf dem Balkan offenbar eine Sollbruchstelle des Staatensystems erkannte, mit dessen Hilfe man sich der russischen Unterstützung gegen die Mittelmächte sicher sei, so galt es auch aus russischer Sicht, diese Tendenz der französischen Politik zu fördern. Denn auch das Zarenreich erkannte eine sichere Möglichkeit, sein lange gehegtes Ziel der Meerengenkontrolle über die offenen Konflikte in Südosteuropa und den zu erwartenden französischen Beistand zu erreichen. Die Franzosen, so schrieb Ignatiew an seine Vorgesetzten, müssen „im Voraus schon auf den Gedanken" gebracht werden, „dass unser lokaler Konflikt mit Österreich wegen der türkischen Erbschaft den Anfang einer Lösung des slawisch-deutschen Kampfes darstellen wird, eines Kampfes, in dem Frankreich sein Schicksal mit den slawischen Interessen verknüpfen muss". Fortan signalisierte St. Petersburg, der serbischen Regierung bei jeder Gelegenheit seine Unterstützung. Für Außenminister Sasonow stand deshalb bereits vor der Belgrader Antwort auf das Wiener Ultimatum fest: „C'est la guerre Européenne."

Letzte Warnungen

Zum Zünglein an der Waage konnte nun England werden. Aber London durchschaute den Kurs seiner Ententepartner nicht. Obwohl das Kabinett anfänglich in der Frage einer Unterstützung Frankreichs, aber vor allem des wiedererstarkten Russlands gespalten war, konnte sich Außenminister Grey nicht vom Kurs seiner unbedingten Bündnispflege lösen. Sein Vermittlungsvorstoß kurz nach der serbischen Antwort erschien daher zutiefst parteiisch und ging deshalb ins Leere. Berlin sollte Wien dazu bringen, die serbische Antwort zu akzeptieren und auf einen lokalen Krieg zu verzichten. London hatte die neue Lage genutzt und damit die Zweibundmächte ins Abseits manövriert. Wie schon in der Annexionskrise, diesmal aber noch offener, nahm es Partei für Russland und hielt sich die Konsequenzen offen und stilisierte sich als Friedenswächter, ohne aber selbst in Belgrad oder St. Petersburg aktiv zu werden. Wollte Bethmann Wien nicht opfern, musste er ablehnen. Erst am 29. Juli, als Belgrad bereits beschossen wurde, wurde Grey deutlicher und erklärte gegenüber dem deutschen Botschafter in London, dass Großbritannien im Falle eines Krieges unter Einschluss Frankreichs mit von der Partie sein werde. Allenfalls bei einem Krieg allein zwischen Wien und St. Petersburg, der wahrscheinlich mit dem Sieg des Letzteren und dem Ende des Habsburger Vielvölkerreiches enden würde, werde London neutral bleiben. Jetzt erst änderte die Reichsleitung ihren Kurs, und Bethmann Hollweg ließ der „Halt in Belgrad Formel" am 30. Juli zwei weitere Warnungen an Berchtold folgen, sich mit Russland zu verständigen und den Weg frei für eine Vermittlung zu machen.

Die russische Entscheidung zum Krieg

Unterdessen hatte Russland aber, angesporNt von französischen Unterstützungszusagen, bereits am 25. Juli die Teilmobilmachung beschlossen, was, wie die erwähnten Beratungen während der Balkankriege zeigten, mit dem Entschluss zum Krieg gleichzusetzen ist. Am 30. Juli folgte die Generalmobilmachung. Damit war das Zarenreich die erste Großmacht, die im Juli 1914 die Generalmobilmachung verfügte. Dass bedeutete indes nicht, dass die russische Politik bereits das Heft des Handelns vollständig an die Militärs weitergereicht hätte. Aus russischer Sicht gehörte dieser Schritt zum hochriskanten diplomatischen Spiel am Rande des Abgrunds. Eine Kriegsvermeidung konnte nur noch durch einen völligen Rückzug der Mittelmächte erfolgen.

Der „Stein gerät ins Rollen"

Aus der Perspektive Wiens kam der Vorstoß Bethmann Hollwegs zu spät, denn es war nicht bereit, seinen Krieg gegen Serbien, den es faktisch erst am 12. August mit Abschluss der Mobilisierung beginnen konnte, zu beenden. Zweitens kam nun die fatale Eigenständigkeit der deutschen Militärmaschinerie angesichts der russischen Teilmobilmachung zum Vorschein und verwies die Diplomatie auf die Plätze. In der Hoffnung, dass Russland wie 1909 im letzten Moment zurückweichen werde, hatte die politische Führung die Entscheidung über Krieg und Frieden aus der Hand gegeben. Am 30. Juli räumte Bethmann Hollweg schließlich ein, dass „die Direktion verloren gegangen und der Stein ins Rollen geraten" sei.

Für Russland war eine Korrektur der Konstellationen auf dem Balkan nicht zu akzeptieren, und die beiden Ententemächte waren bereit zu folgen. Für die Mittelmächte bestand neben der von Wien zurückgewiesenen und letztlich unrealistischen Minimalvariante, sich auf Belgrad zu beschränken, nur eine Alternative zum großen Krieg: eine blamable diplomatische Niederlage einzustecken, die die ohnehin gefährdete internationale Stellung weiter schwächen würde. Wenn Sasonow die Integrität Serbiens zur Lebensfrage für Russland erklärte, war eine Einigung mit Wien ausgeschlossen, denn Wien erklärte den Krieg gegen Serbien ebenfalls zur Lebensfrage. Am 31. Juli ging in Berlin die Nachricht von der russischen Generalmobilmachung ein. Noch einmal, in letzter Minute, versuchten Wilhelm II. und Bethmann Hollweg am 1. August das Schicksal zu wenden und mit britischer Hilfe Frankreichs Zustimmung für einen lokalisierten Krieg im Osten zu gewinnen.

Vieles spricht dafür, dass es Bethmann mit seinen Vorstößen ab dem 28. Juli ernst war, gleichsam in letzter Sekunde die Katastrophe noch einmal abzuwenden. Was aber bewog ihn zu der Kehrtwende? Zwei Erklärungen scheinen dabei denkbar: Entweder er glaubte zu keiner Zeit daran, England aus dem Krieg heraushalten zu können, dann waren seine letzten Rettungsversuche bewusst verfolgte Teile einer Strategie des kalkulierten Risikos, um die Entente auseinanderzudividieren. Nachdem dieser Weg gescheitert war, galt es nun entsprechend zurückzurudern. Das Problem bestand lediglich darin, dass Wien auf dem Konfrontationskurs verharrte. Eine zweite Erklärung wäre, dass er doch an eine mögliche Neutralität Englands glaubte. Dann war der Sinneswandel ein panischer Rettungsversuch eines verzweifelten Staatsmannes, der im letzten Moment den entscheidenden Denkfehler seiner Strategie erkennt und zu korrigieren versucht.

Allein, die Maschinerie des Schlieffen-Planes war bereits in Gang und der Generalstab sah sich außerstande, die in Marsch gesetzte Millionenarmee wieder nach Osten umzudirigieren. Die russische Generalmobilmachung hatte die deutsche automatisch zur Folge. Ab dem 1. bzw. dem 3. August befand sich das Kaiserreich mit Russland und Frankreich im Krieg. Vom 3. August marschierten die deutschen Truppen über die belgische Grenze und verletzten dessen Neutralität. Das lieferte London den Anlass, am 4. August gegen Deutschland in den Krieg einzutreten. Dass damit der Weg zur „Ur-Katastrophe" (G.F. Kennan) beschritten war, ahnte nicht nur Edward Grey, für den nun „in ganz Europa die Lichter ausgingen", während er auf das hell erleuchtete London schaute.

VI. Die Außenpolitik im Krieg (1914–1918)

4.–16.8.1914	Deutsche Verletzung der belgischen Neutralität
26.–30.8.1914	Sieg bei Tannenberg über die russische Narew Armee
5.9.1914	Londoner Vertrag. Die Ententemächte einigen sich auf ein Verbot des Separatfriedens. Belgien schließt sich an
5.–12.9.1914	Marneschlacht. Der deutsche Vormarsch im Westen kommt zum Stehen
14.9.1914	Erich von Falkenhayn ersetzt Helmuth von Moltke d.J. als Generalstabschef
10.10.–10.11.1914	Im Zuge der Ypern-Schlacht wird der Krieg zum Stellungskrieg
Feb.–März 1915	Scheitern der US-Friedensvermittlung von Edward M. House
12.12.1916	Deutsche Friedensdeklaration. Die Entente lehnt ab
21.12.1916	Friedensnote Woodrow Wilsons
26.12.1916	Konferenzvorschlag der Mittelmächte
22.1.1917	Senatsrede Wilsons: „Frieden ohne Sieg"
15.12.1917	Deutsch-russischer Waffenstillstand
22.12.1917	Friedensverhandlungen von Brest-Litowsk
3.3.1917	„Siegfriede" von Brest-Litowsk
8.1.1918	Rede Wilsons und Verkündung der „Vierzehn Punkte"
8.8.1918	Der „schwarze Tag des deutschen Heeres" bei Amiens. Beginn der alliierten Schlussoffensive
14.8.1918	Konferenz im Hauptquartier von Spa. Die Oberste Heeresleitung (OHL) hält die Fortführung des Krieges für „aussichtslos"
Sept. 1918	Rückverlegung der Front in die „Siegfriedstellung"
29.9.1918	Die OHL fordert ein sofortiges Waffenstillstandsangebot
3.10.1918	Prinz Max von Baden wird zum Reichskanzler ernannt
3.–4.10.1918	Deutsches Waffenstillstandsangebot auf der Grundlage der „Vierzehn Punkte" Wilsons
28.10.–3.11.1918	Matrosenaufstand in Kiel. Revolution in Deutschland
8.–11.11.1918	Waffenstillstandsverhandlungen von Compiègne
9.11.1918	Max von Baden verkündet eigenmächtig die Abdankung Wilhelms II. sowie des Kronprinzen und tritt selbst zurück. Phillip Scheidemann ruft die Republik aus
18.1.–28.6.1919	Friedenskonferenz von Versailles

Diplomatie im Krieg

Als sich im Sommer 1914 die Stafette diplomatischer Krisen zum Weltenbrand entlud und sich die europäischen Großmächte zwischen dem 28. Juli und 4. August gegenseitig den Krieg erklärten, bedeutete dies vordergründig zunächst das Ende der Diplomatie: Die direkten Verbindungen zwischen den Regierungen wurden gekappt, Botschaften geschlossen und das Personal in die Heimat zurückbeordert. Fortan sollte der Krieg als „Fortsetzung der Politik mit anderen Mitteln" (Carl von Clausewitz, 1837) die zwischenstaatlichen Beziehungen beherrschen. Keine Frage, auf allen Seiten glaubte man sich im Recht und hielt sich für den Angegriffenen. Vielleicht, so eine in allen Hauptstädten anzutreffende Vermutung, würde ein kurzer, gewaltsam ausgetragener Konflikt, ein heftiges Gewitter, wenn man so will, die jahrelangen Spannungen zwischen den Mächten bereinigen und neu ordnen können. Was erhofften sich aber die Mächte im Einzelnen von dem Sturm, der als dritter Balkankrieg begann und in die „Urkatastrophe des 20. Jahrhunderts" (G.F. Kennan) mündete?

Österreich-Ungarn ging es zweifellos um die Zerschlagung Serbiens und dessen Großmachtträumen. Mit dem ambitionierten Terrorstaat an der östlichen Grenze des Vielvölkerreiches sollte nach dem Attentat von Sarajewo ein für allemal aufgeräumt werden. Russland und Frankreich wiederum kamen die erneuten Spannungen auf dem Balkan nicht ungelegen. In *Frankreich* schielte man begierig auf die Rückeroberung Elsass-Lothringens. An der südosteuropäischen Peripherie erkannte die Pariser Führung um Raymond Poincaré, anders als etwa im Falle der Marokkofrage 1906 bzw. 1911, spätestens seit dem ersten Balkankrieg von 1912, eine Sollbruchstelle des Staatensystems. Mit deren Hilfe erschien es möglich, den russischen Verbündeten auf eine Revanche gegen die Mittelmächte zu verpflichten. Zum Hauptziel erklärte Außenminister Delcassé bereits im Oktober 1914 die „Vernichtung des Deutschen Reiches". Das *Zarenreich* wiederum erstrebte längst die Zerschlagung der osmanischen Herrschaft und die Kontrolle der Meerengen am Bosporus und an den Dardanellen. Für St. Petersburg galt somit umgekehrt das Gleiche wie für Paris: Nur über eine Balkankrise konnte es Zugriff auf die Meerengen bekommen. Zudem erkannte es in einer Verteidigung slawischer Interessen eine Möglichkeit, über seine anhaltenden innenpolitischen Probleme hinwegzukommen. Demgegenüber erscheinen die Ziele der vermeintlichen Hauptprotagonisten der Vorkriegsepoche, Berlin und London, eher diffus. *Deutschland* fürchtete die Einkreisung, insbesondere nach der „Liman-von-Sanders-Krise" und dem Bekanntwerden anglo-russischer Marinegespräche im Frühjahr 1914. Als einzig verbliebener Partner erschien die Habsburgermonarchie und deren angeschlagener Großmachtstatus daher als besonders schützenswert. Gleichzeitig sahen nicht wenige in der Julikrise die letzte Chance, den mittelfristig überlegenen Ring der Feindstaaten erfolgreich zu zerschlagen und seinen Großmachtanspruch dauerhaft sichern zu können, bevor man selbst zum Spielball der Mächte werden würde. Gleichwohl lag ein konkretes Kriegsziel oder ein Plan, wie man ein solches erreichen wollte, geschweige denn, wie eine etwaige Nachkriegsordnung aussehen sollte, nicht vor. Gleiches galt für *Großbritannien.* London, so zumindest die öffentliche Begründung, ging es um das europäische Gleichgewicht, die Befreiung und dauerhafte Unabhängigkeit Belgiens sowie das Ende des Militarismus. Inoffiziell war es allerdings vornehmlich die Sorge vor der eigenen Isolation und die Selbstbehauptung als Weltmacht, die die britische Regierung zur Entsendung des Expeditionskorps nach Le Havre veranlasste. Längst hatte Whitehall beobachtet, dass sich das Zarenreich von der Revolution und der Niederlage gegen Japan erholt hatte und ebenso wie Frankreich eine grundsätzliche Status quo-Änderung anstrebte. Der englische Außenminister Edward Grey begründete den englischen Kriegseintritt zwar mit der Loyalität gegenüber dem französischen Entente-Partner. Innerhalb des Kabinetts machte jedoch auch die Befürchtung die Runde, bei einem zu erwartenden Sieg Russlands und Frankreichs nicht dabei gewesen zu sein und als Folge dessen nicht nur jeden Einfluss auf eine Nachkriegsordnung zu verlieren, sondern sich dann einem noch stärkeren Druck, insbesondere auf seine imperialen Besitzungen in Afrika und Asien ausgesetzt zu sehen. Gemeinsam war Deutschland und England, dass sich ihre Hauptsorge auf zukünftige Befürchtungen richtete und sie anders als die übrigen Großmächte bei einer Änderung des Status quo kaum etwas zu gewinnen hatten.

Konkret formulierte Kriegsziele aber brachte auf allen Seiten erst der Krieg selbst mit sich. So legitim der Griff zu den Waffen den Zeitgenossen aus ihrer jeweiligen Warte erschien, so machte das Schlachtgeschehen bald deutlich, dass mit der *ultima ratio* allein die Interessenwahrung nicht gelingen konnte. Das Verhältnis von Kriegführung und Politik, insbesondere im Rahmen der Koalitionskriegführung und mit Blick auf jeweils unterschiedliche innenpolitische Verhältnisse sowie die Abstimmung zwischen Kriegszielen auf der einen und wiederholten Friedensinitiativen auf der anderen Seite, stellt daher die wichtigsten und schwierigsten Probleme einer politischen Betrachtung des Ersten Weltkrieges dar.

1. Kriegsziele und Friedensinitiativen

a) „Septemberprogramm" und Mitteleuropavorstellungen

„Septemberprogramm"

Der Siegeszug der deutschen Armeen in den ersten Kriegswochen im Westen wie im Osten weckte in großen Teilen der deutschen Öffentlichkeit Machtfantasien, die weit über das hinausgingen, was selbst die radikalsten Imperialisten vor 1914 je gefordert hatten. Manchen schien ein großes Kolonialreich in Afrika und Kleinasien zum Greifen nahe. Andere wie etwa der spätere „Vernunftrepublikaner" und Außenminister Gustav Stresemann (1878–1929) forderten die Kanalküste bis Boulogne bzw. Calais als „deutsches Gibraltar". Wieder andere erwarteten die Angliederung des gesamten Baltikums an das Reich, Belgiens an Bayern und die „Befreiung Polens". In dieser Stimmung sah sich auch Reichskanzler Theobald von Bethmann Hollweg veranlasst, erste Gedanken über die deutschen Kriegsziele zu formulieren. Am 9. September 1914, just an dem Tag, als die deutsche Westoffensive an der Marne scheiterte, ließ er „eine vorläufige Aufzeichnung über die Richtlinien unserer Politik beim Friedensschluss" aufsetzen. Was damit als „Septemberprogramm" oder „Septemberdenkschrift" in die Geschichtsbücher eingehen sollte, war jedoch bei genauerer Betrachtung kaum mehr als ein Gelegenheitspapier, eher hastig improvisiert, denn langfristig konzipiert, und ganz unter dem Eindruck erster Anfangserfolge formuliert. Ergebnis des Krieges sollte demnach sein, dass Deutschland das Erzgebiet von Longwy-Briey annektiere und langfristig sowohl „nach Ost und West" gesichert sei. Frankreich sollte so geschwächt werden, dass es dauerhaft aus dem Kreis der Großmächte ausscheiden würde. Russland wiederum sollte von der deutschen Grenze abgedrängt werden und seine Herrschaft über seine slawischen Vasallen verlieren. Die Zweifrontenbedrohung, das Grundproblem der deutschen Außenpolitik seit 1871, müsse beseitigt werden. Von einem eigenen Kolonialreich, also dem berüchtigten „Griff nach der Weltmacht" (Fritz Fischer), war dagegen überraschenderweise nur schemenhaft die Rede. Konkreter artikulierte sich dagegen die Idee eines von Deutschland dominierten mitteleuropäischen Wirtschaftsraumes, dem Frankreich, Belgien, Holland, Dänemark, Österreich-Ungarn, Polen und eventuell Italien, Schweden und Norwegen angehören sollten.

Q

Das „Septemberprogramm"

Bethmann-Hollweg, Denkschrift, 9.9.1914. Aus: Wolfdieter Bihl, Deutsche Quellen zur Geschichte des Ersten Weltkrieges, Darmstadt 1991, S. 61f.

1. Frankreich: Von den militärischen Stellen zu beurteilen, ob die Abtretung von Belfort, des Westabhangs der Vogesen, die Schleifung der Festungen und die Abtretung des Küstenstrichs von Dünkirchen bis Boulogne zu fordern ist.
In jedem Falle abzutreten, weil für die Erzgewinnung unserer Industrie nötig, das Erzbecken von Briey.
Ferner eine in Raten zahlbare Kriegsentschädigung; sie muß so hoch sein, daß Frankreich nicht imstande ist, in den nächsten achtzehn bis zwanzig Jahren erhebliche Mittel für Rüstung aufzuwenden.
Des weiteren: ein Handelsvertrag, der Frankreich in wirtschaftliche Abhängigkeit von Deutschland bringt, es zu unserem Exportland macht, und es ermöglicht, den englischen Handel in Frankreich auszuschalten. Dieser Handelsvertrag muß uns finanzielle und industrielle Bewegungsfreiheit in Frankreich schaffen – so, daß deutsche Unternehmungen nicht mehr anders als französische behandelt werden können.
2. Belgien: Angliederung von Lüttich und Verviers an Preußen, eines Grenzstriches der Provinz Luxemburg an Luxemburg.
Zweifelhaft bleibt, ob Antwerpen mit einer Verbindung nach Lüttich gleichfalls zu annektieren ist. Gleichviel, jedenfalls muß Belgien, wenn es auch als Staat äußerlich bestehen bleibt, zu einem Vasallenstaat herabsinken, in etwa militärisch wichtigen Hafenplätzen ein Besatzungsrecht zugestehen, seine Küste militärisch zur Verfügung stellen, wirtschaftlich zu einer deutschen Provinz werden. Bei einer solchen Lösung, die die Vorteile der Annexion, nicht aber ihre innenpolitisch nicht zu beseitigenden Nachteile hat, kann franz. Flandern mit Dünkirchen, Calais und Boulogne, mit großenteils flämischer Bevölkerung diesem unveränderten Belgien ohne Gefahr angegliedert werden. Den militärischen Wert dieser Position England gegenüber werden die zuständigen Stellen zu beurteilen haben.
3. Luxemburg: Wird deutscher Bundesstaat und erhält einen Streifen aus der jetzt belgischen Provinz Luxemburg und eventuell die Ecke von Longwy.
4. Es ist zu erreichen die Gründung eines *mitteleuropäischen Wirtschaftsverbandes* durch gemeinsame Zollabmachungen, unter Einschluß von Frankreich, Belgien, Holland, Dänemark, Österreich-Ungarn, Polen (!) und eventuell Italien, Schweden und Norwegen. Dieser Verband, wohl ohne gemeinsame konstitutionelle Spitze, unter äußerlicher Gleichberechtigung seiner Mitglieder, aber tatsächlich unter deutscher Führung, muß die wirtschaftliche Vorherrschaft Deutschlands über Mitteleuropa stabilisieren.
5. Die Frage der kolonialen Erwerbungen, unter denen in erster Linie die Schaffung eines zusammenhängenden mittelafrikanischen Kolonialreichs anzustreben ist, desgleichen die Rußland gegenüber zu erreichenden Ziele werden später geprüft.
Als Grundlage der mit Frankreich und Belgien zu treffenden wirtschaftlichen Abmachungen ist eine kurze provisorische für einen eventuellen Präliminarfrieden geeignete Formel zu finden.
6. Holland: Es wird zu erwägen sein, durch welche Mittel und Maßnahmen Holland in ein engeres Verhältnis zu dem Deutschen Reich gebracht werden kann.

Dies engere Verhältnis müßte bei der Eigenart der Holländer von jedem Gefühl des Zwanges für sie frei sein, an dem Gang des holländischen Lebens nichts ändern, ihnen auch keine veränderten militärischen Pflichten bringen, Holland also äußerlich unabhängig belassen, innerlich aber in Abhängigkeit von uns bringen. Vielleicht ein die Kolonien einschließendes Schutz- und Trutzbündnis, jedenfalls enger Zollanschluß, eventuell die Abtretung von Antwerpen an Holland gegen das Zugeständnis eines deutschen Besatzungsrechts für die Befestigung Antwerpens wie für die Scheldemündung wäre zu erwägen.

Mitteleuropavorstellungen

Wenngleich Bethmann Hollweg mit derlei maßlosen Forderungen die Pläne der Annexionisten im eigenen Land sicher etwas entschärfen wollte, so musste auch ihm bewusst sein, dass hegemoniale Ideen dieser Art eine Rückkehr zum internationalen *Status quo ante* nicht nur ausschlossen, sondern mit keiner stabilen, geschweige denn legitimen Nachkriegsordnung zu vereinbaren waren. Nach Jahren des Lavierens zwischen den Mächtekonstellationen strebte Deutschland mit dem Kriegsentschluss offenbar nach absoluter Sicherheit, welches automatisch die absolute Unsicherheit seiner europäischen Nachbarn bedeutet hätte. Gleichwohl bleibt beachtenswert, dass die Sicherung nicht durch territoriale Expansion und militärische Stärke, sondern vornehmlich durch wirtschaftliche Dominanz erreicht und erhalten werden sollte. Diese Vorstellungen stützten sich konzeptionell auf Bethmann Hollwegs Berater Kurt Riezler und des Staatssekretärs des Innern Clemens von Delbrück (1856–1921). Sie knüpften an die Vorstellungen Walther Rathenaus (1867–1922) an, die wiederum an frühere Ideen eines 70 Millionen Reiches ein halbes Jahrhundert zuvor erinnerten sowie weitere Gedankenspiele zu einem von Deutschland dominierten **Mitteleuropa** auslösten und schließlich im Februar 1916 in den Arbeitsausschuss für Mitteleuropa unter Friedrich Naumann (1860–1919) mündeten. Der Reichskanzler selbst favorisierte dagegen eine wirtschaftliche Autarkie zulasten Russlands in Ostmitteleuropa.

E

Mitteleuropapläne: Mit dem Ausbruch des Krieges und der Erfahrung der Wirtschaftsblockade kam es zu einer Rückwendung deutscher Expansionsziele und einer Wiederentdeckung älterer Mitteleuropapläne und -vorstellungen. Seit Mitte des 19. Jahrhunderts hatte sich die Idee eines einheitlich geführten Mitteleuropas wiederholt als verschleierter Griff nach der Hegemonie gezeigt. Ziel der 1915 wiederentdeckten, doch eher vagen Konzeptionen war es, zuallererst die Probleme der Kriegführung zu lösen. Erst in zweiter Linie waren sie als Ruf nach einer grundlegenden Neuordnung Europas über das Kriegsende hinaus und damit als Kriegsziel zu begreifen. Nach Wolfgang Mommsen kann man dabei von drei unterschiedlichen, sich sogar zum Teil widersprechenden Varianten für Mitteleuropa ausgehen: So existierten sie *erstens* als Kern eines gemäßigten Expansionsprogrammes, mit deren Hilfe der Beraterkreis um Bethmann Hollweg den radikalen Annexionisten den Wind aus den Segeln nehmen wollte. *Zweitens* dienten sie als strategische Aushilfe im Rahmen eines gigantischen Abnutzungskrieges. Und drittens als Mittel, um Österreich-Ungarn dauerhaft an das Deutsche Reich zu binden, ohne dessen Bestand anzutasten. Im „Septemberprogramm" war unter anderem vorgesehen, Frankreich einen Handelsvertrag aufzuoktroyieren und es in deutsche Abhängigkeit zu bringen, während der englische Handel ausgeschaltet werden sollte. Durch einen mitteleuropäischen Wirtschaftsblock unter deutscher Führung sollten weiter reichende Annexionspläne entschärft werden und statt einer formellen eine informelle Herrschaft erreicht werden. Während die politische Praxis vor allem im Verlauf des im Februar 1916 einberufenen *Arbeitsausschusses für Mitteleuropa* immer größere Hürden für eine Umsetzung erblickte, gewann die Mitteleuropaidee namentlich in der deutschen Öffentlichkeit zunehmen an Resonanz. Von besonderer Bedeutung waren hierfür die verschiedenen Schriften Friedrich Naumanns – dessen im Oktober 1915 publiziertes Buch „Mitteleuropa" war neben Bismarcks „Gedanken und Erinnerungen" das populärste Werk des wilhelminischen Deutschland – und die von Ernst Jäckh (1875–1959) und Paul Rohrbach (1869–1956) herausgegebene Zeitschrift *Deutsche Politik*. In den letzten Kriegsjahren trat die Mitteleuropaidee gegenüber einer ausufernden Machtpolitik jedoch wieder zurück. Der deutlichste Ausdruck dafür findet sich im Frieden von Brest-Litowsk. Ein kurzes Aufflackern erlebte die Idee, als 1918/19 kurz ein Zusammenschluss Deutsch-Österreichs und Deutschlands möglich schien. Von den Alldeutschen bis hin zum rechten Flügel der SPD fand die Vorstellung weite Verbreitung.

Die Mittelmächte

Anfang November 1915 bot die Berliner Regierung Wien eine dauerhafte, sowohl militärische als auch wirtschaftliche Kooperation an. Deutschland und Österreich-Ungarn sollten den Kern einer zukünftigen mitteleuropäischen Zollunion bilden. Der k.u.k.-Außenminister, Graf Istvan Burian (1851–1922), erkannte in den Plänen jedoch eine Gefahr für die eigene Unabhängigkeit. Mit Rücksicht auf den Zusammenhalt der Mittelmächte wich der Ballhausplatz einer Zustimmung aus und versuchte die Pläne auf die lange Bank zu schieben. Letztlich liefen sie aufgrund mannigfaltiger Einwände, insbesondere der Wirtschaftszweige auf beiden Seiten ins Leere. Selbst in der Not des Krieges ließen sich die völlig unterschiedlichen Wirtschaftsstrukturen des modern-industrialisierten Deutschen Reiches und der noch überwiegend agrarisch geprägten Donaumonarchie nicht verdecken.

Uneins waren Berlin und Wien auch in der Polenfrage. Im Sommer 1915 erobert, blieb offen, ob Polen zukünftig Deutschland oder Österreich-Ungarn angegliedert oder eine Form der Unabhängigkeit erhalten sollte. In der Hoffnung, über 250000 Polen für den Kampf gegen das Zarenreich mobilisieren zu können, setzten sich Paul von Hindenburg und Erich Ludendorff ab Mitte 1916 für einen polnischen Staat ein, der Anfang November 1916 in Warschau proklamiert wurde. Die militärischen Hoffnungen erfüllten sich jedoch nicht. Bis zum Kriegende meldeten sich nur wenige Tausend Polen, um an der Seite Berlins und Wiens zu kämpfen.

Entscheidender noch als die vereinzelten Streitfälle zwischen den Mittelmächten erwies sich aber, dass schon zwei Monate nach der Septemberdenkschrift die großspurig formulierten Ziele Makulatur geworden waren. Bereits am 18. November 1914, nachdem die letzten Hoffnungen auf einen durchschlagenden militärischen Erfolg auf den Schlachtfeldern Flanderns versiegt waren, musste der neue Chef des Generalstabes, Erich von Falkenhayn, dem Reichskanzler offenbaren, dass der Krieg gegen die alliierten Mächte nicht zu gewinnen sei: Ahnungsvoll bedeutete er Bethmann Hollweg: „So lange Rußland, Frankreich und England zusammenhalten, ist es uns unmöglich, unsere Gegner so zu besiegen, daß wir zu einem anständigen Frieden kämen. Wir würden vielmehr Gefahr laufen, uns langsam zu erschöpfen." Aussicht bestehe höchstens auf ein Remis. Falkenhayn riet deshalb zu einem Separatfrieden mit Russland, möglichst auch mit Frankreich, um alle Kräfte gegen England zu bündeln. Dagegen wollte der Kanzler „lieber mit den Engländern contra Russland gehen", weil er im Zarenreich mittelfristig eine größere Gefahr erblickte als in der Inselmacht Großbritannien. Neben der Kriegszieldiskussion entbrannte nun auch noch eine Debatte, wer die primären Feindstaaten seien: die französisch-russische Allianz oder die Inselmacht Großbritannien?

Separatfriede mit Russland?

Nachdem die militärische Führung offenbar frühzeitig mit ihrem Latein am Ende war, sollte die Politik bzw. die Diplomatie einen Weg aus dem Krieg finden. Bethmann Hollweg war jedoch zu keinem Zeitpunkt in der Lage, die Richtlinien vorzugeben bzw. das Staatsschiff als Steuermann durch die Kriegswirren zu manövrieren. Wiederholt, das bestätigen die Septemberreflexionen, lavierte er zwischen den Positionen der Annexionisten und gemäßigteren Forderungen nach einer wirtschaftlichen Dominanz als Kriegsziel. Gleiches galt für die Feindausrichtung. Während Falkenhayn, Tirpitz und die preußischen Altkonservativen für einen Separatfrieden mit den Kontinentalmächten eintraten, lehnten maßgebliche Teile des Auswärtigen Amtes, darunter Unterstaatssekretär Arthur Zimmermann einen Verzichtfrieden im Osten ab. Obwohl der Kanzler instinktiv für eine Annäherung an die Westmächte zulasten Russlands eintrat, hielt er sich auch hier eine Hintertür offen, indem er einen Frieden mit dem Zarenreich für den Fall in Betracht zog, dass Deutschland die Bedingungen dafür diktieren könne. Von einer politischen Lenkung oder gar Führung konnte daher keine Rede sein, und die politische Führung fand sich nicht zuletzt deshalb immer wieder in einer Dilemmasituation wieder. Während mit Falkenhayn ein maßgeblicher Vertreter des Kriegshandwerks einen „stufenweisen Abbau der Fronten“ empfahl, sah sich sowohl die Reichsleitung in Berlin als auch die Führung am Ballhausplatz noch immer der Kriegseuphorie der eigenen Öffentlichkeit gegenüber.

Q

Theobald von Bethmann Hollweg an den Unterstaatssekretär im Auswärtigen Amt Arthur Zimmermann, 19.11.1914. (Auszug)
Aus: Willibald Gutsche, Herrschaftsmethoden des deutschen Imperialismus 1897/8 bis 1917, Berlin-Ost 1977, S. 210f.

Nachdem die Niederwerfung Frankreichs in der ersten Kriegsperiode mißglückt ist und nach dem Verlauf, den unsere militärischen Operationen im Westen im jetzigen zweiten Kriegsabschnitt nehmen, muß auch ich bezweifeln, daß eine militärische Niederwerfung unserer Gegner noch möglich ist, solange die Triple Entente zusammenhält.
Bleibt Hindenburg Sieger, so werden wir uns allerdings diesen Winter über Preußen, Posen und Schlesien von russischer Invasion freihalten können. – Wie sich die Dinge auf dem galizischen Kriegsschauplatz abspielen werden, läßt sich absolut nicht übersehen. – Im Westen wird es uns, so lange starke Heeresabteilungen im Osten stehen bleiben müssen, zwar gelingen, das bisherige Okkupationsgebiet zu halten, vielleicht auch in geringem Umfang auszudehnen, mit der Zeit Verdun zu nehmen und damit den Rückzug der Franzosen von der Aisne- in die Marnestellung zu erzwingen; eine völlige Besiegung und Vernichtung unserer Gegner aber in entscheidender Schlacht erscheint, nach den allerdings stets reservierten Mitteilungen des Generalstabs, ausgeschlossen. Diese Situation wird sich den Winter über halten, kann auch von uns als *politisch* durchaus günstig ertragen werden, eröffnet aber auch für die Folge keine Chancen für einen entscheidenden *militärischen Sieg*. Ein solcher kann vielmehr, soweit ich die Lage beurteilen kann, nur dann wenigstens erhofft werden, wenn wir unsere im Osten engagierte Armee nach Frankreich werfen können. Dann könnten wir, wenn wir es für richtig hielten, selbst ein etwaiges Friedensangebot Frankreichs zurückweisen, Frankreich,

wenn uns das Glück zur Seite steht, militärisch so auf die Knie zwingen, daß es jeden von uns gewünschten Frieden annehmen muß und zugleich, wenn die Marine hält, was sie verspricht, England unsern Willen aufzwingen. Wir könnten also gegen den Preis, daß gegenüber Rußland die Verhältnisse im Wesentlichen so blieben wie vor dem Kriege, gegen Westen hin die passenden Zustände schaffen. Somit wäre zugleich die Triple Entente beseitigt. [...]
Dem fortgesetzten Drängen des Generals von Falkenhayn auf Separatverständigung mit Rußland kann ich mich deshalb nicht entziehen. Die Möglichkeiten dazu müssen mindestens bis zum Ende durchgedacht werden. Anzeichen dafür, daß Rußland zur Verständigung bereit wäre, liegen mir einstweilen nicht vor. Auch ein erneuter Sieg Hindenburgs würde nach meinem Dafürhalten nicht hinreichen, um eine solche Bereitwilligkeit zu erzeugen. Hinzutreten müßte wohl jedenfalls noch die Besetzung des größten Teils Polens durch uns, resp. Österreich. Wir würden dieses Faustpfand schon brauchen, um mit ihm eine Kriegsentschädigung durchzusetzen. [...]
Es würde wohl auf eine Verständigung mit Rußland über den Status quo hinauslaufen.
Eine Initiative unsererseits würde, wenn sie erfolglos bliebe, uns von der gesamten Triple Entente als Schwäche ausgelegt werden und etwaige Friedensneigungen Frankreichs im Keime ersticken. General von Falkenhayn ist geneigt, alle diese Schwierigkeiten gering einzuschätzen, wobei der Wunsch für alle Fälle die Schuldfrage günstig zu regulieren, wohl mitspricht.

Innerhalb weniger Wochen hatte sich nach Auskunft Falkenhayns also die militärisch-politische Gesamtlage für das Reich grundlegend verändert. Von nun an schien Berlin zwischen den hochgesteckten eigenen Zielen und der Notwendigkeit gefangen, die alliierte Koalition gegen sich auseinanderzudividieren, um auf diese Weise zumindest einen Teilerfolg zu erzielen. Unter Druck geriet Berlin dabei vor allem aus den eigenen Reihen. Denn wiederholt wurde ein Siegfriede gefordert, da der bloße *Status quo ante* nach den Anfangserfolgen in den Augen vieler einer Niederlage gleichkommen würde.

b) Der Vertrag von London und die ersten Vermittlungsversuche

Die unbedingte Loyalität der Alliierten

Angesichts der eigenen, nach den schweren Verlusten im Westen bereits offenbar werdenden quantitativen Unterlegenheit unternahm Berlin Anfang 1915 einen ersten Vorstoß, zumindest zu einem Teilfrieden mit Russland zu kommen. Über einen dänischen Staatsrat, der sich als Mittelsmann angeboten hatte, versuchte die Wilhelmstraße Kontakt nach Petrograd, wie die russische Hauptstadt seit Kriegsbeginn hieß, aufzunehmen. Aber erst im März 1915 reiste besagter Hans-Niels Andersen (1852–1937) an die Newa. Obwohl Zar Nikolaus II. schon Anfang April eine Vermittlung ablehnte, ließ Berlin nicht locker. Die unerwartet großen Erfolge der Frühjahrs- und Sommeroffensive nährten neue Hoffnungen, dass Russland durch das Angebot eines *Status-quo-ante*-Friedens aus der feindlichen Koalition herauszulösen sei. Auch der österreichische Oberbefehlshaber Franz Conrad von Hötzendorf forderte inzwischen, dem Zarenreich „goldene Brücken" zu bauen. Aber trotz verheerender Niederlagen blieb die zaristische Regierung standhaft. Denn auch Paris und London ließen jede Bereitschaft vermissen, den Krieg vorzeitig zu beenden. Ein Grund hierfür war zum einen sicherlich, dass das deutsche Heer im Westen wie im Osten tief in Feindesland stand und somit die Friedensbedingungen weitgehend bestimmt hätte. Wesentlich war aber vor allem der Zusammenhalt und die Entschlossenheit der Alliierten einen totalen Krieg „à outrance", wie es hieß, bis zur endgültigen und bedingungslosen Kapitulation der Mittelmächte zu führen. Ausdruck dessen war Anfang September der Vertrag von London. Noch bevor Bethmann Hollweg die deutschen Ziele formuliert hatte, hatten sich London, Petrograd und Paris am 5. September gegenseitig dazu verpflichtet, keinen Separatfrieden mit Berlin zu schließen und sich nur gemeinsam und unisono über etwaige Friedensbedingungen abzustimmen. Das alleine verhärtete die außenpolitischen Fronten zwischen den Kriegsparteien und machte nicht nur einen Teilfrieden als Ausweg aus dem Krieg unwahrscheinlich. Vielmehr entzog es fortan jeder vereinzelten Friedensinitiative den Boden.

Überhaupt schienen die Alliierten von Anfang an fest entschlossen, die politische, militärische und wirtschaftliche Macht Deutschlands zu brechen. Schon Ende September, als sich die deutschen Truppen nach der Marneschlacht zurückzogen, beschloss der französische Ministerrat, dass es nicht genüge, sein eigenes Territorium zu verteidigen. Vielmehr sollte es darum gehen, dem „preußischen Militarismus" ein für allemal den Garaus zu machen. Frankreich wollte damit mehr als nur seine 1871 verlorenen Provinzen Elsass-Lothringen zurückerobern. Indem es die Integrität des unter preußischer Führung gegründeten Reiches grundsätzlich infrage stellte, strebte Paris offenbar den alten Hegemonialanspruch über den Kontinent an. Tatsächlich sicherten sich Russland und Frankreich noch im Herbst 1914 jeweils freie Hand im Hinblick auf eine Nachkriegsordnung gegenüber den Mittelmächten zu. Während sich Frankreich im Rheinland schadlos halten könne, zielte Petrograd auf den zu Preußen gehörenden Teil Polens. Ohne den britischen Partner in ihre bilateralen Verhandlungen mit einzubeziehen, verteilten beide Länder bereits die ersehnte Beute unter sich. In Frankreich wurden zudem Stimmen laut, die auch das Saargebiet und Luxemburg für sich reklamierten. Allen voran Poincaré wollte die Einheit des Deutschen Reiches grundsätzlich infrage gestellt sehen. An der Themse waren die Vorstellungen für die Nachkriegszeit noch nicht so weit gediehen. Immer wieder betonte die britische Regierung die Unabhängigkeit Belgiens und dessen Recht auf Selbstbestimmung. Dass allerdings auch in London der Zusammenhalt der Kriegskoalition schwerer wog, bestätigte Edward Grey. Bereits im November 1914 schloss er vornehmlich zur Beruhigung Frankreichs eine Rückkehr zum *Status quo ante* kategorisch aus. Der russische Außenminister Sergeij Sasonow spielte unterdessen die Karte der deutschen Friedensfühler vom Frühjahr 1915 innerhalb der Koalition aus. Nach dem Kriegseintritt des Osmanischen Reiches aufseiten der Mittelmächte forderte er nun offiziell die Kontrolle der Meerengen, sowohl von europäischer als auch asiatischer Seite, sowie unter Androhung, die antideutsche Koalition zu verlassen, das Annexionsrecht für Istanbul. Als Hans-Niels Andersen schließlich zur Vermittlung in Petrograd eintraf, hatten London und Paris kurz zuvor die russischen Ansprüche akzeptiert. Diese Übereinkunft war aber nur ein Grund, warum Russland weitere Sonderfriedensverhandlungen ausschlug. Die zaristische Regierung glaubte trotz ihrer herben Niederlage bei Tannenberg (30.8.1914) weiterhin an ihren Sieg. Darüber hinaus wollte Russland nicht nur das Osmanische Reich, sondern auch die Habsburgermonarchie dauerhaft zerschlagen. Als Österreich-Ungarn im Frühjahr 1915 ebenfalls eine

Nachkriegsvorstellungen

Friedensinitiative unternahm, winkte Petrograd deshalb ohne weitere Prüfung unverzüglich ab. Nicht genug damit sorgte die russische Führung überdies dafür, dass auch Paris und London den Wiener Versuchen kein Gehör schenkten. Aus Sorge vor der russischen Loyalität gestanden Franzosen und Briten im April 1916 dem Zarenreich sogar das Recht auf weitere Annexionen im Nahen Osten zu. Erst als Sasonow Westarmenien und einen direkten Mittelmeerzugang forderte, lehnten die Westmächte schließlich ab.

Dass die alliierten Nachkriegsvorstellungen mitunter sogar über die deutschen Mitteleuropläne hinausreichten, zeigen die Beschlüsse der Pariser Wirtschaftskonferenz vom Juni 1916. Was erneut mit dem traditionellen absoluten Sicherheitsstreben Frankreichs gegenüber dem deutschen Erbfeind begründet wurde, war nichts anderes als eine Rückkehr zum napoleonischen Hegemoniestreben. Während sich die deutschen Mitteleuropapläne gegen die wirtschaftliche Dominanz der Weltreiche insgesamt richteten, waren die Pariser Pläne offensiv gegen eine bestimmte Nation gerichtet. Deutschland sollte nach dem Krieg dauerhaft der Zugang zu den wichtigsten Weltrohstoffreserven verwehrt bleiben. Für die innere Einheit der Entente fand sich Großbritannien sogar bereit, seinen traditionell wirtschaftsliberalen und freihändlerischen Vorstellungen abzuschwören. Letztlich scheiterten die Pläne der Wirtschaftskonferenz aber daran, dass ausgerechnet Belgien, Italien und Russland die Verträge nicht ratifizierten. Im Gegensatz zu Paris bauten sie auf eine Wiederaufnahme ihrer bis 1914 so wichtigen Wirtschaftsbeziehungen zum Kaiserreich nach dem Krieg. Im Versailler Vertrag ließen sich von den Pariser Ideen schließlich auch nur die Einfrierung sämtlicher deutscher Auslandsvermögen, nicht aber die vollständige Ausgrenzung von allen Rohstoffmärkten, durchsetzen.

Siegfriede und Kriegsausweitung

Nachdem die vereinzelten Sondierungen gescheitert waren, musste sich Bethmann Hollweg im Herbst 1915 eingestehen, dass „jede Aussicht auf einen Separatfrieden aufgegeben werden muß". Ratlosigkeit machte sich angesichts der Geschlossenheit der Gegner breit. Obwohl bereits verworfen, blieb also doch nur der militärische Ausweg. Falkenhayn skizzierte Ende November 1915 wieder, den Krieg so lange durchhalten zu wollen, bis der Wille der Feinde gebrochen sei, auch auf die Gefahr hin, dabei den letzten Mann und Groschen opfern zu müssen. Ein halbes Jahr später war aber die Strategie, die Gegner „ausbluten" zu wollen, gescheitert. Falkenhayn musste schließlich der dritten **Obersten Heeresleitung** (OHL) unter den Siegern von Tannenberg, Hindenburg und Ludendorff weichen.

E

Die **Oberste Heeresleitung** (OHL) bezeichnet die höchste Kommandoebene des deutschen Heeres im Ersten Weltkrieg. Laut Gesetz oblag der Oberbefehl zwar Kaiser Wilhelm II., aber seit Beginn der Kriegshandlungen rückte er militärisch in den Hintergrund. Nach der gescheiterten Marneschlacht (5.–12.9.1914) trat Helmuth von Moltke d.J. das Oberkommando an den preußischen Kriegsminister Erich von Falkenhayn ab. Als auch dessen Konzept der Abnutzungsschlacht bei Verdun an sein Ende gelangte, wurde die dritte OHL ab August 1916 vom überaus populären Paul von Hindenburg und dessen Stabschef und eigentlichen militärischen Kopf Erich Ludendorff angeführt. Während Hindenburg vor allem für die „Öffentlichkeitsarbeit" zuständig war, zog Ludendorff die Fäden. Ihm unterstand die Auslandsabteilung der OHL (OHLA) als Propagandaabteilung zur Beeinflussung der alliierten Presse. Auf Ludendorff ging auch die Wiederaufnahme des uneingeschränkten U-Boot-Krieges zurück, was den Kriegseintritt der USA zur

Folge hatte. Die Macht der dritten OHL ging so weit, dass von ihr gegen Kriegsende die Regierungsgewalt faktisch ausging und das Kaiserreich 1917/18 Züge einer Militärdiktatur annahm. Nachdem die OHL insbesondere 1917 jeden Vermittlungsversuch hintertrieben und wiederholt einem Siegfrieden das Wort geredet hatte, drängte sie die neue Regierung im Oktober 1918 unverzüglich zu einem Waffenstillstand, da die deutsche Front „unmittelbar vor dem Zusammenbruch“ stünde.

Außenpolitisch stand auf allen Seiten ein „Siegfriede“ im Vordergrund. Obwohl sich bereits in den ersten Kriegswochen gezeigt hatte, dass das Zeitalter der Kabinettskriege unwiderruflich vergangen war und der Krieg immer totalere Züge annahm, sollte auf dem Schlachtfeld und nicht am Verhandlungstisch über den Ausgang entschieden werden. Eine legitime Neuordnung der Staatenbeziehungen war hingegen auf keiner Seite ein erklärtes Ziel. Sicherheit, „Siegfriede“ und Koalitionstreue bestimmten maßgeblich die politischen Prozesse sowohl bei den Mittelmächten als auch bei den Alliierten. Wiederholt standen Deutschland die eigenen überzogenen Zielvorstellungen, aber auch zyklische Kriegserfolge im Weg. Andererseits verständigten sich die Alliierten darauf, keine, nicht einmal eine neutrale Vermittlung zuzulassen, ohne eine vorherige vollständige Niederlage Deutschlands. Auf beiden Seiten gründete diese Haltung auf der Hoffnung bzw. der festen Erwartung eines Sieges. Zu diesem Zweck mussten nach Möglichkeit weitere Verbündete hinzugewonnen werden. Während Deutschland im Osmanischen Reich ab Herbst 1914 und in Bulgarien ein Jahr später neue Verbündete gewinnen konnte, buhlten die Alliierten um die Gunst Italiens (23.5.1915), Japans (3.7.1916), Rumäniens (27.8.1916), Griechenlands (27.6.1917) und der Vereinigten Staaten von Amerika (3.2.1917). Diese Ausweitung des Konflikts schraubte die Hürden für einen Verständigungsfrieden in noch unerreichbarere Höhen und deutete mitunter sogar bereits Folgekonflikte an.

Die Kriegsteilnahme des Osmanischen Reiches aufseiten der Mittelmächte verringerte zweifelsfrei die Chancen auf einen Separatfrieden. Je unwahrscheinlicher dieser wurde, desto mehr verstärkten sich auf deutscher Seite die Bestrebungen nach einem Siegfrieden im Osten. Militärisch sprach einiges dafür, schließlich hatte Russland Polen und Teile des Baltikums bereits verloren und konnte diese auch nicht durch die Brussilow-Offensive (Juni bis September 1916) zurückgewinnen. Überhaupt schienen die zaristischen Streitkräfte nur gegen die Einheiten der k.u.k.-Armee, nicht aber gegen deutsche Kräfte bestehen zu können. Aber auch im Westen hielten die Reichsleitung und insbesondere die OHL an ihren Kriegszielen, der Abtretung des Erzbeckens von Longwy-Briey, Belforts und der Räumung des Oberelsass bzw. Entschädigungszahlungen und koloniale Zugewinne fest. Selbst dann noch, als ausgerechnet der belgische König Albert (1875–1934) im Winter 1915/16 eine Verhandlungsinitiative startete, bestand Berlin auf dauerhaften Stützpunkten an der flandrischen Küste und einem Durchmarschrecht. Die rücksichtslose Besatzungspolitik und die Deportation belgischer Arbeiter nach Deutschland taten ihr Übriges, dass alle Gespräche mit Belgien und den Westmächten in einer Sackgasse enden mussten.

Unterdessen enthielt das russisch-japanische Geheimbündnis (3.7.1916) eine Spitze gegen die USA und Großbritannien. Gleichzeitig versprachen die alliierten Geheimverträge mit Italien und Rumänien substanzielle territoriale Gewinne auf Kosten Österreich-Ungarns und des Osmanischen Reiches. Danach sollte Italien beispielsweise Küstenland und Dalmatien erhalten, die zukünftige Schutzherrschaft über Albanien ausüben sowie die Dodekanes und das Annexionsrecht weiter Landstriche in Südwestanatolien und Kolonien in Ostafrika bekommen. Im Mai 1916 teilten Großbritannien und Frankreich bereits die arabischen Gebiete des Osmanischen Reiches unter sich auf. Während Frankreich Syrien für sich beanspruchte, sollte England die Häfen Haifa und Akka im Mittelmeer erhalten sowie den Süden Mesopotamiens. Wenig später versprachen die Alliierten Rumänien für dessen Kriegseintritt Siebenbürgen. London und Petrograd kamen zudem überein, die armenischen Teile der Türkei unter sich aufzuteilen.

Die politischen Beziehungen der jeweiligen Koalitionspartner wie auch das Frontgeschehen entwickelten sich mehr und mehr zu einer ineinander verwobenen Eskalationsspirale, bei der die Ausweitung des Konflikts und temporäre Erfolge einerseits, wie unterschiedliche Kriegsziele und unbedingte Koalitionstreue andererseits die Hauptbestimmungsmerkmale waren. Jegliche Friedensinitiativen, ja überhaupt ernst zu nehmende Kontakte zwischen den verfeindeten Parteien wurden somit von vornherein untergraben. Erst als eine neutrale Großmacht wie die USA aktiv wurden und zu einer Vermittlung ansetzten, schien sich eine Gelegenheit zu bieten, aus dem Ringen herauszubrechen.

c) Von der „House-Mission“ zur Friedensrede Bethmann Hollwegs

Die „House Mission“

Anfang 1916 stand die britische Kriegsstrategie und Politik am Scheideweg. Bis dahin hatte sich London vor allem an den Kosten, nicht aber an großen militärischen Operationen beteiligt. Nun knüpfte aber insbesondere die militärische Führung große Erwartungen an eine Offensive an der Somme. Die politische Führung zeigte sich allerdings skeptisch. Vor allem die kaum noch zu beherrschenden Kosten ließ sie auf einen amerikanischen Kriegseintritt hoffen. Ohne Washington, so glaubte Munitions- und Kriegsminister David Lloyd George (1863–1945), sei jede Hoffnung auf einen Sieg gegen die Mittelmächte illusionär. Da Amerika aber jenseits wirtschaftlicher Hilfen keinerlei Anstalten machte, auch militärisch in den Konflikt einzugreifen, setzte die Mehrheit des englischen Kabinetts zumindest auf eine Friedensvermittlung Washingtons. Im Januar traf Colonel Edward M. House (1858–1938), engster Berater des amerikanischen Präsidenten Woodrow Wilson (1856–1924), an der Themse ein, um mit Außenminister Edward Grey über einen möglichen Ausweg zu beraten. Gemeinsam kamen sie überein, eine Friedenskonferenz unter Führung und Vermittlung Wilsons vorzuschlagen, bei der sich Washington größtenteils auf die Seite der Alliierten schlagen und Berlin zum Frieden zwingen wolle.

Nach intensiven Verhandlungen zwischen Februar und Juni 1916 sollte ein günstiger militärischer Moment für die Alliierten abgewartet und dann Deutschland eine Friedensvermittlung offeriert werden. Das sogenannte Grey-House-Memorandum sah vor, dass die Unabhängigkeit Belgiens wiederhergestellt werden sollte, dass Frankreich Elsass-Lothringen zurückerhalte und Russland einen eisfreien Hafen bekomme. Im Gegenzug sollte das Kaiserreich mit kolonialen Territorien kompensiert werden.

Für London hatte die amerikanische Initiative einen doppelten Charme. Entweder verhelfe sie zu einem „anständigen" und vor der Ehre das Gesicht des Landes wahrenden Frieden, wie sich Grey ausdrückte, oder sie führe Washington wenigstens an die Seite der Alliierten in den Krieg und verhelfe England zu einem direkten Zugang zu den anscheinend unerschöpflichen Ressourcen der Vereinigten Staaten. Darüber hinaus versprach das offenkundige Interesse der Amerikaner an einer Friedensordnung mitzuwirken nicht nur einen außenpolitischen Kurswechsel im Weißen Haus, sondern verhieß zudem die Chance auf eine belastbare Neuordnung. Bis dahin war man in der englischen Hauptstadt fest davon ausgegangen, dass mit dem Deutschen Kaiserreich kein dauerhafter Friede möglich sein würde und es im gegenwärtigen Krieg lediglich darum gehe, sich die beste Ausgangsposition für den nächsten zu sichern. Mit den Amerikanern als zusätzlichen Friedensgaranten öffnete sich in den Augen der britischen Außenpolitiker jedoch durchaus eine Alternative. Die monatelangen Verhandlungen, die das gesamte erste Halbjahr 1916 prägten, offenbarten allerdings die fundamentalen Schwierigkeiten der internationalen Politik in Kriegszeiten.

Sowohl Grey als auch House hatten nicht nur mit der aufgehetzten englischen Heimatfront zu rechnen, die trotz aller Entbehrungen und schmerzlichen Verluste des ersten Kriegsjahres noch keineswegs kriegsmüde erschien und trotzig einen „Siegfrieden" verlangte, sondern auch mit dem ungebrochenen Offensivgeist der Militärs. Damit nicht genug, galt es, die schwierige innenpolitische Gemengelage innerhalb der englischen Koalitionsregierung ebenso zu beachten, wie die amerikanischen Präsidentschaftswahlen im November 1916. Zuletzt mussten überdies auch die Interessen der Verbündeten, allen voran Frankreichs beachtet werden.

Aber auch von anderer Seite wurde die „House-Mission" torpediert. Sowohl Präsident Wilson als auch sein Außenminister Robert Lansing (1864–1928) versuchten sich gleichzeitig an einer Initiative in Richtung Deutschland. Berlin sollte auf die Versenkung britischer Handelsschiffe verzichten und London sollte sich im Gegenzug dazu bereiterklären, diese zu entwaffnen. An der Themse empfand man diese Doppeldiplomatie als Verrat und House hatte seine liebe Mühe, die Gespräche mit der britischen Führung überhaupt in Gang zu halten. Ein weiteres Hindernis stellte der Übereifer einzelner Diplomaten dar. So untergruben der englische Botschafter in Paris, Francis Bertie, und der amerikanische Botschafter in London, Walter Page (1855– 1918), die Bemühungen. Page berichtete seinen Vorgesetzten im State Department immer wieder von der Kriegsbegeisterung der englischen Bevölkerung und warb für einen amerikanischen Kriegseintritt, während Bertie London daran erinnerte, dass alles jenseits einer totalen Niederlage Deutschlands einem Verrat an Frankreich gleichkäme und die Kriegskoalition gefährde. Letztlich, so urteilte Grey, musste die britische Armee ihr Glück an der Somme versuchen. Erst dann sei der britischen Bevölkerung wie auch dem Kabinett vielleicht ein politischer Neustart vermittelbar. Aber die Verluste an der Somme (über 460000 Deutsche, 400000 Briten und 200000 Franzosen) förderten einmal mehr verhärtete Positionen zutage. Mit der Wahl Lloyd Georges zum Premierminister Anfang Dezember 1916 galt es als beschlossene Sache, dass der Krieg mit aller Energie fortgesetzt werde. Der Leidensdruck der Völker war noch immer nicht groß genug, sodass der Friede auch im dritten Kriegsjahr noch keine echte Chance bekam.

Die Friedensrede Bethmann Hollwegs

Dies galt auch für das Friedensangebot Bethmann Hollwegs Anfang Dezember 1916 wie auch für die wenig später, aber bereits von längerer Hand geplante Note Woodrow Wilsons an die kriegführenden Mächte vom 18. Dezember. Der Reichskanzler strebte nach dem ausgebliebenen militärischen Durchbruch im Sommer und den wiederholt vorgetragenen Forderungen nach einem uneingeschränkten U-Boot-Krieg einen Ausgleich aller Kriegsparteien an. Dafür wollte er den amerikanischen Präsidenten als Vermittler gewinnen. Problematisch erwies sich jedoch, dass nicht nur die Wilhelmstraße und die zuversichtliche Öffentlichkeit gegen einen Vermittlungsvorstoß sprachen, sondern auch die OHL einer Friedensresolution keine größere Bedeutung beimaß. Hindenburg und Ludendorff setzten vielmehr auf ein Scheitern, um für den längst beabsichtigten U-Boot-Krieg einen weiteren Vorwand anführen zu können. Darüber hinaus zeigten sich erneut die Schwierigkeiten einer Kriegführung im Bündnis, denn Österreich-Ungarn fürchtete einmal mehr einen deutschen Alleingang und bestand darauf, dass alle Partner vor einem Friedensangebot ihre minimalen Kriegsziele definierten und absprachen. Als am 6. Dezember 1916 die deutschen Truppen Bukarest erobern konnten, entschloss sich Bethmann Hollweg aller internen und externen Widrigkeiten zum Trotz, die Gunst der Stunde zu nutzen. Auf eigene Faust und ohne sich mit dem Ballhausplatz abzustimmen, preschte er vor und bot im Reichstag Friedensverhandlungen an.

Q

Bethmann Hollweg im Reichstag, Berlin, 12. Dezember 1916. (Auszug)

Theobald von Bethmann Hollweg, Reichstagsrede, 80. Sitzung des Reichstags, Dienstag, den 12. Dezember 1916, in: Verhandlungen des Reichstags, 13. Legislaturperiode. II. Session, Band 308. Stenographische Berichte: Von der 61. Sitzung am 7. Juni 1916 bis zur 80. Sitzung am 12. Dezember 1916, Berlin 1916, S. 2331f.

Rumäniens Eintritt in den Krieg sollte unsere und unserer Verbündeten Stellung im Osten aufrollen, gleichzeitig sollte die große Offensive an der Somme unsere westliche Front durchbrechen, sollten erneute italienische Anstürme Österreich-Ungarn lahmlegen. Die Lage war ernst. Mit Gottes Hilfe haben unsere herrlichen Truppen einen Zustand geschaffen, der uns volle und größere Sicherheit bietet als je zuvor. *(Lebhaftes Bravo!)* Die Westfront steht. Sie steht nicht nur, sie ist trotz des rumänischen Feldzuges mit größeren Reserven an Menschen und Material ausgestattet, als sie es früher war. *(Bravo!)*. [...] Und während an der Somme und auf dem Karst Trommelfeuer erdröhnte, während die Russen gegen die Ostgrenze Siebenbürgens anstürmten, hat Feldmarschall v. Hindenburg in genialer Führung ohnegleichen und mit Truppen, die im Wetteifer aller Verbündeten in Kampf- und Marschleistungen das Unmögliche möglich gemacht haben *(Lebhaftes Bravo!)*, die ganze Westwalachei und die feindliche Hauptstadt genommen. *(Lebhaftes Bravo!)*
Den großen Geschehnissen zu Lande reihen sich die Heldentaten unserer Unterseeboote würdig an. Geniale Führung und unerhört heldenhafte Leistungen haben eherne Tatsachen geschaffen. Auch die innere Ermüdung, mit der der Feind rechnete, war ein Trugschluß. Unseren bisherigen Erklärungen der Friedensbereitschaft sind unsere Gegner abgewichen. Jetzt sind wir einen Schritt weitergegangen.
[...] Seine Majestät hat deshalb in vollem Einvernehmen und in Gemeinschaft mit seinen hohen Verbündeten den Entschluß gefaßt, den feindlichen Mächten den Eintritt in Friedensverhandlungen vorzuschlagen. *(Lebhaftes Bravo! Bewegung.)* Heute morgen habe ich den Vertretern derjenigen Mächte, die unsere Rechte in den feindlichen Staaten wahrnehmen, also den Vertretern von Spanien, den Vereinigten Staaten von Amerika und der Schweiz eine entsprechende, an alle feindli-

chen Mächte gerichtete Note mit der Bitte um Übermittlung übergeben. Das gleiche geschieht heute in Wien, in Konstantinopel und Sofia. Auch die übrigen neutralen Staaten und Seine Heiligkeit der Papst werden von unserem Schritt benachrichtigt. Die Note hat folgenden Wortlaut:
„Der furchtbarste Krieg, den die Geschichte je gesehen hat, wütet seit bald zwei und einem halben Jahr in einem großen Teil der Welt. Diese Katastrophe, die das Band einer gemeinsamen tausendjährigen Zivilisation nicht hat aufhalten können, trifft die Menschheit in ihren wertvollsten Errungenschaften. Sie droht, den geistigen und materiellen Fortschritt, der den Stolz Europas zu Beginn des zwanzigsten Jahrhunderts bildete, in Trümmer zu legen. Deutschland und seine Verbündeten, Österreich-Ungarn, Bulgarien und die Türkei, haben in diesem Kampfe ihre unüberwindliche Kraft erwiesen. [...]
Zur Verteidigung ihres Daseins und ihrer nationalen Entwicklungsfreiheit wurden die vier verbündeten Mächte gezwungen, zu den Waffen zu greifen. Auch die Ruhmestaten ihrer Heere haben daran nichts geändert. Stets haben sie an der Überzeugung festgehalten, daß ihre eignen Rechte und begründeten Ansprüche in keinem Widerspruch zu den Rechten der anderen Nationen stehen. Sie gehen nicht darauf aus, ihre Gegner zu zerschmettern oder zu vernichten.
Getragen von dem Bewußtsein ihrer militärischen und wirtschaftlichen Kraft, und bereit, den ihnen aufgezwungenen Kampf nötigenfalls bis zum äußersten fortzusetzen, zugleich aber von dem Wunsch beseelt, weiteres Blutvergießen zu verhüten und den Greueln des Krieges ein Ende zu machen, schlagen die vier verbündeten Mächte vor, alsbald in Friedensverhandlungen einzutreten. Die Vorschläge, die sie zu diesen Verhandlungen mitbringen werden, und die darauf gerichtet sind, Dasein, Ehre und Entwicklungsfreiheit ihrer Völker zu sichern, bilden nach ihrer Überzeugung eine geeignete Grundlage für die Herstellung eines dauerhaften Friedens.
Wenn trotz dieses Anerbietens zu Frieden und Versöhnung der Kampf fortdauern sollte, so sind die vier verbündeten Mächte entschlossen, ihn bis zum siegreichen Ende zu führen. Sie lehnen aber feierlich jede Verantwortung dafür vor der Menschheit und der Geschichte ab." *(Bravo und Händeklatschen.)*

„Dasein, Ehre und Entwicklungsfähigkeit" sollten gesichert werden. Das war alles andere als klar formuliert. Wieder ging es darum, die parlamentarische Rechte und die Militärs nicht vor den Kopf zu stoßen sowie eine hitzige Debatte zu vermeiden. Der Reichskanzler wollte den Sieg über Rumänien nutzen, um ohne eigene Vorleistung zu allgemeinen Verhandlungen zu kommen. Noch bevor die Entente auf die Reichstagsrede antwortete, trat Woodrow Wilson mit einem eigenen Angebot einer Friedenskonferenz an die Öffentlichkeit (18.12.1916). Zum Verhängnis wurde beiden Vorstößen ausgerechnet ihre zeitliche Nähe zueinander. Kurzsichtig lehnte Berlin mit Verweis auf die eigene Initiative ab (26.12.1916) und setzte sich damit dem Verdacht aus, nicht ehrlich an einem Frieden interessiert zu sein. Die Wilhelmstraße wollte damit jedoch zum einen verhindern, ihre Kriegsziele als Bedingungen öffentlich machen zu müssen. Zum anderen sollte der Entente keine Gelegenheit gegeben werden, der deutschen Initiative mit Verweis auf Wilson auszuweichen. Wenige Tage später lehnten auch die Alliierten jegliche Verhandlung mit scharfen Attacken auf die Reichsleitung ab (30.12.1916). Sie vermuteten eine deutsch-amerikanische Komplizenschaft. Frankreich und England gaben sich abermals entschlossen, den Krieg bis zur vollständigen Niederwerfung Deutschlands fortzuführen. Unter begeisterter Zustimmung erklärte Aristide Briand (1862–1932) im französischen Abgeordnetenhaus jeden Gedanken an Verhandlungen mit dem Kaiserreich für „entwürdigend und ehrlos". Als alleinige Friedensbrecher sollten „Deutschland und seine Verbündeten Sühne, Wiedergutmachungen und Bürgschaften" leisten. Lloyd George pflichtete Briand bei, indem er den völligen „knock out" Deutschlands zur *conditio sine qua non* eines Kriegsendes erklärte. Österreich-Ungarn, so die alliierte Note vom 10. Januar 1917, sollte mit der Befreiung seiner unterschiedlichen Völker zerschlagen und das Osmanische Reich vollends aus Europa entfernt werden. Statt zu Verhandlungen führten die Initiativen zu einem Zusammenrücken der verfeindeten Bündnisse.

2. Das Epochenjahr 1917

a) U-Boot-Krieg, Kriegseintritt der USA und letzte Friedensfühler

U-Boot-Krieg

Kaum hatte die Entente abschlägig auf die Note Wilsons geantwortet, gewann im deutschen Hauptquartier von Pleß Anfang 1917 die „Alles-oder-Nichts"-Haltung die Oberhand. Spätestens jetzt musste der Reichskanzler einsehen, dass die neue militärische Führung noch viel mehr als Falkenhayn alles auf eine Karte setzte. Am 9. Januar wurde die verhängnisvolle Entscheidung gefällt, zum 1. Februar mit dem uneingeschränkten U-Boot-Krieg zu beginnen.

Deutlicher konnte die deutsche Führung nicht zum Ausdruck bringen, dass sie den Vorschlägen Wilsons und damit dem Frieden ablehnend gegenüberstand. Zwar versuchte der Reichskanzler, noch den amerikanischen Vorschlag (22.1.1917) eines „Friedens ohne Sieg" aufzugreifen, doch die U-Boote waren bereits ausgelaufen. Wie schon im Sommer 1914 schufen die Streitkräfte Tatsachen. Dem deutschen Botschafter in Washington oblag es, die Entscheidung zum uneingeschränkten U-Boot-Krieg der US-Regierung zu vermitteln. Die Alliierten hätten, so begründete Johann Heinrich Graf von Bernstorff (1862–1939), das deutsche Angebot einer Rückgabe des Oberelsass, sichere Ostgrenzen, die Rückgabe der von deutschen Truppen besetzten Gebiete, Sicherungsrechte in einem wiederhergestellten souveränen Belgien sowie die Freiheit der Meere schroff abgelehnt. Tatsächlich erklärte Wilson bei der Unterredung mit von Bernstorff den alliierten Forderungskatalog, der das Selbstbestimmungsrecht der Völker derart offensichtlich ausschließlich auf die Mittelmächte angewandt wissen wollte, als ganz und gar unmöglich. Im Zusammenhang mit dem Schritt zum U-Boot-Krieg jedoch konnten Wilson und allen voran Lansing und House die durchaus kompromissbereite Position, die ihnen von Bernstorff vortrug, nur als ein kaum ernst zu nehmendes diplomatisches Manöver verstehen. Drei Tage später, am 3. Februar 1917, brachen die Vereinigten Staaten die diplomatischen Beziehungen zu Berlin ab. Als dann auch noch über britische Geheimdienstkanäle das sogenannte „Zimmermann-Telegramm" veröffentlicht wurde, indem der Unterstaatssekretär des Auswärtigen Amtes, Arthur Zimmermann (1864–1940), Mexiko ein anti-amerikanisches Bündnis offerierte, war der amerikanische Kriegseintritt nur noch eine Frage des Anlasses. Diese bot sich, als Mitte März einige Amerikaner bei einer U-Boot-Attacke auf englische Handelsschiffe ums Leben kamen.

Q

Das „Zimmermann-Telegramm", (Entwurf, 13.1.1917) 16.1.1917
Aus: Martin Nassua, „Gemeinsame Kriegführung. Gemeinsamer Friedensschluß". Das Zimmermann-Telegramm vom 13. Januar 1917 und der Eintritt der USA in den 1. Weltkrieg, Frankfurt a.M. 1992, S. 16f. (Randbemerkungen in Klammern)

Wir beabsichtigen, am ersten Februar uneingeschränkten U-Boot-Krieg zu beginnen. Es wird versucht werden, Vereinigte Staaten trotzdem neutral zu halten. Für den Fall, dass dies nicht gelingen sollte, schlagen wir Mexiko auf folgender Grundlage Bündnis vor. Gemeinsam Krieg führen. Gemeinsam Friedensschluss. Reichlich finanzielle Unterstützung und Einverständnis (eine Garantie wird dadurch nicht ausgesprochen) unsererseits, dass Mexiko in Texas, New Mexico, Arizona (Californien dürfte für Japan zu reservieren sein) früher verlorenes Gebiet zurückerobert. Regelung im einzelnen Euer Hoheit überlassen. Sie wollen Vorstehendes dem Präsidenten streng geheim eröffnen, sobald Kriegsausbruch mit Vereinigten Staaten feststeht, und Anregung hinzufügen, Japan von sich aus zu sofortigem Beitritt einzuladen und gleichzeitig zwischen uns und Japan zu vermitteln. Bitte den Präsidenten darauf hinweisen, dass rücksichtslose Anwendung unserer U-Boote jetzt Aussicht bietet, England in wenigen Monaten zum Frieden zu zwingen.

Der amerikanische Kriegseintritt

Alle Vermittlungsversuche hatten nichts geholfen. Am 2. April 1917 appellierte Wilson an den Kongress, sich am Kreuzzug der friedliebenden Demokratien gegen die militaristisch-aggressiven Mittelmächte zu beteiligen. Vier Tage später befanden sich Washington und Berlin im Krieg.

Die Ausweitung des Konfliktes auf die USA war fraglos der schwerste diplomatische Fehler Berlins im Ersten Weltkrieg. Wenngleich die USA mehrheitlich von Anfang an den Alliierten zugeneigt hatten, so scheint es doch immerhin fraglich, ob ohne den U-Boot-Krieg und das „Zimmermann-Telegramm" Washington in den Krieg eingetreten wäre. Zum einen, weil von Bernstorffs maßvolle Bedingungen Gehör bei Wilson fanden, sich der Präsident noch dazu wiederholt über die völkerrechtswidrige Seeblockade Englands beschwerte und die amerikanische Regierung auch die alliierten Kriegsziele für unvereinbar mit einer liberalen Weltordnung hielt. Zum anderen, da auch eine Niederlage der Westmächte objektiv nicht zu befürchten war. Wenngleich die alliierte Ablehnung jeglicher Verhandlungen Durchhaltewillen vermittelte, so hatten sich Ende 1916 bzw. Anfang 1917 durchaus erste Symptome von Kriegsmüdigkeit an den Heimatfronten in England und Frankreich gezeigt. Der amerikanische Kriegseintritt gab nun neuen Auftrieb. Ein Ausweg aus dem Konflikt rückte damit zunächst wieder in weite Ferne.

Die „Sixtus-Affäre"

Im Frühjahr 1917 drängten nicht nur Edward House und Robert Lansing, sondern auch die amerikanische Öffentlichkeit unwiderruflich zur Kriegsteilnahme, um zu verhindern, so Lansing, dass Wilhelm II. zum „Herrn von Europa" aufsteige. Innerhalb kürzester Zeit schaltete die zuvor scheinbar zu beiden Seiten offene amerikanische Politik auf Propagandamodus um und machte sich die alliierte Haltung zu eigen. Das Kaiserreich wurde nun zum Inbegriff des Bösen und des Militarismus stilisiert. Militärisch war für Deutschland die Niederlage nicht mehr abzuwenden. Die deutsche Außenpolitik verlor einen weiteren wichtigen Vermittler und den letzten verbliebenen Spielraum für eine Friedenspolitik, weil sie sich im unübersehbaren

Spannungsfeld zwischen Friedenssondierungen und Kriegszielen letztlich nie eindeutig entschied. Das konnte auch nicht mehr durch die russische Revolution und den Ausfall des Zarenreiches ausgeglichen werden. Während die Wilhelmstraße zumindest noch bemüht war, die Gesprächsfäden nicht vollends abreißen zu lassen, bekämpfte die OHL hartnäckig jegliche Friedensbemühungen. Hindenburg und Ludendorff hielten weiterhin daran fest, einen Diktatfrieden mit großen Gewinnen sowohl im Westen als auch im Osten zu erreichen. Der Krieg und die Kriegsdiplomatie traten damit in ihre letzte Phase.

Bis die militärische Schlagkraft der USA das europäische Festland im Herbst 1917 erreichte, kam es noch zu verschiedenen geheimen, aber letztlich vergeblichen Friedensinitiativen.

Anfang 1917 versuchte Prinz Sixtus von Bourbon-Parma (1886–1934), Bruder Kaiserin Zitas (1892–1989), im Namen des 1916 auf Franz Josef gefolgten neuen österreichisch-ungarischen Kaisers Karl I. (1887–1922), die Kriegsparteien an einen Tisch zu bringen. Im März informierte der neue Wiener Außenminister Ottokar Graf Czernin (1872–1932) Bethmann Hollweg von der Absicht, über einen Vertrauensmann an die Westmächte heranzutreten. Auf Grundlage der insgeheim von Bethmann Hollweg geäußerten Bereitschaft, Elsass-Lothringen an Frankreich zurückzugeben, sondierte Sixtus in Paris und London. Neben der linksrheinischen Kriegsbeute von 1870/71 stellte Sixtus in zwei Briefen vom 24. März und 9. Mai an den französischen Präsidenten Georges Clemenceau und den englischen König Georg V. (1865–1936) darüber hinaus die vollständige Wiederherstellung Belgiens, die Abtretung Konstantinopels an Russland sowie die Vergrößerung Serbiens um Albanien in Aussicht. Letzteres allerdings nur, sofern der Savestaat seiner antihabsburgischen Agitation abschwöre. Etwaige italienische Forderungen an Österreich-Ungarn bzw. alliierte Reformvorstellungen, was die monarchische Verfasstheit der Doppelmonarchie betraf, wurden jedoch ausgelassen. Mit diesem Angebot wurden alle vorherigen und alle noch folgenden deutschen Angebote untergraben, denn die Alliierten gewannen aus den beiden Sixtusbriefen in erster Linie den Eindruck, die Geschlossenheit der Mittelmächte brechen zu können. Tatsächlich schlug Kaiser Karl im Großen Hauptquartier die Abgabe Elsass-Lothringens vor und ließ Wilhelm II. Mitte April zudem eine vom 12. April datierte Denkschrift Czernins überreichen, die ein verheerendes Bild von der militärischen und politischen Lage Österreich-Ungarns zeichnete. Das Ziel war offensichtlich: Der Bündnispartner sollte endlich von der Notwendigkeit eines baldigen Kriegsendes überzeugt werden. Stattdessen traf sich jedoch die Reichsleitung am 23. April zu einer Kriegszielkonferenz im Hauptquartier in Bad Kreuznach. Unter dem Eindruck, dass die Verkürzung der Frontlinie in die „Siegfriedstellung" die Westfront stabilisieren werde, sollten abermals die expansiven Ziele bestätigt und die bereits mehrfach zutage getretene gemäßigte Haltung Bethmann Hollwegs wieder einkassiert werden. Der Reichskanzler selbst verfasste daraufhin in Unkenntnis der Sixtusaktion eine Antwort an Czernin, in der er die Gesamtlage „als günstig" beurteilte und dazu riet, den „Zersetzungsprozeß Rußlands aufmerksam zu verfolgen und [zu] begünstigen" (4.5.1917). Wiederholt hatte sich Bethmann Hollweg als Zauderer und in den Augen der Historiker als rätselhafter Politiker gezeigt, der sich immer wieder für Verständigungen aussprach, sich aber letztlich stets den militärischen Argumenten und Entwicklungen beugte. Neben der tatsächlich zu vermutenden Hoffnung auf einen militärischen Durchbruch ist eine weitere mögliche Erklärung in seiner politisch angeschlagenen Stellung im Frühjahr 1917 zu suchen. So hatten nicht nur seine Sondierungsversuche zu keinen Ergebnissen geführt. Auch innenpolitisch stand er insbesondere seit der Entscheidung zum U-Boot-Krieg unter erheblichem Druck. Neben der angebotenen, aber höchst umstrittenen preußischen Reform des Dreiklassenwahlrechts war der Burgfriede zwischen den Parteien nicht zuletzt an der Eskalation der Unterwasserkriegführung im Frühjahr 1917 zerbrochen. Von der SPD spaltete sich der linke Flügel als unabhängige SPD (USPD) ab. Sie forderte eine sofortige Beendigung der Kampfhandlungen und verweigerte die Bewilligung weiterer Kriegskredite. Zudem bildete sich im Reichstag um den Führer der Zentrumsfraktion und ursprünglichen Verfechter einer radikalen Annexionspolitik, Matthias Erzberger (1875–1921), eine neue parlamentarische Mehrheit aus dem Zentrum, der Fortschrittspartei und der SPD, die allesamt ein baldiges Kriegsende auf ihre Fahnen schrieben. Ohne verlässliche parlamentarische Basis und ohne Rückendeckung Wilhelms II., der sich in Bad Kreuznach die weitreichenden Annexionsabsichten Hindenburgs und Ludendorffs zu eigen gemacht hatte, hatte Bethmann Hollweg der OHL nichts entgegenzusetzen. Während der Chef des Marinekabinetts und Flügeladjutant des Kaisers, Admiral Georg Alexander von Müller, in Bad Kreuznach den Eindruck „völliger Maßlosigkeit im Osten und Westen" gewann, glaubte der Reichskanzler, dass diese ohnehin an den Realitäten zerschellen würde, und sprach von „lächerlichen Phantastereien". Dennoch, ob „lächerlich" oder nicht. Entscheidend war, dass die politische erneut vor der militärischen Führung kapitulierte und der illusorischen „Orgie des Ludendorffschen Militarismus" (G.W.F. Hallgarten) keinen Einhalt gebot.

Trotz der angespannten Lage an den Fronten und der offensichtlicher werdenden Schwäche der Bündnispartner machten die Beschlüsse der Kriegszielkonferenz noch einmal deutlich, wie realitätsfern und fatalistisch die deutsche Führung weiter handelte.

Aber auch die Alliierten wussten nichts mit der angedeuteten Wiener Gesprächsbereitschaft anzufangen. Statt diese als Ausgangspunkt für weitere Erörterungen zu begreifen und der Doppelmonarchie entgegenzukommen, pochten sie auf deren föderale Reform und Zugeständnisse an Italien. Mit derlei weitreichenden, die Existenz der Donaumonarchie infrage stellenden Forderungen waren die Mittelmächte nicht zu entzweien. Der Wiener Ballhausplatz schloss sich letztlich dem Durchhaltewillen an. Mitte Mai verständigten sich die Mittelmächte noch einmal auf ein expansives Kriegszielprogramm.

Päpstlicher Vermittlungsversuch

Im Sommer 1917 – die Flandern-Schlacht (Mai bis Dezember) tobte gerade und kostete bis Ende des Jahres Briten und Deutschen je 240000 Tote – erwiesen sich auch die Vermittlungsversuche Papst Benedikts XV. (1854–1922) als vergeblich. Zwar griff Bethmann Hollweg diese auf und preschte noch einmal auf eigene Faust vor. Über den päpstlichen Botschafter in München, Eugenio Pacelli (1876–1958), bot er am 26. Juni erstmals eine bedingungslose Wiederherstellung Belgiens an. Aber ohne substanzielle, monarchische, politische oder militärische Rückendeckung war auch dieser Akt der privaten Geheimdiplomatie schnell zum Scheitern verurteilt. Ein weiterer Grund für das Scheitern lieferte der Rücktritt Theobald von Bethmann Hollwegs am 13. Juli 1917. Obwohl die Mehrheitsparteien selbst einen Verständigungsfrieden anstrebten, schien ihnen der Reichskanzler als Verhandlungsführer nicht länger geeignet, da er insbesondere gegenüber der OHL nicht entschlossen genug auftrat. Der OHL wiederum war er zu kompromissbereit, sowohl im Innern wie nach Außen. Am 12. Juli drohte Ludendorff mit Unterstützung Hindenburgs dem Kaiser unverhohlen mit Rücktritt, sollte er weiterhin an dem Kanzler festhalten. Um dem Kaiser und sich die Peinlichkeit einer Entlassung zu ersparen, reichte der Reichskanzler schließlich seinen Rücktritt ein und Wilhelm II. akzeptierte. Waren die Beweggründe der OHL offensichtlich, so war es aus Sicht des Reichstages sicher ein Fehler, Bethmann Hollweg nicht stärker zu unterstützen. Nachfolger wurde Georg Michaelis (1857–1936), der, abgesehen von seiner mangelnden Erfahrung, über noch viel weniger Statur verfügte, um sich gegen die OHL zu behaupten. So versandete schließlich auch die Friedensresolution des Reichstages für einen „Frieden der Verständigung und der dauernden Versöhnung der Völker" vom 19. Juli 1917 im Nichts.

Die Friedensresolution des Reichstages

Zwar griff der Reichstag zum ersten Mal aktiv in das politische Geschehen während des Krieges ein und wollte damit die grundsätzliche Friedensbereitschaft des Reiches dokumentieren. Die von den Abgeordneten Matthias Erzberger, Eduard David (1863–1930), Friedrich Ebert (1871–1925) und Philipp Scheidemann eingebrachte Resolution wurde auch mit 216 Stimmen von SPD, Zentrum und Fortschrittlicher Volkspartei gegen 126 Stimmen der USPD, den Nationalliberalen und den Konservativen angenommen und sogar von Michaelis verabschiedet. Dennoch handelte es sich um eine Totgeburt ohne Chance auf Realisierung. Zum einen stimmte Michaelis ihr nur aus taktischen Erwägungen zu, lehnte sie aber innerlich ab und lieferte in seiner anschließenden Reichstagsrede alles andere als ein klares Bekenntnis. Zum anderen war die OHL ohnehin von vornherein gegen jedes Friedensangebot und machte sofort Front gegen die Resolution. Darüber hinaus bedeutete sie bei genauerer Betrachtung keinen wirklichen Verzicht auf die deutschen Kriegsziele. Deutlich verwahrten sich die Abgeordneten gegen jede Rechtsbeschneidung, gegen jede „Vergewaltigung" von außen. Ein „Wirtschaftsfriede" sollte die nachhaltige Bedeutung des Reiches sicherstellen. „Solange jedoch die feindlichen Regierungen auf einen solchen Frieden nicht eingehen, [...], wird das deutsche Volk wie ein Mann zusammenstehen, unerschütterlich ausharren und kämpfen, bis sein und seiner Verbündeten Recht auf Leben und Entwicklung gesichert ist." Selbst Matthias Erzberger gestand, dass die deutschen Interessen in Belgien und Osteuropa davon ausgenommen seien. Und zuletzt erkannten auch die Alliierten keinen Grund, warum sie die Resolution ernst nehmen sollten. Im Gegenteil: Lloyd George sah in der begleitenden Rede des neuen Reichskanzlers, die eine „Sicherstellung der deutschen Grenzen für alle Zeit" forderte, sogar eine ausdrückliche Entscheidung zur Weiterführung des Krieges und erblickte in dieser Forderung das, was „1914 Europa mit Blut getränkt" hätte. Hinzu kommt, dass auch der anschließende offizielle Friedensappell des Papstes vom 1. August 1917 von allen Parteien ungenutzt gelassen wurde. Zwar vermittelte die erste Reaktion Berlins Konzessionsbereitschaft. Frankreich, Italien und die USA aber lehnten jegliche Verhandlungen rundheraus ab. Lediglich Großbritannien ließ etwas Verständigungsbereitschaft erkennen. In

Deutschland hatten inzwischen aber die Gegner des Verständigungsfriedens in der Vaterlandspartei unter Großadmiral Alfred von Tirpitz und dem ostpreußischen Generallandschaftsdirektors Wolfgang Kapp (1858–1922) wieder an Boden gewonnen und wurden nicht nur von der OHL, sondern auch von großen Teilen der Industrie unterstützt. Die Reichsleitung entschloss sich daher zu einer bloß vagen Reaktion voller allgemeingültiger Floskeln (19.9.1917). Da auch die Westmächte zu keinem Ausgleich bereit waren, waren sowohl die Resolution des Reichstages als auch die Initiative des Vatikans damit gescheitert.

b) Waffenstillstand im Osten und Diktatfriede von Brest-Litowsk

Die 3. OHL und der Siegfriede

Den Hintergrund für die Befürworter eines Siegfriedens bildeten die militärischen Erfolge. Im Westen hatte man sich gegen die schwersten Angriffe behaupten können und im Osten war im Juli 1917 die russische Kerenski-Offensive abgewehrt worden. Unter dem Gegenangriff der Mittelmächte brach die russische Front zusammen. Am 3. September gelang es den deutschen Kräften sogar, die Stadt Riga einzunehmen. Natürlich witterte die OHL und die deutsche Kriegszielbewegung nun wieder Morgenluft, zumal sich die innere Anspannung Russlands nach der Februarrevolution und dem Sturz des Zaren (15.3.1917) alles andere als gelöst hatte. Nicht umsonst hatte die OHL – Bethmann Hollwegs Denkschrift vom 4. Mai hatte es erwähnt – in Absprache mit Wilhelm II. dafür gesorgt, dass die bolschewistische Führung um Wladimir Iljitisch Uljanow, genannt Lenin (1870–1924), aus dem Schweizer Exil durch Deutschland, Schweden und Finnland nach Russland einreisen konnte. Die Bedingung für die Durchreise und weitere finanzielle Unterstützung der Revolutionäre war es, dass diese für einen Separatfrieden einstünden, den Lenin bis dahin stets ausgeschlossen hatte. Während die Versuche Richard von Kühlmanns im Westen doch noch zu einem Frieden mit Großbritannien zu kommen, scheiterten, war die Ausgangslage für eine zufriedenstellende Beendigung des Krieges im Osten Anfang November durch den erfolgreichen Putsch der Bolschewisten (7.11.1917) begünstigt. Wenigstens hier schien das Kalkül der Bad Kreuznacher Beratungen aufzugehen. Am 9. November 1917 brachte Lenin vor dem Rätekongress die sowjetischen Bedingungen für einen Frieden zur Sprache: „Keine Annexionen, keine Entschädigungen und das Selbstbestimmungsrecht der Völker". Sein „Dekret über den Frieden" appellierte an alle Krieg führenden Staaten, sofort Waffenstillstand zu schließen. Aber er fand kein Gehör bei den Alliierten und assoziierten Regierungen in London, Paris und Washington. Die Westmächte und ehemaligen Verbündeten Russlands protestierten und betrachteten den Vorstoß als Verletzung der Londoner Vereinbarungen von 1914 und ihr Verbot von Sonderfriedensangeboten. Der Oberbefehlshaber Ost, General Max Hoffman (1869–1927), erklärte hingegen am 27. November seine Bereitschaft zu einem Waffenstillstand. Mit dem Ziel der „Herbeiführung eines dauerhaften für alle Teile ehrenvollen Friedens" wurde am 15. Dezember ein Waffenstillstandsvertrag zwischen Russland und den Mittelmächten vereinbart. Am Sitz des Oberkommandos Ost in Brest-Litowsk wurde ab dem 22. Dezember 1917 über einen Frieden verhandelt. Richard von Kühlmann, der die deutsche Delegation anführte, war mit dem neuen Reichskanzler Georg Graf Hertling (1843–1919) übereingekommen, Kurland, Litauen und Kongresspolen auf der Basis des Selbstbestimmungsrechts der Völker aus dem russischen Staatsverband herauszulösen. Von einem Frieden ohne Annexionen konnte daher keine Rede sein. Strebten Polen, Litauer, Letten, Esten und Finnen ohnehin aus dem Russischen Reich heraus, so wollten weder Deutsche noch Österreicher die einmal besetzten Gebiete wieder räumen, schon um der bolschewistischen Agitation nicht das Tor nach Mitteleuropa zu öffnen. Darüber hinaus ließ es die katastrophale Versorgungslage geboten erscheinen, sich die osteuropäischen Agrargebiete zu sichern. Die OHL forderte einen „Sicherheitsfrieden", ohne zu klären, was aus den annektierten Gebieten werden sollte. Da die russischen Vertreter den Fortgang der Verhandlungen in die Länge zogen, drängte die OHL nach dem Sonderfrieden mit der Ukraine (3.2.1918) zur Wiederaufnahme des Krieges, um Russland den Todesstoß zu versetzen. Am 19. Februar 1918 rückten 60 Divisionen ohne nennenswerten Widerstand in Richtung Osten vor. Nur vier Tage später machte Deutschland noch schärfere Bedingungen für einen Frieden, und am 3. März unterzeichneten beide Delegationen den Diktatfrieden von Brest-Litowsk. Russland musste auf Estland und Livland verzichten, seine Truppen aus Finnland und Ostanatolien zurückziehen sowie die Unabhängigkeit der Ukraine anerkennen. Beide Mächte verzichteten gegenseitig auf Kriegsentschädigungen. Allerdings statt neue deutsch-russische Wirtschaftsbeziehungen aufzubauen strebte Deutschland eine langfristige Ausbeutung des Verlierers an. Das war er, der „Siegfriede", wie ihn sich die OHL vorgestellt hatte. Es ging nicht darum, einen dauerhaften Ausgleich oder eine neue Ordnung zu schaffen, sondern darum, die Voraussetzungen für den ohnehin erwarteten nächsten Konflikt möglichst günstig zu gestalten. Zu diesem Zweck stießen deutsche Truppen sogar bis zu den Ölfeldern des Kaukasus vor und nahmen dafür sogar erhebliche Spannungen mit der Türkei in Kauf. Der Friede von Bukarest (7.5.1918) mit Rumänien entsprach dem gleichen Muster. Auch hier kostete Deutschland seine militärische Überlegenheit nach Kräften aus und bestand darauf, dass Rumänien seine Ölvorkommen und Agrarerzeugnisse den Mittelmächten zur Verfügung stellte. Der Erfolg im Osten war gleichwohl trügerisch. Nicht nur band er weiterhin über eine halbe Million Soldaten, sein Diktatcharakter verhinderte zudem, dass sich die Westmächte noch zu einer Verständigung bereitfanden.

Gleichwohl, auch ohne Friede, ist das Jahr 1917 von epochaler Bedeutung für die Staatenwelt: denn zum ersten Mal traten die USA und das hier nicht näher zu behandelnde revolutionäre (Sowjet-)Russland als diejenigen Mächte auf, die das Gewicht des alten Staatensystems von nun an entscheidend beeinflussen sollten.

3. Das Ende der Hohenzollernmonarchie

a) Wilsons „Vierzehn Punkte" und der Zusammenbruch der Mittelmächte

Wilsons „Vierzehn Punkte"

Das letzte Kriegsjahr begann gleich mit einem doppelten Paukenschlag. Neben dem Waffenstillstand und dem vermeintlichen Sieg im Osten stellte der amerikanische Präsident Woodrow Wilson Anfang Januar mit Vierzehn Punkten einen grundsätzlichen Wandel in den zwischenstaatlichen Beziehungen vor. Mit der traditionellen Geheimdiplomatie sollte Schluss sein, die USA strebten eine grundsätzliche Neugestaltung des europäischen Mächtesystems an. Vor allem die Integrität der Donaumonarchie wurde zur Disposition gestellt, was den Mittelmächten jedoch als vollkommen inakzeptabel erscheinen musste.

Q

Die Vierzehn Punkte der Botschaft des Präsidenten der Vereinigten Staaten von Amerika Woodrow Wilson an den US-Kongress, 8. Januar 1918.

Das Programm des Weltfriedens ist unser Programm, und dieses Programm – unserer Auffassung nach das einzig mögliche – ist folgendes:
I. Offene Friedensverträge, die offen zustande gekommen sind, und danach sollen keine geheimen internationalen Vereinbarungen irgendwelcher Art mehr getroffen werden, sondern die Diplomatie soll immer offen und vor aller Welt arbeiten.
II. Vollkommene Freiheit der Schiffahrt auf den Meeren, außerhalb der Küstengewässer, sowohl im Frieden als auch im Kriege, außer insoweit, als die Meere ganz oder teilweise durch internationale Maßnahmen zur Erzwingung internationaler Abmachungen geschlossen werden mögen.
III. Beseitigung aller wirtschaftlichen Schranken, soweit möglich, und Errichtung gleicher Handelsbeziehungen unter allen Nationen, die dem Frieden zustimmen und sich zu seiner Aufrechterhaltung zusammenschließen.
IV. Austausch ausreichender Garantien dafür, daß die nationalen Rüstungen auf das niedrigste, mit der inneren Sicherheit zu vereinbarende Maß herabgesetzt werden.
V. Eine freie, weitherzige und unbedingt unparteiische Schlichtung aller kolonialen Ansprüche, die auf einer genauen Beobachtung des Grundsatzes fußt, daß bei der Entscheidung aller derartigen Souveränitätsfragen die Interessen der betroffenen Bevölkerung ein ebensolches Gewicht haben müssen wie die berechtigten Forderungen der Regierung, deren Rechtsanspruch bestimmt werden soll.
VI. Räumung des ganzen russischen Gebiets und eine solche Regelung aller Rußland betreffenden Fragen, die ihm die beste und freieste Zusammenarbeit mit den anderen Nationen der Welt für die Erlangung einer unbeeinträchtigten und unbehinderten Gelegenheit zur unabhängigen Bestimmung seiner eigenen politischen Entwicklung und nationalen Politik sicherstellt und es eines aufrichtigen Willkommens im Bunde der freien Nationen unter von ihm selbst gewählten Staatseinrichtungen versichert, und darüber hinaus die Gewährung von Beistand jeder Art, dessen es bedürfen und selbst wünschen sollte. Die Rußland in den nächsten Monaten von seinen Schwesternationen gewährte Behandlung wird der Prüfstein für deren gute Absichten und ihr Verständnis für seine Bedürfnisse – zum Unterschied von ihren eigenen Interessen – sowie für ihre verständige und selbstlose Sympathie sein.
VII. Belgien muß, wie die ganze Welt übereinstimmen wird, geräumt und wiederhergestellt werden, ohne jeden Versuch, seine Souveränität, deren es sich ebenso wie alle anderen freien Nationen erfreut, zu beschränken. Keine andere Einzelhandlung wird so wie diese dazu dienen, das Vertrauen unter den Nationen zu Gesetzen wiederherzustellen, die sie selbst für die Regelung der Beziehungen untereinander aufgestellt und festgesetzt haben. Ohne diesen heilenden Akt ist die ganze Struktur und Geltung des Völkerrechts für immer erschüttert.
VIII. Alles französische Gebiet sollte befreit und die besetzten Teile sollten wiederhergestellt werden, und das Frankreich von Preußen im Jahre 1871 hinsichtlich Elsaß-Lothringen angetane Unrecht, das den Weltfrieden während eines Zeitraums von nahezu fünfzig Jahren in Frage gestellt hat, sollte wieder gutgemacht werden, damit erneut Friede im Interesse aller gemacht werde.
IX. Es sollte eine Berichtigung der Grenzen Italiens nach den klar erkennbaren Linien der Nationalität durchgeführt werden.

X. Den Völkern Österreich-Ungarns, deren Platz unter den Völkern wir sichergestellt und zugesichert zu sehen wünschen, sollte die freieste Gelegenheit zu autonomer Entwicklung gewährt werden.
XI. Rumänien, Serbien und Montenegro sollten geräumt werden; besetzte Gebiete sollten wiederhergestellt werden; Serbien sollte freier und sicherer Zugang zum Meere gewährt werden; und die Beziehungen der verschiedenen Balkanstaaten zueinander sollten durch freundschaftliche Verständigung gemäß den geschichtlich feststehenden Grundlinien von Zugehörigkeit und Nationalität bestimmt werden. Auch sollten internationale Bürgschaften für die politische und wirtschaftliche Unabhängigkeit sowie für die territoriale Unverletzlichkeit der verschiedenen Balkanstaaten übernommen werden.
XII. Den türkischen Teilen des gegenwärtigen Osmanischen Reiches sollte eine sichere Souveränität, den anderen derzeit unter türkischer Herrschaft stehenden Nationalitäten aber eine unzweifelhafte Sicherheit der Existenz und unbeeinträchtigte Gelegenheit für autonome Entwicklung zugesichert werden; auch sollten die Dardanellen unter internationaler Garantie dauernd als ein freier Durchgang für die Schiffe und den Handel aller Nationen geöffnet werden.
XIII. Es sollte ein unabhängiger polnischer Staat errichtet werden, der die von unbestritten polnischen Bevölkerungen bewohnten Gebiete einschließen sollte, dem ein freier und sicherer Zugang zum Meere zugesichert werden sollte und dessen politische und wirtschaftliche Unabhängigkeit und territoriale Unverletzlichkeit durch internationales Abkommen garantiert werden sollten.
XIV. Es muß zum Zwecke wechselseitiger Garantieleistung für politische Unabhängigkeit und territoriale Unverletzlichkeit der großen wie der kleinen Staaten unter Abschluß spezifischer Vereinbarungen eine allgemeine Gesellschaft von Nationen gebildet werden.

Die OHL wollte davon nichts wissen. Sie setzte nach wie vor auf Sieg. Die russische Revolution hatte noch einmal bedeutende Kräfte freigesetzt, und so erntete der US-Präsident nur Spott. Vier Jahre hatte nun schon das Schlachten als „Fortsetzung der Politik mit anderen Mitteln" gedauert. Immer wieder war es zu vereinzelten Versuchen gekommen, der Politik wieder zu ihrem Recht zu verhelfen und die Spirale der Gewalt zu zerbrechen. Immer wieder aber hat der Kriegsverlauf, die aufgepeitschte Öffentlichkeit, schwierige innenpolitische Gemengelagen, aber auch die auf allen Seiten sichtbare Diskrepanz von Kriegszielen, Koalitionsinteressen und Friedensinitiativen einen Verständigungsfrieden verhindert. Über den Frieden – darin waren sich die europäischen Kriegsgegner bis zum Schluss einig – sollte auf dem Schlachtfeld, nicht am Verhandlungstisch entschieden werden. Besonders auffällig war dabei, wie wenig sich unter den Regierungsverantwortlichen mit einer legitimen Nachkriegsordnung beschäftigt wurde. Sogar bis über den Krieg hinaus wurde verkannt, dass Annexionen das eigene Land nicht sicherer, sondern viel eher dem Revanchegeist des Verlierers aussetzen würden.

„Deutschland muss zugrunde gehen"

So verpasste auch die deutsche Führung die letzte Gelegenheit zum rechtzeitigen Ausstieg aus dem Krieg. Gerade im Frühjahr 1918 hatte sich die Stimmung an der Westfront noch einmal verbessert. Noch einmal wurde eine gewaltige Streitmacht zusammengezogen, um mit der Operation „Michael" in Richtung auf die Somme die Engländer und Franzosen voneinander zu trennen. Es kam wieder Bewegung in den zermürbenden Stellungskrieg. Ludendorff wusste, dass er die letzte Karte ausspielte. Als ihn Max von

Baden fragte, was im Falle eines Scheiterns geschehen solle, antwortete er: „Dann muss Deutschland eben zugrunde gehen!" Der Angriff begann am 21. März 1918 auf einer 70 km breiten Front und stieß bis Anfang April 60 Kilometer tief in das feindliche Verteidigungssystem vor. Fast schien es, als könnte das Husarenstück einer letzten Offensive gelingen. Aber der Durchbruch hatte die Kräfte verzehrt und die letzten beweglichen Reserven aufgebraucht. Am 5. April war der Offensivschwung versiegt. Am 18. Juli erfolgten der letzte Vorstoß und unmittelbar darauf der französisch-amerikanische Gegenangriff unter Marschall Ferdinand Foch (1851–1929). Drei Wochen später gelang den Briten der Durchbruch bei Amiens, bekannt als der „schwarze Tag des deutschen Heeres". Die Kräfte waren aufgezehrt, die Niederlage unabwendbar. Im Hauptquartier von Spa trat am 14. August der Kronrat zusammen. Militärische oder politische Konsequenzen blieben aber vorerst aus. Noch immer wurde der politischen Führung um Reichskanzler Georg Graf Hertling und dem gerade erst berufenen Staatssekretär des Auswärtigen Amtes, Konteradmiral a.D. Paul von Hintze (1864–1941), versichert, dass noch nichts verloren sei. Zwar bestünde keine „Möglichkeit eines entscheidenden Sieges", aber es sei „noch nicht der Zeitpunkt gekommen, Verhandlungen aufzunehmen". Man werde, so die unbelehrbare OHL, „auf französischem Boden stehen bleiben und den Feinden unseren Willen aufzwingen". Erst drei Wochen später, am 9. September, billigte die OHL, dass die Wilhelmstraße sich auf die Suche nach einem neutralen Vermittler machte. Das Parlament und die deutsche Öffentlichkeit wurden hingegen weiterhin in dem Glauben eines siegreichen Kriegsausganges gelassen. Umso größer war der Schock, als Ludendorff am 29. September von einer unabwendbaren Katastrophe sprach und die Reichsleitung aufforderte, sofortige Waffenstillstandsgesuche einzuleiten. Hindenburg und Ludendorff zogen es vor, die Hintertür zu nehmen, und stahlen sich aus der Verantwortung. Andere sollten nun den Frieden schließen und die „Suppe essen, die sie uns eingebrockt haben" (1.10.1918). Das war nichts anderes als die vorweggenommene Legende vom Dolchstoß, wonach „vaterlandslose Gesellen" in der Heimat dem tief im Feindesland stehenden „unbesiegten deutschen Heer" in den Rücken gefallen seien. Tatsächlich war die militärische Lage hoffnungslos.

Jetzt ging es Schlag auf Schlag. Anfang Oktober schieden die Donaumonarchie, Bulgarien und das Osmanische Reich aus dem Krieg aus. Hastig wurde nun eine Parlamentarisierung vorangetrieben, eine neue Regierung gebildet, mit Prinz Max von Baden als einem dem Parlament verantwortlichen Kanzler an der Spitze (3.10.1918), und eine den Frieden suchende Note an Präsident Wilson gesandt. Von England und Frankreich erwartete man schließlich nichts Gutes. Als Grundlage sollten Wilsons „Vierzehn Punkte" vom Januar dienen.

Das Kaiserreich hatte aber längst den Moment eines Verständigungsfriedens verpasst. Stattdessen vermittelte das überstürzte Angebot Berlins den Eindruck, dass es militärisch am Ende war. Immerhin, der Primat der Politik über dem Militär hatte nun endlich auch in Deutschland Einzug gehalten. Nachdem die OHL allen Ernstes noch einmal kurzzeitig Gedanken an eine Wiederaufnahme der Kampfhandlungen verschwendete, wurde Ludendorff schließlich entlassen (26.10.1918). Hindenburg rettete dagegen dessen Popularität. Zu offensichtlich waren die militärischen Auflösungserscheinungen. Die Westfront stand kurz vor dem Zusammenbruch und strafte die später formulierte „Dolchstoßlegende“ Lügen. Mit dem Abgang Ludendorffs war der Weg zu einem Waffenstillstand im Westen frei. Aber erst am 5. November erreichte eine amerikanische Note Berlin, in der die alliierten und assoziierten Mächte ihre Bereitschaft zur Annahme der „Vierzehn Punkte“ als Verhandlungsgrundlage akzeptierten.

b) Das Ende des Reiches – Novemberrevolution und Waffenstillstand von Compiègne

Waffenstillstand und Ende des Reiches

Als die deutsche Delegation unter der Leitung des Zentrumspolitikers Mathias Erzberger am 8. November 1918 im berühmten Salonwagen von Compiègne erstmals auf die Vertreter der Ententemächte stieß, vertraten sie offiziell noch das Kaiserreich. Als sie drei Tage später den Waffenstillstand unterzeichneten, taten sie dies bereits im Namen der ersten deutschen Republik.

Zuvor war Folgendes geschehen: Nachdem Berlin um einen Waffenstillstand ersucht hatte, glaubte die Seekriegsleitung in einer letzten großen Seeschlacht den Wert der Hochseeflotte unter Beweis stellen zu müssen. Die Mannschaften verweigerten sich aber einer Todesfahrt. Mit der Verlegung des Geschwaders von Wilhelmshaven nach Kiel kam es zur Meuterei und zur Bildung der ersten Soldatenräte. Die Lage schien Anfang November außer Kontrolle und die Revolution breitete sich wie ein Flächenbrand über das Kaiserreich aus. Als Berlin am 9. November von einem Generalstreik erfasst wurde, entschloss sich Max von Baden zu handeln. Eigenmächtig erklärte er nun den Thronverzicht des Kaisers sowie des Kronprinzen und ernannte Friedrich Ebert zum neuen Reichskanzler.

Q

Erlaß des Reichskanzlers Prinz Max von Baden über die Abdankung des Kaisers, 9. November 1918.

Aus: Deutscher Reichsanzeiger und Königlicher Preußischer Staatsanzeiger, Berlin, 9. November 1918, Abends, Amtliches, S. 1.

Seine Majestät der Kaiser und König haben sich entschlossen, dem Throne zu entsagen.

Der Reichskanzler bleibt noch so lange im Amte, bis die mit der Abdankung Seiner Majestät, dem Thronverzichte Seiner Kaiserlichen und Königlichen Hoheit des Kronprinzen des Deutschen Reichs und von Preußen und der Einsetzung der Regentschaft verbundenen Fragen geregelt sind. Er beabsichtigt, dem Regenten die Ernennung des Abgeordneten Ebert zum Reichskanzler und die Vorlage eines Gesetzentwurfs wegen der Ausschreibung allgemeiner Wahlen für eine verfassungsgebende deutsche Nationalversammlung vorzuschlagen, der es obliegen würde, die künftige Staatsform des deutschen Volkes, einschließlich der Volksteile, die ihren Eintritt in die Reichsgrenzen wünschen sollten, endgültig festzustellen.

Berlin, den 9. November 1918.

Mit der Ausrufung der Republik und der dann tatsächlichen Abdankung des Kaisers endete das Deutsche Kaiserreich und die deutsche Monarchie nach 48 Jahren am 9. November 1918. Am Morgen des folgenden Tages traf Wilhelm II. in seinem Exil in Holland ein.

Unterdessen ging es im berühmten Salonwagen von Compiègne um die Bedingungen für ein Ende der Kriegshandlungen. Die deutsche Delegation erfuhr jedoch schnell von dem Verhandlungsführer der Entente, Marschall Foch, dass es überhaupt keine Verhandlungen geben werde. Deutschland könne die Bedingungen „annehmen oder ablehnen, ein Drittes gebe es nicht". Im Einzelnen verlangten die Alliierten die Räumung der Westgebiete bis zum Rhein, rechtsrheinische Brückenköpfe bei Köln, Koblenz und Mainz, die Aufhebung der Friedensverträge mit Russland und Rumänien sowie den Rückzug aus Osteuropa. Darüber hinaus forderten sie die Internierung der Flotte, die Auslieferung zahlreichen Kriegsmaterials, die Übergabe von Kriegsgefangenen ohne Gegenleistung, wobei die Alliierten diese nach Belieben auch wieder an die Front schicken durften, sowie „Schadenersatz" in noch zu bestimmender Höhe nebst zahllosen weiteren Forderungen. Unter anderem blieb sogar die Blockade bestehen. Obwohl diese Bedingungen, insbesondere die letzte, der Haager Landkriegsordnung von 1899 über den Waffenstillstand in eklatanter Weise widersprach, blieb der deutschen Delegation letztlich nichts anderes übrig, als am frühen Morgen des 11. November zu unterzeichnen. Nach über vier Jahren endete damit ein Krieg, der am Ende nur Verlierer kannte, Millionen Opfer gefordert hatte und nicht zu Unrecht als die „Urkatastrophe" des 20. Jahrhunderts bekannt wurde. Denn das, was in Compiègne unterschrieben wurde, warf bereits seinen unheilvollen Schatten auf den Pariser Friedenskongress voraus. Dieser war denn auch alles andere als ein „Frieden ohne Sieg". Vielmehr sollte er sich als Sieg ohne Frieden herausstellen.

VII. Schlussbetrachtung

Der Erste Weltkrieg war ein naheliegender, aber vermeidbarer Konflikt. Unwahrscheinlich, wie dies vor einigen Jahren in der Forschung behauptet worden ist, war er jedoch nicht. Dazu waren die Entspannungsbemühungen zu sporadisch und auf einem zu schmalen Fundament aufgebaut. Noch immer war der Krieg ein legitimes politisches Mittel. Keine der Großmächte steuerte zwar einen großen Krieg gezielt an. Aber jede Einzelne, Deutschland wie Frankreich, Österreich-Ungarn wie Russland und selbst Großbritannien war im Sommer 1914 bereit, es darauf ankommen zu lassen. Ihre Einzelentscheidungen interagierten derart, dass der beabsichtigte dritte Balkankrieg zur Bestrafung Serbiens schließlich in einen globalen Großmächtekonflikt eskalierte. Wie konnte es aus deutscher Sicht so weit kommen? Von der desaströsen Politik der Reichsleitung in der Julikrise ausgehend, war sich die Forschung lange weitgehend einig, dass es vor allem die mangelnde Integrationsfähigkeit des Kaiserreiches, ausgedrückt in dessen notorisch aggressiver und prestigesüchtiger Außenpolitik war, die das Mächtesystem zuerst revolutionierte, dann destabilisierte und schließlich zum Einsturz brachte.

Jüngere Forschungsergebnisse zeigen dagegen einen deutlich differenzierteren Sachverhalt auf. Sie verweisen auch auf die Zwänge, denen das Kaiserreich innerhalb des Staatensystems ausgesetzt war. Schon Bismarck hatte nur wenige Möglichkeitsräume, um das neue Reich in die internationale Ordnung zu integrieren. Nach den ersten Anfangsschwierigkeiten und Lehren etwa in der „Krieg-in-Sicht"-Krise (1875) oder dem Berliner Kongress (1878) war ihm das weitgehend gelungen. Sein Erfolgsrezept war zum einen die Politik der Saturiertheit, die Isolierung des revanchelustigen französischen Erbfeindes, die Verlagerung potenzieller Spannungsherde an die Peripherie sowie die Optionsvermeidung zwischen den Streithähnen Österreich-Ungarn und Russland. Der bestehende Draht zum Zarenreich hielt zudem die Attraktivität für Großbritannien intakt. Aus dem geopolitischen Nachteil der europäischen Mittelage schuf Bismarck somit Vorteil und machte das Reich zur Schaltzentrale des europäischen Mächtesystems, von der jede Macht, selbst Frankreich, seinen Nutzen hatte. Die „ungeschickte Größe" des Reiches konnte so in das Staatensystem eingebunden und über ein kompliziertes Bündnissystem austariert werden. Immer auf der Hut vor dem *cauchemar des coalitions* und der Einkreisung war er selbstbewusst und flexibel genug, für das Reich keine absolute Sicherheitslösung zu suchen.

In einem gedankenreichen Aufsatz hat Paul W. Schroeder vor einigen Jahren den Unterschied zwischen der bismarckschen Bündnispolitik und der Vorkriegspolitik vor 1914 erläutert. Er kam dabei zu dem diskussionswürdigen Schluss, dass Bismarcks Allianzen bei aller Widersprüchlichkeit und bei allem Provisorischen letztlich als „tools of management" für das Staatensystem gedacht waren und auch weitestgehend so wirkten. Die Allianzen ab 1890, ob es sich um französisch-russische Allianz, den sich zum Block ausformenden Zweibund zwischen Wien und Berlin oder auch die Entente cordiale Frankreichs und Englands bzw. Triple Entente Englands, Frankreichs und Russlands handelte, dienten dagegen hauptsächlich als Machtinstrumente. Ob in der Marokkofrage 1905/6, der bosnischen Krise 1908/9 oder

der zweiten Marokkokrise 1911, stets stand die jeweilige Bündnispflege und die Machtdemonstration und nicht das Staatensystem als solches im Vordergrund.

Zum Vorteil gereichte Bismarck bei seinem Kurs, dass sich die Mächte ab den 1880er-Jahren mehr um koloniale Besitztümer, denn um den Kontinent scherten. Wie schwierig es war, sich der Anziehungskraft des Kolonialbesitzes entgegenzustellen, erfuhr aber auch schon Bismarck. Seine Nachfolger hatten es deshalb von Anfang an mit einem veränderten und sich weiter rasant verändernden Kräftefeld zu tun. Zweifellos mangelte es ihnen an dem souveränen Blick für neue Möglichkeitsräume. Aber ihre „Karte von Afrika" lag eben auch nicht mehr nur in Europa.

Die wilhelminische Weltpolitik unterschied sich fundamental von der Kolonialepisode der Ära Bismarck, auch wenn Letztere den Grundstein für überseeische Ambitionen legte und sich die wilhelminische Expansion äußerst bescheiden ausnahm. Aber während Mitte der 1880er-Jahre noch die Mehrheit der Deutschen jeglichen globalen Bestrebungen skeptisch gegenüberstand, hatte sich die Einstellung dazu in der Zwischenzeit grundlegend gewandelt. Dem nüchternen Pragmatismus war eine schwärmerisch-expansionistische Politik gefolgt, die in der Weltpolitik eine Frage des Prestiges und des „Seins oder Nichtseins" als Großmacht entdeckte. Hatte Bismarck noch eine eigenständige deutsche Kolonialpolitik mit der Begründung abgelehnt, dass das Reich über keine schlagkräftige Flotte verfüge, und Caprivi die Haltung vertreten, „je weniger Afrika desto besser", so führten Wilhelm II., Bülow und Tirpitz an, dass die imperiale Expansion unverzichtbar sei und dies eine schlagkräftige Flotte bedinge.

Unterstützt und verbreitet wurde eine solche Einschätzung von zahlreichen Interessenverbänden wie dem Deutschen Kolonialverein, dem Alldeutschen Verband oder dem Flottenverein. Die mitunter lärmende Agitation und die politischen Ambitionen wie auch die dafür eingegangenen diplomatischen Risiken standen indes zumeist im umgekehrten Verhältnis zum Erfolg. In der Regel ging das Kaiserreich beim Wettstreit um die letzten Territorien leer aus. Dafür geriet das Reich wiederholt in Konflikt mit den anderen Weltmächten – mit den USA in Südamerika und Samoa, mit Japan in Ostasien, mit Russland in China, mit Frankreich in Nordafrika und mit Großbritannien nahezu in allen Regionen, ob in Afrika, dem Nahen, Mittleren und Fernen Osten oder in der Südsee.

Jedoch weder der weltpolitische Kurs, dies gilt es zu unterstreichen, noch das damit verbundene Anspruchsdenken oder der dahinter stehende sozialdarwinistische Zeitgeist beschreibt einen deutschen Sonderweg. Auch die Flottenpolitik war nichts Deutschlandspezifisches. Besondere Beachtung findet die deutsche Politik also nicht, weil sie außergewöhnlich aggressiv oder rücksichtslos zu Werke ging, sondern weil sie besonders spektakulär gescheitert ist. Das grundlegende Dilemma der deutschen Entwicklung bestand nämlich von Beginn an darin, „nicht so sein zu dürfen, wie alle anderen waren – expansionistisch und bald imperialistisch". Das lenkt den Blick zwingend auch auf die anderen Mächte.

Die Rückwirkungen des neuen Imperialismus auf die europäische Szenerie waren ambivalent, um nicht zu sagen paradox. So half das Ringen in Übersee für eine gewisse Zeit, das europäische Staatensystem zu stabilisieren. Selbst dort, wo koloniale Reibereien konfrontatives Potenzial auch für den Kontinent bargen, endeten diese zumeist glimpflich mit Kompromissen, der Abgrenzung von Interessenzonen und Tauschgeschäften. Das Helgoland-Sansibar-Geschäft war allerdings eines der letzten Unternehmungen dieser Art, denn ab den 1890er-Jahren verschärfte sich die Rivalität auf allen Seiten. Von nun an drohten sogar die peripheren Konfliktherde auf den Kontinent zurückzuschlagen. Die Gründe dafür sind vielfältig. Zu den einfachsten gehört, dass es schlichtweg immer weniger Territorien als Verfügungsmasse zu verteilen gab. In dem Maße, wie diese abnahm und die Trostpreise für die neuen Weltmächte geringer wurden, nahmen auch die Spielräume für Kompensationen ab. Die Regierungen der traditionellen Weltmächte Großbritannien, Frankreich und Russland, die untereinander bereits genügend Konfliktpotenzial angehäuft hatten, nahmen für sich exklusive Rechte in Anspruch. Die neuen Mächte, allen voran Deutschland, aber auch die USA und Japan, betrachteten sie dagegen als unwillkommene Konkurrenz.

Die Wilhelmstraße setzte auf das sogenannte Freihandkonzept. Danach glaubte man, fürs Erste weltpolitische Geländegewinne zu erzielen, indem man auf feste Bündnisse verzichtete und den für unüberbrückbar gehaltenen anglo-russischen Gegensatz nach Kräften ausnutzte. Eine Zeit lang verhieß diese Taktik tatsächlich den einen oder anderen Erfolg, etwa in China. Auf Dauer aber beruhte das Freihandkonzept auf fehlerhaften Prämissen. Die wichtigste davon betraf den vermeintlich unüberbrückbaren Gegensatz zwischen Russland und England und die fortwährende Krimkriegskonstellation. Spätestens mit der anglo-russischen Annäherung 1907 war die deutsche Weltpolitik endgültig gescheitert. Die Berliner Führung bezog die britische Kehrtwende seit der Jahrhundertwende in Richtung Japan (1902), Frankreich (1904) und Russland (1907) in typischer Selbstüberschätzung vor allem auf sich und unterstellte gerade London eine systematische Einkreisung. Auch die Forschung beurteilte den weltpolitischen Umbruch lange in Form eines deutsch-englischen Aktions-Reaktions-Paradigmas. Dabei wirken die Begründungen gerade mit Blick auf die wiederholten Versuche Deutschlands, die anglo-französische Entente wieder zu sprengen, durchaus plausibel. Neuere Perspektiven zeigen dagegen aber auch, dass es eine Sache ist, die deutschen Verfehlungen und Fehleinschätzung aufzuzeigen. Etwas ganz anderes ist es jedoch, einen unmittelbaren kausalen Nexus zwischen den deutschen Methoden und Zielen und der Politik der anderen Weltmächte und deren diplomatische Revolution in den Beziehungen zueinander nachzuweisen. Die klassische Frage nach der „Einkreisung" bzw. nach der selbstverschuldeten „Auskreisung" wird damit wieder aktuell. Es bleibt abzuwarten, welche Antworten die Wissenschaft in den nächsten Jahren dazu noch liefern wird. Einstweilen scheint es mehr und mehr ein gesichertes Ergebnis, dass sich die Bewegung der Mächtekonstellationen auch, aber nicht nur und in erster Linie gegen das Deutsche Reich richtete und sich sogar am Reich vorbei erklären lässt.

Festzuhalten gilt danach: Es gab keine bewusste gemeinsame Strategie Frankreichs, Russlands und Englands, das Deutsche Reich in Europa zu isolieren oder einzukreisen, um dann bei einer günstigen Gelegenheit über das wehrlose Opfer herzufallen. Dazu war das Kaiserreich als „halber Hegemon" schlichtweg zu groß und zu sehr in der Lage, seine Nachbarn zu verwunden. Insofern war die Einkreisungsangst tatsächlich eine Fehlwahrnehmung, ein Schreckgespenst, welches die Spannung aus Angst und Anmaßung des Reiches vermittelt. Nicht zu leugnen ist aber, das es eine unsystematische, nicht zusammenhängende, aber immer wiederkehrende und nichtsdestoweniger wirksame Kooperation der anderen Mitspieler im weltpolitischen Mächteringen gab, die das Deutsche Reich als gleichberechtigten Mitspieler ablehnten und als imperialistischen Spätstarter an der kolonialen Expansion hinderten. Ob dies bei der Frage der portugiesischen Kolonien der Fall war, wo sich England im Nachhinein doch mit Lissabon und zulasten Deutschlands verständigte, ob es die anglo-amerikanische Zusammenarbeit in Lateinamerika zum Ausschluss des Reiches betraf oder das anglo-japanische Abkommen, welches sich auch gegen die deutsche Einmischung in Fernost richtete, die französisch-russisch-englischen Absprachen im Mittleren und Nahen Osten zur Zukunft des Osmanischen Reiches und der Bagdadbahn, die Marokkofrage oder die anglo-russische Konvention über Persien. Wiederholt ging es um eine Art Quarantänepolitik, die Berlin von der Mitsprache ausschloss bzw. lediglich als Juniorpartner akzeptierte. Das alles hatte nichts mit einer deutschfeindlichen Verschwörung zu tun. Vielmehr war es die Hypothek des Nachzüglers, der überdies auch noch ein Potenzial besaß, welches die Etablierten mit Sorge erfüllte. Aber in der Praxis scheiterte das Kaiserreich eben doch nicht nur an der eigenen Tumbheit oder Grobschlächtigkeit, sondern auch an der eigenen Abhängigkeit innerhalb des Staatensystems und am gemeinsamen Interesse der anderen Großmächte, einen mächtigen Wettbewerber im imperialistischen Wettkampf so weit wie möglich auszuschalten. Kurz: Die anderen Mächte hatten ein gemeinsames Interesse daran, dass das Deutsche Reich das imperialistische Spiel verlor. Die wiederholten diplomatischen Niederlagen zwischen 1902 und 1911 zeigen überdies, dass die politische Verletzlichkeit des „halben Hegemons" letztlich größer war, als dessen Befähigung andere zu verletzen. Der Verlust auch noch der „halbhegemonialen" Stellung schien somit wahrscheinlicher als der vermeintliche „Griff nach der Weltmacht". Insgesamt liefen ihre Aktivitäten auf eine Auskreisung Deutschlands aus der Weltpolitik hinaus, nicht auf eine Einkreisung in Europa. Dennoch konnte das auch in Europa nicht ohne Rückwirkungen bleiben. Augenscheinlich wird dies besonders an dem anglo-russischen Brückenschlag seit 1907. Für den Preis des peripheren Ausgleichs in Zentralasien waren beide Mächte bereit, die Spannungen von dort auf den Kontinent zurückzuverlagern, wo sich ausgerechnet die Donaumonarchie in ihrer Existenz bedroht fühlte. Das ändert nichts an der grundsätzlich negativen Bewertung der Methoden und Ziele der deutschen Außenpolitik. Es ändert aber die Bewertung der Konsequenzen, die diese Methoden und Ziele in der internationalen Politik hatten. Statt die Suche bei den Kriegsursachen auf die Julikrise zu fokussieren, macht es daher Sinn, die Etablierung eines bestimmten außenpolitischen Musters seit den 1890er-Jahren stärker in den Blick zu nehmen.

Aber auch was die unmittelbare Vorkriegszeit als das letzte Friedensjahrfünft anbetrifft, ist die Forschung in den letzten Jahren zu beeindruckenden Schlussfolgerungen gelangt. Von besonderer Bedeutung erscheint dabei die Phase zwischen den Balkankriegen und der Julikrise. Studien zu Frankreich, Russland und England haben in den letzten Jahren gezeigt, dass die Entente-Mächte in den letzten zwei Vorkriegsjahren entlang der österreichisch-serbischen Grenze eine Art geopolitische Sollbruchstelle einbauen ließen. Damit wurde Serbien zu einem strategischen Vorwerk der Entente. In einem dritten Balkankrieg wurde angesichts der komplexen Sicherheitslogik der Entente eine günstige Ausgangssituation für einen Krieg unter den Großmächten entdeckt. Dabei ging es keineswegs – wohlgemerkt – um die Durchsetzung eines sorgsam durchdachten und unter den Verbündeten vereinbarten balkanpolitischen Konzepts. Das Verhältnis zwischen den Positionen von 1912/13 und dem Ausbruch des Krieges im folgenden Jahr war weder geradlinig noch zwangsläufig. Es war auch nicht das Szenario eines auf dem Balkan ausgelösten Krieges an sich, welches Europa in den Krieg hineintrieb. Vielmehr lieferte die von vornherein spekulativ erarbeitete Idee eines Krieges balkanischen Ursprungs den gedanklichen Rahmen, in dem die inzwischen schon eingetretene Krise wiederum verstanden und interpretiert wurde. Um Russland noch einmal seine resolute Haltung und unbedingte Unterstützung zu versichern, reiste Poincaré im Juli 1914 nach St. Petersburg.

Wenngleich diese neuen Erkenntnisse den Gesamtrahmen der Julikrise in einem differenzierteren Licht erscheinen lassen, heißt das gleichwohl nicht, dass die plumpe deutsche Außenpolitik, die offene Aggressivität und Paranoia sowohl deutscher als auch österreichischer Militärs, Staatsmänner und Diplomaten trivialisiert werden sollte. Das waren ebenfalls bestimmende und wichtige, aber eben keineswegs die alleinigen Faktoren für den Kriegsausbruch.

Ähnliches gilt für die Diplomatie im Krieg. Auch hier zeigt eine ausgewogenere Betrachtung, dass eben nicht nur der im „Septemberprogramm" zum Ausdruck kommende Wille zur Weltmacht die politisch-militärische Szenerie bestimmte. Vielmehr trieb die kriegerische Eskalation die kaum noch zu steigernde Komplexität der Zusammenhänge noch weiteren Höhenpunkten zu. Im außenpolitischen Fokus standen der Zusammenhalt und das Verhältnis der Koalitionspartner einerseits und die divergierenden Kriegsziele andererseits. Ob bei den ersten deutschen Friedensfühlern oder bei den neutralen Vermittlungsversuchen. Immer wieder verhinderte die Rücksichtnahme auf die Bundesgenossen und die Ausweitung des Konfliktes einen frühzeitigeren Ausstieg aus dem Krieg. Blockierte auf deutscher Seite insbesondere die dritte OHL jegliche Friedensbemühungen, so bleibt doch festzustellen, dass sowohl von Deutschland als auch den Neutralen immerhin verschiedene Friedensinitiativen ausgingen. Die Alliierten pochten dagegen stets auf den vollständigen „knock-out" des Kaisrerreiches und unternahmen keinerlei Bemühungen, den Krieg friedlich zu beenden. Auffällig ist zudem, dass eine mögliche legitime Nachkriegsordnung kaum Beachtung fand. Vielmehr ging es darum, sich eine möglichst gute Ausgangsposition für einen nächsten Konflikt zu sichern. Dies galt im besonderen Maße sowohl für den Diktatfrieden von Brest-Litowsk als auch für das Diktat des Waffenstillstandes im Wald von Compiègne. Das Kaiserreich, mithilfe dreier Kriege inmitten des europäischen Kontinents aus der Taufe gehoben, war damit nach nicht einmal einem halben Jahrhundert schon wieder untergegangen. Gleichwohl, dass wusste man in Berlin ebenso wie in Paris, London und Petrograd, hing eine belastbare Neuordnung Europas weiterhin maßgeblich von dessen Mitte ab.

Auswahlbibliographie

Forschungsberichte und Hilfsmittel

Bihl, Wolfdieter: Der Erste Weltkrieg 1914–1918. Chronik–Daten–Fakten, Wien u.a. 2010.

Brechtken, Magnus: Das Kaiserreich im internationalen Staatensystem 1871–1918. Kommentare zu Ergebnisse und Thesen der jüngeren Literatur, in: Historisches Jahrbuch 123 (2003), S. 449–510.

Hampe, Karl-Alexander: Das Auswärtige Amt in wilhelminischer Zeit, Münster 2001.

Hirschfeld, Gerhard/Krumeich, Gerd/Renz, Irina (Hrsg.): Enzyklopädie Erster Weltkrieg. 2. Aufl., Paderborn u.a. 2004.

Johann, Ernst (Hrsg.): Reden des Kaisers. Ansprachen, Predigten und Trinksprüche Wilhelms II. (dtv-dokumente), München 1966.

Mommsen, Wolfgang J.: Imperialismus. Seine geistigen und wirtschaftlichen Grundlagen, Hamburg 1977.

Neher, Michael: Der Imperialismus. Das Deutsche Reich und seine europäischen Nachbarn im Zeitalter der imperialen Expansion (1880–1914), 8. erw. Aufl., Würzburg 1985.

Sautter, Udo: Deutsche Geschichte seit 1815: Fakten, Daten, Dokumente, 3. Bde. Tübingen 2004.

Roloff, Gustav (Hrsg.): Schultheß' Europäischer Geschichtskalender, Neue Folge, Bd. 41, München 1900.

Zimmermann, Ludwig: Der Imperialismus, seine geistigen, wirtschaftlichen und politischen Zielsetzungen (= Quellen- und Arbeitshefte zur Geschichte und Gemeinschaftskunde) Stuttgart o.J.

Quellen (Aktenpublikationen, Dokumente)

Afflerbach, Holger (Hrsg.): Kaiser Wilhelm II. als Oberster Kriegsherr im Ersten Weltkrieg. Quellen aus der militärischen Umgebung des Kaisers 1914–1918, München 2005.

Bihl, Wolfdieter: Deutsche Quellen zur Geschichte des Ersten Weltkrieges, Darmstadt 1991.

Bismarck, Otto v.: Gesammelte Werke. Neue Friedrichsruher Ausgabe, hrsg. von K. Canis, L. Gall, K. Hildebrand und E. Kolb. Abt. 3: 1871–1898. Schriften. Bisher 6 Bde. (1871–1885). Paderborn/München/Wien 2004–2011.

British Documents on the Origins of the War, 1898–1914, hrsg. von George Peabody Gooch and Harold Temperley, 11 Bde., London 1926–1938.

Documents Diplomatiques Français (1871–1914), hrsg. vom Ministère des Affaires Étrangères. Commission de Publication des Documents relatifs aux Origines de la Guerre de 1914. 2. Sér., 14 Bde. (1901–11), Paris 1930–1955.

Geiss, Imanuel (Hrsg.): Julikrise und Kriegsausbruch 1914. Eine Dokumentensammlung. 2 Bände. Hannover 1963–1964.

Görlitz, Walter (Hrsg.): Regierte der Kaiser? Kriegstagebücher, Aufzeichnungen und Briefe des Chefs des Marine-Kabinetts Admiral Georg Michael von Müller 1914–1918, Göttingen u.a. 1959.

Die Große Politik der Europäischen Kabinette 1871–1914. Sammlung der diplomatischen Aktenstücke des Auswärtigen Amtes, hrsg. von Johannes Lepsius et al, 40 Bde. in 54 Teilbdn., Berlin 1922–1927.

Hatzfeldt, Paul v.: Nachgelassene Papiere 1838–1901, 2 Teile, hrsg. von Gerhard Ebel in Verbindung mit Michael Behnen, Boppard 1976.

Holstein, Friedrich v.: Die geheimen Papiere Friedrich von Holsteins, hrsg. von N. Rich und M.H. Fischer, dt. Ausgabe von Werner Frauendienst, Göttingen/Berlin/Frankfurt a.M. 1956–1957.

Jäckh, Ernst (Hrsg.): Kiderlen-Wächter: der Staatsmann und Mensch. Briefwechsel und Nachlaß, 2. Bde., Berlin und Leipzig 1924.

Österreich-Ungarns Außenpolitik von der Bosnischen Krise 1908 bis zum Kriegsausbruch 1914. Diplomatische Aktenstücke des österreichisch-ungarischen Ministeriums des Äußern, ausgewählt von Ludwig Bittner et al., hrsg. von Ludwig Bittner und Helmut Uebersberger, 9 Bde., Wien und Leipzig 1930.

Die politischen Reden des Fürsten Bismarck. Historisch-Kritische Gesamtausgabe, hrsg. von Horst Kohl, 13 Bde., Stuttgart 1905 (Neudruck Aalen 1970).

Siebert, Benno von (Hrsg.): Diplomatische Aktenstücke zur Geschichte der Ententepolitik der Vorkriegsjahre, 2 Bde., Berlin und Leipzig 1921.

Tirpitz, Alfred von: Politische Dokumente, 2 Bde., Berlin 1924.

Memoiren, Nachlässe und Selbstzeugnisse

Bethmann Hollweg, Theobald v.: Betrachtungen zum Weltkriege, Neuausgabe, hrsg. von Jost Dülffer, Essen 1989.

Bismarck, Otto v.: Gedanken und Erinnerungen. Mit einem Essay von Lothar Gall, Berlin 1998.

Bülow, Bernhard Fürst v.: Denkwürdigkeiten, hrsg. von Franz von Stockhammern, 4 Bde., Berlin 1930–1931.

Eckardstein, Hermann Frhr. v.: Lebenserinnerungen und politische Denkwürdigkeiten, 3 Bde., Leipzig 1919–1921.

Epkenhans, Michael (Hrsg.): Das ereignisreiche Leben eines ‚Wilhelminers'. Tagebücher, Briefe, Aufzeichnungen 1901 bis 1920 von Albert Hopman, München 2004.

Hohenlohe-Schillingsfürst, Chlodwig v.: Denkwürdig-

keiten der Reichskanzlerzeit, Neudruck, Osnabrück 1967.
Hürter, Johannes (Hrsg.): Paul von Hintze. Marineoffizier, Diplomat, Staatssekretär. Dokumente einer Karriere zwischen Militär und Politik, 1903–1918, München 1998.
Tirpitz, Alfred v.: Erinnerungen, 5. durchgesehene und verbesserte Aufl., Berlin und Leipzig 1927.
Wilhelm II.: Ereignisse und Gestalten aus den Jahren 1878 – 1918, Leipzig 1922.
Winzen, Peter: Das Kaiserreich am Abgrund. Die Daily-Telegraph-Affäre und das Hale-Interview von 1908. Darstellung und Dokumentation, Stuttgart 2002.

Allgemeine und übergreifende Darstellungen

Afflerbach, Holger: Der Dreibund. Europäische Großmacht- und Allianzpolitik vor dem Ersten Weltkrieg, Wien u. a. 2002.
Ders. und David Stevenson (Hrsg.): An Improbable War: the Outbreak of World War I and European Political Culture before 1914, Atlanta 2005.
Albertini, Luigi: The Origins of the War in 1914, 3 Bde., London 1952–1954.
Angelow, Jürgen: Kalkül und Prestige. Der Zweibund am Vorabend des Ersten Weltkrieges, Köln 2000.
Berghahn, Volker R.: Das Kaiserreich 1871–1914. Industriegesellschaft, bürgerliche Kultur und autoritärer Staat. Bruno Gebhardt, Handbuch der deutschen Geschichte, Bd. 16, Stuttgart 2003.
Clark, Christopher: Iron Kingdom. The Rise and Downfall of Prussia, 1600–1947, Cambridge 2006.
Conrad, Sebastian: Globalisierung und Nation im Deutschen Kaiserreich, München 2006.
Ders./Osterhammel, Jürgen (Hrsg.): Das Kaiserreich transnational. Deutschland in der Welt 1871, Göttingen 2004.
Conze, Eckhardt/Lappenküper, Ullrich/Müller, Guido (Hrsg.): Geschichte der internationalen Beziehungen. Erneuerung und Erweiterung einer historischen Disziplin, Köln u. a. 2004.
Dehio, Ludwig: Deutschland in der Epoche der Weltkriege, in: Historische Zeitschrift 173 (1952), S. 77–94.
Ders.: Gleichgewicht oder Hegemonie. Betrachtungen über ein Grundproblem der neueren Staatengeschichte, hrsg. mit einem Nachwort von Klaus Hildebrand, Zürich 1996.
Dülffer, Jost: Im Zeichen der Gewalt. Frieden und Krieg im 19. und 20. Jahrhundert, Köln u. a. 2003.
Dülffer, Jost/Kröger, Martin/Wippich, Rolf-Harald (Hrsg.): Vermiedene Kriege. Deeskalation von Konflikten der Großmächte zwischen Krimkrieg und Erstem Weltkrieg (1856–1914), München 1997.
Ferguson, Niall: Public Finance and National Security. The Domestic Origins of the First World War Revisited, in: Past & Present, Nr. 142 (1994), S. 141–168.
Frie, Ewald: Das Deutsche Kaiserreich, Darmstadt 2004.
Fröhlich, Michael (Hrsg.): Das Kaiserreich. Portrait einer Epoche in Biographien, Darmstadt 2001.
Gall, Lothar: Europa auf dem Weg in die Moderne 1850–1890, 3. überarb. Aufl., München 1997.
Ders. (Hrsg.): Otto von Bismarck und Wilhelm II. Repräsentanten eines Epochenwechsels?, 2. Aufl., Paderborn 2001.
Hamilton, Richard F./Herwig, Holger H. (Hrsg.): The Origins of World War I., Cambridge 2003.
Hewitson, Mark: Germany and the Causes of the First World War, 2. Aufl., Oxford 2006.
Hildebrand, Klaus: Das vergangene Reich. Deutsche Außenpolitik von Bismarck bis Hitler 1871–1945, Stuttgart 1995.
Ders.: „Staatskunst und Kriegshandwerk". Akteure und System der europäischen Staatenwelt vor 1914, Friedrichsruh 2005.
Ders.: Globalisierung 1900. Alte Staatenwelt und neue Weltpolitik an der Wende vom 19. zum 20. Jahrhundert, in: Jahrbuch des Historischen Kollegs 2006, S. 3–31.
Ders.: Deutsche Außenpolitik 1871–1918 (= Enzyklopädie Deutscher Geschichte, Bd. 2), 3. überarbeitete und um einen Nachtrag erweiterte Aufl., München 2008.
Kennedy, Paul M.: Aufstieg und Fall der großen Mächte. Ökonomischer Wandel und militärischer Konflikt von 1500 bis 2000, Frankfurt a. M. 1996.
Kreiner, Josef (Hrsg.): Der Russisch-Japanische Krieg 1904/05, Göttingen 2005.
Langer, William L.: The Diplomacy of Imperialism: 1890–1902. New York 1968.
Loth, Winfried/Osterhammel, Jürgen (Hrsg.): Internationale Geschichte. Themen – Ergebnisse – Aussichten, München 2000.
McLean, Roderick: Royalty and Diplomacy in Europe, 1890–1914, Cambridge 2001.
Mombauer, Annika: The Origins of the First World War. Controversies and Consensus, London 2002.
Mulligan, William: The Origins of the First World War, Cambridge 2010.
Neitzel, Sönke: Weltmacht oder Untergang. Die Weltreichslehre im Zeitalter des Imperialismus, München 2000.
Ders. und Bernd Heidenreich (Hrsg.): Das Deutsche Kaiserreich, Paderborn u. a. 2011.
Nipperdey, Thomas: Deutsche Geschichte 1866–1918, Bd. I: Arbeitswelt und Bürgergeist, Bd. 2: Machtstaat vor der Demokratie, Sonderausgabe, München 1998.
Rose, Andreas: Deutsche Außenpolitik in der Ära Bismarck (1862–1890), Darmstadt 2013.
Schöllgen, Gregor und Friedrich Kießling: Das Zeitalter des Imperialismus, 5. überarb. und erw. Aufl., München 2009.
Simms, Brendan: The Return of the Primacy of Foreign Policy, in: German History 21 (2003), S. 275–291.
Torp, Cornelius: Die Herausforderung der Globalisierung. Wirtschaft und Politik in Deutschland 1860–1914, Göttingen 2005.
Ullrich, Volker: Die nervöse Großmacht. Aufstieg und Untergang des deutschen Kaiserreichs 1971–1918. 3. Aufl., Frankfurt a. M. 1999.

Biographien

Clark, Christopher: Wilhelm II. Die Herrschaft des letzten deutschen Kaisers, Frankfurt a.M. 2009.

Fesser, Gerd: Reichskanzler Fürst von Bülow. Architekt der deutschen Weltpolitik, Leipzig 2003.

Forsbach, Ralf: Alfred von Kiderlen-Wächter (1852–1912). Ein Diplomatenleben im Kaiserreich. Zwei Teilbde., Göttingen 1997.

Gall, Lothar: Bismarck. Der weiße Revolutionär, Berlin 1997.

Jarausch, Konrad: The Enigmatic Chancellor. Bethmann Hollweg and the Hybris of Imperial Germany, New Haven 1973.

Kohlrausch, Martin; Der Monarch im Skandal. Die Logik der Massenmedien und die Transformation der wilhelminischen Monarchie, Berlin 2005.

Meißner, Heinrich Otto: Der Reichskanzler Caprivi. Eine biographische Skizze, 2. Aufl., Darmstadt 1969.

Mommsen, Wolfgang J.: War der Kaiser an allem Schuld? Wilhelm II. und die preußisch-deutschen Machteliten, Berlin 2002.

Müller, Frank L: Our Fritz. Emperor Frederick III. and the Political Culture of Imperial Germany, Cambridge, MA 2011.

Niehus, Vera: Paul von Hatzfeld (1831–1901). Politische Biographie eines kaiserlichen Diplomaten, Berlin 2004.

Perras, Arne: Carl Peters and German Imperialism 1856–1918: A political biography, New York 2004.

Röhl, John C.G.: Wilhelm II., 3 Bde., München 1993–2004.

Schmidt, Rainer F.: Otto von Bismarck (1815–1898). Realpolitik und Revolution, Stuttgart 2004.

Winzen, Peter: Bernhard Fürst von Bülow. Weltmachtstratege ohne Fortune – Wegbereiter der großen Katastrophe, Göttingen 2003.

Wollstein, Günther: Theobald von Bethmann Hollweg. Letzter Erbe Bismarcks, erstes Opfer der Dolchstoßlegende, 2. Aufl., Göttingen 2003.

Militär- und Marinegeschichte

Berghahn, Volker R.: Der Tirpitz-Plan. Genesis und Verfall einer innenpolitischen Krisenstrategie unter Wilhelm II., Düsseldorf 1971.

Besteck, Eva: Die trügerische „First Line of Defence". Zum deutsch-britischen Wettrüsten vor dem Ersten Weltkrieg, Freiburg i.Br. 2006.

Ehlert, Hans u.a. (Hrsg.): Der Schlieffenplan. Analysen und Dokumente, Paderborn u.a. 2006.

Epkenhans, Michael: Die wilhelminische Flottenrüstung 1908–1914. Weltmachtstreben, industrieller Fortschritt, soziale Integration, München 1991.

Ders.: Tirpitz. Architect of the German High Seas Fleet, Washington D.C. 2008.

Epkenhans, Michael u.a. (Hrsg.): Das Militär und der Aufbruch in die Moderne, 1860–1890, München 2003.

Förster, Stig: Der doppelte Militarismus. Die deutsche Heeresrüstungspolitik zwischen Status-quo-Sicherung und Aggression 1890–1913, Stuttgart 1985.

Ders.: Der deutsche Generalstab und die Illusion des kurzen Krieges, 1871–1914. Metakritik eines Mythos, in: Militärgeschichtliche Mitteilungen 54 (199), S. 864–873.

Ders.: Im Reich des Absurden: die Ursachen des Ersten Weltkrieges, in: Bernd Wegner (Hrsg.), Wie Kriege entstehen. Zum historischen Hintergrund von Staatenkonflikten, Paderborn u.a. 2003, S. 211–252.

Geppert, Dominik/Rose, Andreas: Machtpolitik und Flottenbau vor 1914. Zur Neuinterpretation britischer Außenpolitik im Zeitalter des Hochimperialismus, in: Historische Zeitschrift 293 (2011), S. 401–439.

Herrmann, David: The Arming of Europe and the Making of the First World War, Princeton 1996.

Hobson, Rolf: Maritimer Imperialismus. Seemachtideologie, seestrategisches Denken und der Tirpitzplan 1875 bis 1914 (= Beiträge zur Militärgeschichte, Bd. 61), München 2004.

Kronenbitter, Günther: „Krieg im Frieden". Die Führung der k.u.k Armee und die Großmachtpolitik Österreich-Ungarns 1906–1914, München 2003.

Lambert, Nicholas A.: Sir John Fisher's Naval Revolution, Columbia, SC 1999.

Ders.: Planning Armageddon: British Economic Warfare and the First World War, Cambridge, MA 2012.

Mombauer, Annika: Helmuth von Moltke and the Origins of the First World War, Cambridge 2001.

Roedel, Christian: Krieger, Denker, Amateure. Alfred von Tirpitz und das Seekriegsbild vor dem Ersten Weltkrieg, Stuttgart 2003.

Rohkrämer, Thomas: Der Militarismus der „kleinen Leute". Die Kriegervereine im Deutschen Kaiserreich 1871–1914, München 1990.

Rose, Andreas: „The writers, not the sailors" – Großbritannien, die Hochseeflotte und die ‚Revolution der Staatenwelt', in: Sönke Neitzel und Bernd Heidenreich (Hrsg.), Das Deutsche Kaiserreich 1890–1914, Paderborn u.a. 2011, S. 221–240.

Rüger, Jan: The Great Naval Game, Britain and Germany in the Age of Empire, Cambridge 2006.

Schmid, Michael: Der „Eiserne Kanzler" und die Generäle. Deutsche Rüstungspolitik in der Ära Bismarck (1871–1890), Paderborn u.a. 2003.

Seligmann, Matthew S.: The Royal Navy and the German Threat, 1901–1914. Admiralty Plans to Protect British Trade in a War Against Germany, Oxford 2012.

Stein, Oliver: Die deutsche Heeresrüstungspolitik 1890–1914. Das Militär und der Primat der Politik (= Krieg in der Geschichte, Bd. 39), Paderborn 2007.

Stevenson, David: Armaments and the Coming of War 1904–1914, Oxford 1996.

Sumida, Jon T.: In Defence of Naval Supremacy: Finance, Technology and Naval Policy, 1889–1914, London 1989.

Zuber, Terence: Inventing the Schlieffen Plan: German war planning, 1871–1914, Oxford 2002.

Kolonialgeschichte und Imperialismus

Eberspächer, Cord: Die deutsche Yangtse-Patrouille. Deutsche Kanonenbootpolitik in China im Zeitalter des Imperialismus (1900–1914), Bochum 2004.

Gründer, Horst: Geschichte der deutschen Kolonien, 5. verbesserte und erg. Aufl., Paderborn 2004.

Klein, Thoralf/Schumacher, Frank (Hrsg.): Kolonialkriege. Militärische Gewalt im Zeichen des Imperialismus, Hamburg 2006.

Kundrus, Birte: Moderne Imperialisten. Das Kaiserreich im Spiegel seiner Kolonien, Köln u. a. 2003.

Kuß, Susanne/Martin, Bernd (Hrsg.): Das Deutsche Reich und der Boxeraufstand, München 2002.

Leutner, Mechthild/Mühlhahn, Klaus (Hrsg.): Kolonialkrieg in China. Die Niederschlagung der Boxerbewegung 1900–1901, Berlin 2007.

Speitkamp, Winfried: Deutsche Kolonialgeschichte, Stuttgart 2005.

Zur wilhelminischen Außenpolitik (1890–1914)

Afflerbach, Holger: Das Deutsche Reich. Bismarcks Allianzpolitik und die europäische Friedenssicherung vor 1914, Friedrichsruh 1998.

Ders.: Der Dreibund. Europäische Großmacht- und Allianzpolitik vor dem Ersten Weltkrieg, Wien u. a. 2002.

Angelow, Jürgen: Kalkül und Prestige. Der Zweibund am Vorabend des Ersten Weltkrieges, Köln u. a. 2000.

Ders.: Der Weg in die Katastrophe. Der Zerfall des alten Europa 1900–1914, Berlin 2010.

Brechtken, Magnus: Scharnierzeit 1895–1907. Persönlichkeitsnetze und internationale Politik in den deutsch-britisch-amerikanischen Beziehungen vor dem Ersten Weltkrieg, Mainz 2006.

Canis, Konrad: Von Bismarck zur Weltpolitik, Deutsche Außenpolitik 1890–1902, Berlin 1997.

Ders.: Der Weg in den Abgrund. Deutsche Außenpolitik 1902–1914, Paderborn u. a. 2011.

Fröhlich, Michael: Von Konfrontation zur Koexistenz. Die deutsch-englischen Kolonialbeziehungen in Afrika zwischen 1884 und 1914, Bochum 1990.

Geppert, Dominik: Pressekriege. Öffentlichkeit und Diplomatie in den deutsch-britischen Beziehungen (1896–1912), München 2007.

Gutmann, Gundula: Das Deutsche Reich und Österreich-Ungarn 1890 bis 1894/1895. Der Zweibund im Urteil historischer Persönlichkeiten beider Staaten, Münster 2003.

Kestler, Stefan: Betrachtungen zur kaiserlich deutschen Rußlandpolitik. Ihre Bedeutung für die Herausbildung des deutsch-russischen Antagonismus zwischen Reichsgründung und Ausbruch des Ersten Weltkrieges (1871–1914), Hamburg 2002.

Kießling, Friedrich: Gegen den „großen Krieg". Entspannung in den internationalen Beziehungen 1911–1914, München 2002.

Ders.: Wege aus der Stringenzfalle. Die Vorgeschichte des Ersten Weltkriegs als „Ära der Entspannung", in: Geschichte in Wissenschaft und Unterricht 55 (2004), S. 284–304.

Kreiner, Josef (Hrsg.): Der Russisch-Japanische Krieg (1904/05), Bonn 2005.

Lahme, Reiner: Deutsche Außenpolitik 1890–1894. Von der Gleichgewichtspolitik Bismarcks zur Allianzstrategie Caprivis, Göttingen 1990.

Mayer, Martin: Geheime Diplomatie und öffentliche Meinung. Die Parlamente in Frankreich, Deutschland und Großbritannien und die erste Marokkokrise 1904–1906, Düsseldorf 2002.

Mehnert, Ute: Deutsche Weltpolitik und amerikanisches Zweifronten-Dilemma. Die „japanische Gefahr" in den deutsch-amerikanischen Beziehungen 1904–1917, in: Historische Zeitschrift 257 (1993), S. 647–692.

Dies.: Deutschland, Amerika und die „Gelbe Gefahr". Zur Karriere eines Schlagworts in der großen Politik 1905–1917, Stuttgart 1995.

Meyer, Thomas: „Endlich eine Tat, eine befreiende Tat ...". Alfred von Kiderlen-Wächters „Panthersprung nach Agadir" unter dem Druck der öffentlichen Meinung, Husum 1996.

Meyer-Arndt, Lüder: Die Julikrise 1914: Wie Deutschland in den Ersten Weltkrieg stolperte, Köln u. a. 2006.

Mommsen, Wolfgang J.: Großmachtstellung und Weltpolitik. Die Außenpolitik des Deutschen Reiches, 1870 bis 1914, Frankfurt a. M./Berlin 1993.

Neitzel, Sönke: Kriegsausbruch. Deutschlands Weg in die Katastrophe 1900–1914, München 2002.

Richter, Jan Stefan: Die Orientreise Kaiser Wilhelms II. 1898. Eine Studie zur deutschen Außenpolitik an der Wende zum 20. Jahrhundert, Hamburg 1997.

Rinke, Stefan H.: Zwischen Weltpolitik und Monroe-Doktrin: Botschafter Speck von Sternburg und die deutsch-amerikanischen Beziehungen, 1898–1908, Stuttgart 1992.

Ritter, Gerhard: Staatskunst und Kriegshandwerk, 3 Bde., München 1964–1968.

Rosenbach, Harald: Das Deutsche Reich, Großbritannien und der Transvaal (1896–1902). Anfänge deutsch-britischer Entfremdung, Göttingen 1993.

Schneider, Irmin, Die deutsche Rußlandpolitik 1890–1900, Göttingen 2003.

Schöllgen, Gregor: Kriegsgefahr und Krisenmanagement vor 1914. Zur Außenpolitik des kaiserlichen Deutschland, in: Historische Zeitschrift 267 (1998), S. 399–413.

Schröder, Stephen: Die englisch-russische Marinekonvention. Das Deutsche Reich und die Flottenverhandlungen der Tripelentente am Vorabend des Ersten Weltkriegs, Göttingen 2006.

Skrivan, Ales: Schwierige Partner. Deutschland und Österreich-Ungarn in der europäischen Politik der Jahre 1906–1914, Hamburg 1999.

Wilsberg, Klaus: „Terrible ami – aimable ennemi". Kooperation und Konflikt in den deutsch-französischen Beziehungen 1911–1914, Bonn 1998.

Zachau, Olav: Die Kanzlerschaft des Fürsten Hohenlohe (1894–1900). Politik unter dem „Stempel der Beruhigung" im Zeitalter der Nervosität, Hamburg 2007.

Zur Außenpolitik der anderen Großmächte

Charmley, John: Splendid Isolation? Britain and the Balance of Power 1874–1914, London 1999.

Clark, Christopher: The Sleepwalkers. How Europe went to War in 1914, London 2012.

Gade, Christel: Gleichgewichtspolitik oder Bündnispflege? (= Veröffentlichungen des Deutschen Historischen Instituts London, Bd. 40), Göttingen/Zürich 1997.

McMeekin, Sean: The Russian Origins of the First World War, Cambridge 2011.

Neilson, Keith: Britain and the Last Tsar. British Policy and Russia 1894–1917, Oxford 1995.

Otte, Thomas: The Foreign Office Mind. The Making of British Foreign Policy, 1865–1914, Cambridge 2011.

Rauchensteiner, Manfried: Der Tod des Doppeladlers. Österreich-Ungarn und der Erste Weltkrieg, Graz 1993.

Rose, Andreas: Zwischen Empire und Kontinent. Die Britische Außenpolitik vor dem Ersten Weltkrieg (= Veröffentlichungen des Deutschen Historischen Instituts London, Bd. 70), München 2011.

Schmidt, Stefan: Frankreichs Außenpolitik in der Julikrise 1914. Ein Beitrag zur Geschichte des Ersten Weltkrieges (= Pariser Historische Studien), München 2009.

Schwabe, Klaus: Weltmacht und Weltordnung. Amerikanische Außenpolitik von 1898 bis zur Gegenwart. Eine Jahrhundertgeschichte, 2. durchgesehene Aufl., Paderborn u.a. 2007.

Siegel, Jennifer: Endgame. Britain, Russia and the Final Struggle for Central Asia, London/New York 2002.

Steiner, Zara und Keith Neilson: Britain and the Origins of the First World War, Cambridge 2003.

Williamson, Samuel R. Jr.: Austria-Hungary and the Origins of the First World War, New York 1991.

Wilson, Keith M.: The Policy of the Entente. Essays on the Determinants of British Foreign Policy 1904–1914, Cambridge 1985.

Erster Weltkrieg

Becker, Jean-Jacques/Krumeich, Gerd: Der Große Krieg. Deutschland und Frankreich im Ersten Weltkrieg 1914–1918, Essen 2010.

Daniel, Silvia: A Brief Time to Discuss America: Der Ausbruch des Ersten Weltkrieges im Urteil amerikanischer Politiker und Intellektueller, Bonn 2008.

Fenske, Hans: Der Anfang vom Ende des alten Europa: Die alliierte Verweigerung von Friedensgesprächen 1914–1919, München 2013.

Ferguson, Niall: Der falsche Krieg. Der Erste Weltkrieg und das 20. Jahrhundert, Stuttgart 1999.

Hirschfeld, Gerhard/Gerd Krumeich/Irina Renz (Hrsg.): Die Deutschen an der Somme. Krieg, Besatzung, Verbrannte Erde, Essen 2006.

Larsen, Daniel: War Pessimism in Britain and an American Peace in Early 1916, in: The International History Review, Bd. 34, Nr. 4, 2012, S. 795–818.

März, Peter: Der Erste Weltkrieg. Deutschland zwischen dem langen 19. Jahrhundert und dem kurzen 20. Jahrhundert, München 2004.

McMeekin, Sean: The Berlin-Baghdad Express. The Ottoman Empire and Germany's Bid for World Power 1898–1918, London 2010.

Ders.: July 1914. Countdown to War, New York 2013.

Michalka, Wolfgang (Hrsg.): Der Erste Weltkrieg. Wirkung, Wahrnehmung, Analyse, München 1994.

Mommsen, Wolfgang: Die Urkatastrophe Deutschlands. Der Erste Weltkrieg 1914–1918, Stuttgart 2002.

Ders.: Der Erste Weltkrieg. Anfang vom Ende des bürgerlichen Zeitalters, Frankfurt a.M. 2004.

Nassua, Martin: „Gemeinesame Kriegführung. Gemeinsamer Friedensschluß". Das Zimmermann-Telegramm vom 13. Januar und der Eintritt der USA in den 1. Weltkrieg, Frankfurt a.M. 1992.

Neitzel, Sönke: Blut und Eisen. Deutschland im Ersten Weltkrieg, Zürich 2003.

Ders.: Weltkrieg und Revolution 1914–1918/19, Berlin 2008.

Newton, Douglas: The Lansdowne „Peace Letter" of 1917 and the Prospect of Peace by Negotiation with Germany, in: Australian Journal of Politics and History, Bd. 48, Nr. 1, 2002, S. 16–39.

Salewski, Michael: Der Erste Weltkrieg, Paderborn u.a. 2003.

Schwabe, Klaus: Deutsche Revolution und Wilson-Frieden. Die amerikanische und deutsche Friedensstrategie zwischen Ideologie und Machtpolitik 1918/19, Düsseldorf 1971.

Steglich, Wolfgang: Die Friedenspolitik der Mittelmächte 1917/18, 2 Bde., Wiesbaden 1964.

Stevenson, David: The First World War and International Politics, Oxford 1988.

Ders.: 1914–1918. Der Erste Weltkrieg, Düsseldorf 2006.

Stibbe, Matthew, German Anglophobia and the Great War, 1914–1918, Cambridge 2001.

Strachan, Hew: The First World War, Bd. 1: To Arms, Oxford 2003.

Wagerlin, C.F.: A High Price for Bread. The First Treaty of Brest-Litovsk and the Break-Up of Austria-Hungary, 1917–1918, in: International History Review 19 (1997), S. 757–788.

Personen- und Sachregister

Die hervorgehobenen Seitenzahlen verweisen auf ein Insert zum Registerwort